JN077780

市民のための世界史

A World History for Citizens　Revised Edition

大阪大学
歴史教育
研究会
── 編

大阪大学出版会

目　次

コラム一覧

+α

本書に関連する図版・資料・問い・問いのヒントは下記よりご覧ください。

なぜ世界史を学ぶのか

章のあらすじ

　本の最初に、この教科書はどんな読者に向けてどんなやりかたで世界史を伝えようとしているのか、そもそもわれわれはなぜ歴史を学ぶ必要があるのか、学ぶことにどんな意味があるのか、なぜ自国の歴史だけでなく「世界史」も学ぶ必要があるのか、などを手短かに説明することが、この章の主な役割である。あわせて章の後半では、第1章以下の本論を読むのに必要な、人類の登場と進化、歴史に関する用語や概念、世界各地域の地理などについて、基礎的な知識を整理しておく。

Key Question

歴史というのは（1）すでにわかっている（＝動かない）過去のことを、（2）暗記するだけの、（3）現在や未来とは関係のない（＝役に立たない）科目だという意見に対して、この本を読もうとしているあなたは、現時点でどの部分にどの程度反論できるか、また反論しようと思うか。

1．21世紀の世界で歴史を学ぶ意味

（1）この教科書の性格と使い方

　この本は大学教養課程の世界史教科書として編集されたものであり、大学の新入生をおもな想定読者としている。『市民のための世界史』というタイトルは、すでに学校を卒業した社会人向けの本という意味ではなく、「未来の市民社会をつくる人々」に必要な知識や考え方を学ぶ教科書を意味する。

　なかでも重視する読者は、カリキュラムや入試制度のために、高校時代に系統的な世界史の知識や考え方を学べなかった学生たちである。「必修の世界史Ａで入試用の世界史Ｂの半分だけ暗記させられたが、自分は入試で選択しないので、高校卒業後にはなにも残っていない」学生たちは、現にきわめて多い。今後はそこに、高校新課程[(1)]の「歴史総合」で、やはり入試用歴史の一部を教えられ、世界史はごく断片的にしか知らないという学生が加わるだろう。この教科書は、そういう学生たちに対して、高校で世界史をどこまで学んだかを問わずに、将来の社会生活において必要だと著者たちが考える、最低限の知識と考え方を提示することを、もっとも基本的な目的としている。内容面でそれは、（1）高校の「受験世界史」よりはるかに簡略な叙述しかできないが、高校世界史や歴史総合ほどに近現代史に集中することはせず、古代史・中世史にも一定の比重を置く、（2）全世界の主要地域に目配りするが、アジア、とくに東アジアに重点を置き、簡単ではあれ日本史を完全に組み込んだ叙述を主眼とする、などの特徴をもつ。なお教養課程の教科書として、読者の大半が歴史好きであることを前提とした書き方は許されない。限られたスペースのなかではあるが、理

---

(1) 1995年度から施行されたこれまでの高校地理歴史科のしくみでは、世界史と、地理か日本史からもう1科目を必修としているが、入試制度の矛盾などもあって、高校生全体の世界史への関心・理解はそれ以前より後退した。2022年度新入生から適用された高校新課程の地理歴史科では、地理総合・歴史総合（各2単位）を必修、地理探究・日本史探究・世界史探究（各3単位）を選択科目とした。歴史総合は、近現代史に絞って日本史と世界史を統合し、現代の諸課題を歴史的に考えるために、歴史の学び方を学ぶ科目とされている。

工系、医歯薬系、社会科学系、国際系など、教養課程に集まる学生の分野ごとに、興味深いと思われる内容、必要な歴史的視野などを示すことにつとめている（日本語が母語でない留学生などの読者には難しい表現も多いが）。

　といってもこの本は、「高校の補習」のための教科書ではなく、あくまで大学教養課程レベルの書物を目ざし、それにふさわしい日本語の読解力や論理的思考力、歴史以外の諸学問と現代世界に関する基礎知識などを読者に要求する。内容的には、「大学受験用の暗記事項の羅列」はいっさいしない。他方で、歴史総合など高校新課程の革新的な教科書が、単元ごとに綿密な学習目標を立ててそれに沿った問いと資料を系統的に配置するしているような、細かい配慮もしていない。各章の本筋は、時代ごとの世界史の構図、できごとの因果関係や意味づけとそのための概念などの大きくかつ新しい説明、それらの背景にある学界や世界の動きと、抽象化・一般化された理解に導くための問いかけ（複数の見方ができるものなど、単純な「正解」はない問いも多い）などに多くのスペースをさく。特にコラムは「本文と関係なく、飛ばしてもよい内容」などではない、学習に不可欠な位置を占める。

　細かいことを書かない（書けない）かわりに大づかみな、しかし考え方を含む学習にこだわるこの教科書は、間接的には大卒以外の市民も含めて必要な知識・考え方（むしろ中学校歴史や高校歴史総合が目ざすもの）を意識している。またそれは、従来型の世界史を履修したが個別事項の暗記に終始した学生が、大きな流れを理解するのにも役立つはずである。中高教員志望の学生には、「歴史好きの生徒向けの細かい知識に終始する授業」しかできない教員にならないための訓練を内容面で支えるはずだし、研究者志望の学生にも、狭い専門領域に閉じこもらずに歴史学界の全体を見ながら研究をするための土台になる。つまりこの教科書は、「歴史好きでよく知っている学生たち」を「鍛え直す」意図ももっており、さらに言えば「暗記科目」や「タコツボ型の専門研究」を再生産してきた現職教員や学者への挑戦状でもある。

この教科書の書かれ方と使い方

　この教科書は、前置きにあたる序章と、さらに深く歴史学や世界史を学びたい読者のための終章のあいだに、時代ごとの世界史を叙述した13の章を配置した、全15章の構成になっている。これは、教養課程の授業回数を意識した章立てである。各章には、最初に「章のあらすじ」を置く。本文では大きな流れや事実を書き、理解の助けになる事実や理論などについては本文中のコラムで、より深い理解につながる内容は章末のコラムで、それぞれ説明する。また補足説明や用語・概念については、脚注も利用する。ただ、この教科書の新しい説明や概念は、従来型の世界史の事実知識が豊富な読者をかえって戸惑わせるかもしれないが、新旧の理解の違いに関する説明は、紙幅の都合であまりできない。関心のある読者は、終章で示した参考文献などをご覧いただきたい。

　一方的に歴史を覚えるスタイルから脱却するため、章の最初によくある固定観念を「本当だろうか」と疑う問い、最後にはその章で提示された新しい見方を整理するための課題など、ところどころに問いと課題が用意されている。なお、ある時代の世界各地域の状況を順に述べるような場合、その章・節の記述の流れに合わせて、西から順番、東から順番など、それぞれ違った順序で記述する。それらはあくまで、便宜的なやりかたである。

　この教科書には、高校の教科書や資料集のように多数の写真や図表・地図を掲載できないという弱点がある。今回の改訂版では、出版社のウエブサイトに置いたものを教科書中のQRコードを読み込んで閲覧するという方式で資料の充実をはかったが、それも十分とはいいがたい。この教科書を読む際には、その意味で、面倒でも高校時代の教科書や資料集、地図帳などを横に置いていただくと役に立つだろう。なお、高校での世界史履修を前提としないため、歴史に関する概念や専門用語は、注などで説明するようつとめたが、中学校で一般に教えられていることがらについては、ほとんど説明しない。「大学で学ぶのに必要なのは高校で学んだことであって、中学校の学習内容は関係ない」という考えは正しくない。

（2）歴史は科学か？　ほかの学問と比べてみよう

　世界的に見ると、日本人は歴史好きな人々だと思われる。歴史小説やテレビの時代劇、マンガ・アニメやゲームなどで、歴史上の人物や事件を題材にしたものは数多い。古い寺社や城跡は観光地になるし、古代の重要な遺跡が発掘されるとマスメディアで大きく取り上げられ、説明会には一般市民がおおぜい訪れる。これは、韓国や中国、ベトナムなど近隣諸国でも似たところがある。韓

国や中国の歴史ドラマを見たことがある読者も、少なくないだろう。最近、残念なことにこれらの諸国間で歴史をめぐる対立が起こっているが、実はそれも、歴史への関心が高いことのひとつの表現だろう。どうでもいいものをめぐって、大きな対立はおこらないはずである。

　ところが、他の国々でも似たようなものだと言われるが、日本では学校で習う歴史に人気がない。「暗記ばかりで役に立たないしカネにもならない科目」というとらえ方は、ずいぶん広く共有されているように思われる。実際、歴史好きな人々の間には、現代にどんな意味があるのかなど考えず理屈にも弱い、ただ「好きだから学ぶだけ」といったタイプが少なくない。また、理系的な考え方をする人々のあいだでは、歴史の研究（歴史学）を、「科学と呼ぶにあたいしない」「好き勝手な推理や解釈のゲームをしているだけ」と否定的にとらえることがよくある。世界各地で見られる、明らかに政治的な目的で歴史をねじまげる動きも、歴史に対するそのような見方を肯定するものと言える。さらに文系の内部でも、政治学者や経済学者など、政策立案への貢献を目ざす「社会科学系」からは、歴史学は役立たずのレッテルを貼られがちである[2]。では、これらのイメージはすべて正しいだろうか。ここで他のいろいろな学問と比べながら考えてみよう。

練習問題

> 理系の学問分野を、（1）直接社会の役に立つか立たないか、（2）学説の正しさを実験で確認できるか、（3）法則や公式で唯一の客観的正解を出せるか、などいくつかの基準を立てて分類してみよう。

---

[2] 自然科学や社会科学と比べると、「人文系」の学部で教えられる歴史や哲学・文学は共通して、「科学といえるかどうか」に強い疑問が呈される学問である。最近ではこれらの学問の側でも、「自分たちも科学だ」と主張するよりむしろ、「実験・観測で証明できるような狭い意味の科学ではないが、しかし厳密な方法をもち人間や社会の理解に有益な学問である」と主張する傾向が強まっており、「人文科学」にかえて「人文学」という呼称が普及しつつある。

5

歴史学とはなにをどうする学問かという点は、終章であらためてふれるが、その特徴や意味を論じる際には、基礎科学と応用科学を分けて考える理系の習慣も、思い出すべきだろう。そこで、直接社会の役に立つのは応用科学だけなのが普通である。歴史学でも、基礎科学に当たる「ひたすら古文書を解読するしごと」などが世の中の役に立つとはいえなくても、文化財・観光と地域おこしとか、歴史認識をめぐる対立など、歴史学者が具体的な政策や外交に向けた発言をできる応用的領域は、現代世界で重視しなくてよいだろうか。それを無視した「役に立たない」論などは、時代遅れの不当な攻撃にほかならない。

　それにしても、歴史についての学説は、実験で確認することができない（理系や社会科学でも観測・観察だけで実験はできない学問は多いが）。数学や物理学のような意味での定理や法則はほとんど存在しないし、社会科学系が追究する一般法則やモデルが適用でき、政策提言に結びつくような範囲も広くはない。歴史の研究は個々の事象の特殊性の理解に向かうことが多く、そのうえ過去の記録や証拠を組み合わせて、歴史上のできごとの因果関係とか意味を「解釈」「説明」するやり方には、研究者の主観が入ってこざるをえない。

　大学生に必要な学問論を、もう少し続けよう。世の中のすべての問題は「唯一の客観的な答え」をもつだろうか。そうでない問題やテーマは、すべて力やカネや口のうまさで決まる、学問の対象などにはなりえない世界だろうか。もし政治の世界が前者であれば、優秀な専門家が全部決めて形式だけ国民の信任投票を受ける形態でよいだろう。後者である場合も、それは有権者の知性や理性の程度をあらわす。そうした幼稚な二者択一から抜け出し、複数の答えがある問い、答えがない問いなどにも向き合って、必要な判断や選択をする能力をもった市民が、成熟した社会をつくる。それを助ける学問が必要になる。

　つぎに、ある研究結果の「適切さ」「正しさ」は、どの学問でも一般に、もとになるデータ（資料）とその解釈が、両方適切かどうかによって判断される。ではそのデータ解釈は、「一定条件下では必ずそうなる」法則や公式によってのみ保証されるのだろうか。たとえば、研究開発された新型コロナウイルスワクチンが「効果がある」というのは、「同じ条件下で全員に効く」意味ではない。「千差万別の肉体的条件をもつ患者に高い確率で効果がある」という意味であっ

て、そこで大事なのは統計と確率である。歴史学などの人文学では、それが「多くの専門家が納得する蓋然性」である場合が多いのだが、ただそれは、人文学が根拠を必要としないという意味ではない。きちんと資料と論拠を提示して、専門家の検証に耐えた説だけが学問的成果と認められる点では、歴史学も他の学問と違わない。

（3）歴史を学ぶ6つの意義と効用

　そうは言っても読者の皆さんは、歴史は過去のことで、いまさら研究したり学んだりする必要はないと考えるかもしれない。しかし、グローバル化やIT化の恩恵を受けるのは、人文系も同じなのである。かつては一生に一度か二度しか行かれなかった研究対象の国・地域に、今は簡単に行かれる。天才的な研究者が一生かかっても処理しきれなかった大量の資料やデータが、パソコンで瞬時に処理でき、検索できる。それによって、今までわからなかったことがたくさん解明できる。また、関心のないことがらは記録があっても見逃されるが、世界の動きや時代の流れにしたがって新しい関心が生まれれば、既知の史料のなかからでも、未解明の事実が発見されることがある。地震や津波の歴史、感染症の歴史などの研究が最近大きく進んだのは、そのわかりやすい例である。ほかにも、東南アジアやアフリカなど、かつてほとんど知られていなかった地域の歴史の研究が進んだり、環境史、女性やジェンダーの歴史、サブカルチャーの歴史など新しい分野の研究がさかんになったのも、グローバル化とIT化、それに時代の変化を反映したものである。現在の大学生が中学・高校で使った歴史の教科書も、たとえば30年前の教科書とくらべれば、こうした動きの影響でおおきく変化していることがわかる。

　このように、歴史の対象は過去でしかないが、その内容は、時代を反映して動いている。そういう歴史を学ぶことは、いくつかの意義や効用をもつ。

（1）現在は過去の積み重ねのうえにある。歴史を知らなければ、たとえば現在の日本や世界がなぜこうなっているのかは理解できないし、したがって、自分たちの将来を考えることもできない。

（2）いろいろな意味で、歴史は繰り返す。したがって人は、過去の成功や失
　敗の教訓を学びながら、自分の行動を選択し判断することができる。

（1）については、現在に近い過去、つまり近現代史が重要になる。高校の世界
史Ａ（多くの高校で必修）や日本史Ａという科目は、おもにこの考えによって
組み立てられてきた。それに対し（2）の判断材料は、政治家や財界人によっ
て、『論語』や『聖書』など宗教・思想の書物とならんで、中国の歴史物語『三
国志演義』がしばしば引き合いに出されるように、時代を選ばない。どちらに
せよ、決まったレールの上を走っていればよい時代には歴史を振り返る必要は
あまりないが、現代のように世の中のしくみが根本的に変わりつつあり、これ
までの常識の多くが通用しなくなった時代には、歴史に学びながら、人間や社
会というものを土台から考え直す必要があるだろう。
　以上は、歴史の知識や理解が意味をもつ点だが、つぎに、歴史を適切に学ぶ
ことで身につく「考え方」「力」もある。

（3）歴史は多くの場合、「時代」などの長い時間を扱う。そのため、目の前
　の一日一日のことだけに一喜一憂するのでなく、しばしば数百年・数千年
　などの「長い目」でものごとを評価・判断する力が求められる。また、人
　文学以外の多くの学問が、人間社会や自然環境のなかの特定の側面だけを
　扱うのに対し、歴史を含む人文学は、政治、経済、社会、文化や自然など
　多くの領域を含むため、ものごとを総合的にとらえる力が不可欠になる。
　したがって、歴史を学ぶと長期的・総合的で広い視野が身につく。
（4）時代が違うと、同じ国・地域でもものの考え方や社会のしくみが違うこと
　が多い。外国史の場合は、「現代史」ですら自国とはちがったロジックで動い
　ているのがふつうである。したがって歴史を学ぶことは、自分たちの常識と
　はちがった考え方やしくみを理解する、いわば「異文化理解」の訓練になる。
（5）歴史上の資料・記録はもちろん、現在の教科書ですら、同じできごとに
　ついて、書き手によって違った解釈・説明をしていることは珍しくない。
　その背景には、書き手の知識や学力、立場、自分を正当化したり他人を非

難する目的、学問的な理論の違いなど、いろいろなことが考えられる。そういうなかで事実を突き止めたり、妥当な解釈を選ぶ能力は、「情報リテラシー」の一種である。それはフェイクニュースが飛びかうインターネット時代に必要なリテラシーとも共通性をもつ。

以上のほかに、情操教育の一種として歴史をとらえることも可能だろう。

（6）「事実は小説より奇なり」というように、歴史のいろいろなエピソードや人物像は面白い。良質な娯楽の材料としての歴史の効用は十分大きい。

　こうした意味や効用をもつ歴史が、日本の多くの学校で純粋な暗記科目になっているのはなぜだろうか。多くの外国では、歴史の試験といえば「この状況で君ならどうするか」「歴史上のこの選択の得失を、根拠をあげて論ぜよ」など、唯一の正解のない論述問題が当たり前に出題されると聞く。これに対して日本では、未来の国家主権の担い手として、国際人として、適切な知識や判断力を身につけさせるという、世界で共有された歴史教育の目的に反対する人は少ないはずだが、試験となると、マークシートや「穴埋め式」などで断片的知識を問う形式が主流になる。短時間で多数の採点をしなければいけないという現場の事情だけでなく、日本では、「考えさせ論じさせるためには、その前提として正確な事実知識が必要だ」「論述問題の採点は主観的で不公平になりやすい（政治性をもちやすい）ので避けるべきだ」という声が根強い点も見逃せない。
　たしかに歴史は哲学とちがって、具体的なできごとを通さずに人間や社会の本質を直接論じることはできない。しかし、だからといって「授業で出てきた人名や事項・年代をすべて暗記しなければならない、そのためのテストをする」というのは、あまりに極端かつ非論理的ではなかろうか。一定の暗記はたしかに必要なのだが、だからといって暗記だけでその科目の専門家になることは不可能であり、上達には一定の考え方やパターンを組み合わせながら、解釈や説明・討論の訓練をすることが欠かせない、という意味で、歴史の学び方は語学とよく似ており、化学や生物ともある程度の共通性をもつ。

（4）世界史は日本に関係ないか？

　つぎに、「歴史を学ぶ必要性はわかったが、ここは日本だ。覚えにくい固有名詞が多いし、話題になる国・地域が途中で変わるのでついて行きにくい世界史などやらなくても、日本史だけ学べばいいだろう」という声にも答えておきたい。この教科書の執筆者は、「日本史がいらない」などという立場に立ってはいない。日本史は大事である。ただ、大学生も忘れがちだし、ある世代の大人はそもそもわかっていないが、現在の学校教育のしくみでは、中学校の歴史は日本史を軸として、世界史は「日本に関係ある部分だけ学ぶ」かたちをとっている。高校で世界史の方が重視されてきたのは、中学校での日本史学習を前提とした方針だったのである。現代の日本社会が日本だけで、また「日本人」だけで動いているならいいが、世界の動きや「在日・訪日外国人」の役割が、国全体だけでなく地方の経済などにとっても無視できない以上、日本史だけ学んですますというわけにはいかないはずである。言い換えれば、「国際化」「グローバル化」とは、英語の得意な人が外国に出かけていって活躍する意味ことだけを意味した時代は、もはや過去のものになっているのである。

　ただし、以前の世界史と日本史には、大きな欠陥があった。日本史は日本のことだけしか教えないし、世界史は逆に日本が出てこない。それは、日本史を学ぶ際に、「日本史はいつも独立（孤立？）して、国内の力だけで動いている」「世界というのは日本の外側にあるもので、日本は世界の一部ではない」といった間違った感覚を植え付けてきた。逆に世界史を学ぶ際に、日本が果たした重要な役割や、細かい記録がたくさん残っており研究が進んでいるため、日本史の実例が外国史理解の参考になるケースが多い点などが、一般に無視されている。こうした問題を、日本史・世界史のどちらも認識していなかった点には、反省が必要である。新設の高校歴史総合（注1）は、このことを強く意識したうえで、知識よりも、市民社会に必要な歴史の見方・考え方を学ぶなどの新しい方向性を打ち出している。この教科書も、簡単ではあってもすべての時代の日本史が組み込まれた世界史を描くことや、日本の事例を紹介することにつとめているのである。

2．世界史の入り口で

（1）人類の出現と進化

　世界史の本論に入る前に、いくつかのことを説明したり、中学校のおさらい
をしておく必要がある。まず、地球は 40 数億年の歴史、宇宙はもっと長い歴史
をもつが、学校の文系科目としての歴史や、人文系の学問としての歴史学は、
通常は人類の歴史、それも主には最近 1 万年ほどの「歴史時代」（→ p.14）を
扱う。では、人類はいつごろ、どこで地球上に登場したのだろうか。

　20 世紀後半から、アフリカ東部の地溝帯の、森林と草原が接するような地域
で、初期のヒト（猿人）の骨の化石がつぎつぎ見つかった。現在のところ、約
700 万年前の地層から発見された化石が、遺伝子構造がもっとも近いチンパン
ジーと区別される、最古の人類のものと考えられている。ヒトの生物学的特徴
としては、直立二足歩行がもっとも基本的なもので、それを土台にして脳の発
達、手と道具の使用、言語の獲得などがしだいに実現したと考えられる。二百
数十万年前には、それまでのアウストラロピテクスなどと区別され、現在の人
類と生物学的には同じ仲間に分類される「ヒト属」が登場し、しだいにアフリ
カ以外にも広がった。ヒト属の中でも「原人」「旧人」などと通称される、進化
の度合いの違ったいろいろなグループがあらわれ、約 16 万年には「新人」とも
呼ばれる、現生人類（ホモ・サピエンス・サピエンス）の直接の祖先が、アフ
リカ東部に出現して、やはり世界に広がったらしい。いっぽう最後の旧人たち
は、1 万年以上前に絶滅している。人類登場後の地球には、何度か寒冷化が極
端に進んだ氷河時代（氷期）があった。氷河期に代表される自然環境の悪化に、
古い人類は耐えられず、より進化した人類だけが生き残ったものと見られる。

+α　気候変動の原因と研究方法

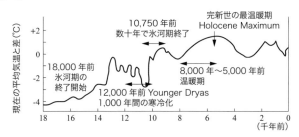

図序-1　最終氷期から現在までの気温変遷

　気候変動には、氷河期のような数万年単位の長期的なもの、全地球的なものから、1年限りの局地的な変化まで幅がある。また温暖化や寒冷化は一方向にだけ進むのではない。温暖化で南極や北極の氷が大規模に融解すると、冷たい水が海水中に流れ込んで、かえって寒冷化がおこる（ただし、温暖化要因が変わらなければ、しばらくのちにはより温暖な気候になる）など、気候には振幅があり、1780年代のフランスのように、しばらく続いた寒冷な気候（日本の浅間山の大噴火も一因とされる）のあとに酷暑が襲って、かえって農産物が暴騰し革命につながったという、複雑な例も見られる。こうした長期・短期の変動の原因としては、太陽と地球の公転・自転面のずれによる日射量の超長期的変化、地球に降り注ぐ宇宙線の変化や太陽活動の強弱、地球上での火山の噴火や、地形と海流の変化など多くの要因がからみあっている。太平洋東部からインド洋西部までの広い範囲で、海水温の変動が原因となって、季節風と気温・降水量の変化がおこる「エルニーニョ・南方振動（ENSO）」など、広域的な変化の連動性についても研究が進んでいる。文字史料のない時代の気候変動の復元には、木の年輪から成長の早い年と遅い年を区別したり、地中に残っている植物の花粉から、寒冷地帯の植物と温暖地帯の植物のどちらが生育していたかを調べる方法なども以前はよく使われたが、最近では、木の年輪や、氷河、湖底の泥などきわめてゆっくり堆積した物質に含まれる、炭素や酸素の同位体の比率を調べる方法が発達している。日本列島でも、屋久島の「縄文杉」など木の年輪と、水月湖（福井県）の湖底の泥などから、1年ごとのきわめて正確な気温の変動が復元され、国際的な研究の基礎データとして注目されている（桃木至朗）。

　人類は長い間、打ち欠いて作った石器など簡単な道具を使い（旧石器時代）、動物の狩猟、漁撈や植物の採集によって生活していた。しかし約1万2000年前、最後の氷期の最終段階に入り、本格的な温暖化がおこった地球で、より手をかけて石の表面を研磨した道具や、粘土を焼いて作った道具（土器）などの使用が始まった（新石器時代）。旧石器時代から人類が居住していた日本列島でも、縄文式土器で知られる新石器文化が誕生した。ところがそのころ、世界各地で人口がかなり増えたところを、大規模な「寒の戻り」が襲ったことが、地中に残った花粉の分析などから推測されている。このとき、人口規模が狩猟採集で養えるレベルを超えていたため、追い詰められた人類が、食べられる植物を栽培したり、動物を飼育して乳や肉・毛皮を利用したことが、農耕・牧畜が成立するきっかけになったらしい。それは西アジアで始まり、やがて世界各地に広がったと見られる。この寒冷期もやがて終わり、温暖な気候のもとで、農耕や牧畜によって、人類はますますその数を増やしたが、約7000年前の西アジアでは、温暖化による乾燥が逆に作物の生育不良につながって、人々を苦しめたらしい。そこで今度は、それまでの自然の雨水を使用した農耕にくわえて、川の水などを人工的に畑に注ぐ、灌漑農耕が発生した。灌漑によって、農耕可能な面積が増加したし、水量をコントロールできるので生産が安定化した。灌漑農耕による高い生産力が、西アジアを筆頭に、各地に文明社会を生み出した。

（2）歴史を説明する概念と術語

　ここで、歴史を説明するための基本的な概念や術語（専門用語）を、いくつか説明しておこう。中学校で習ったものも多いはずである。

（資料と史料）

　ほかの多くの学問と同じように、歴史もさまざまな資料にもとづいて研究される。歴史研究に使う資料のことを、「史料」とも呼ぶ。資料（史料）には、過去の人類が用いた道具などの物質（遺物）や活動の痕跡（遺跡）、言い伝え（伝承）、文字で書かれた記録、図面・絵画や録音・映像などいろいろなものがある。ヒトや動植物の遺骸、地震や津波など自然の変動の痕跡、自然的・人工的な景観なども、過去を物語る資料になりうる。その中でも、下で説明するよう

に歴史学（→終章も見よ）は、文明や国家などの研究を中心に発達してきたため、文字で書かれた記録（文字史料）を、特別に重視してきた。

（先史時代と歴史時代）

　歴史の授業や歴史学は、人類誕生以降の歴史をすべて均等に取り扱うのでなく、「文明」が誕生し文字が発明された後の時代を「歴史時代」として重視し、それより前の時代は「先史時代[3]」として簡単に通り過ぎる（学問としては「考古学」にゆだねる）のが普通である。先史時代のようすを調べるのは、遺物や遺跡などの物質的な資料に頼るが、歴史時代には文字史料が残っており、これまでの歴史学者はおもに文字史料にもとづきながら、必要な場合にはほかの史料を組み合わせて、歴史を解明しようとしてきたのである。

（紀元後と紀元前[4]）

　歴史上のできごとを説明するには、いつごろおこったかという年代の表示が不可欠である。そのために人類は、いろいろな年代表示法（紀年法）をつくってきた。支配者の代替わりなどで切り替わる、東アジアの「年号」もそのひとつだが、現在はキリスト教にもとづく年代が世界中に普及しており、日本でも「西暦〇〇年」というかたちで使われる。ところがヨーロッパでは、キリスト教紀元が始まる前のできごとを、「キリスト（イエス）誕生の何年前」というかたちで表示する習慣ができた。そこで、現在のわれわれも、「西暦1年」ないし「紀元後1年」より後については数字がしだいに大きくなるのに、「紀元前」（ゼロ年は存在しないので、紀元後1年の前年が紀元前1年）については、古くなるほど数字が大きくなる点に、慣れないうちは注意が必要である。

（世紀と千年紀）

　個々の年数だけでは、歴史の大きな流れや時代の変化などを説明するのに不便である。そこで、これまたヨーロッパ起源の「世紀」が一般に普及し、「千年

---

(3)「原始時代」と呼ぶ場合もある。
(4)ローマ字の略称として、紀元前を指す B.C. と紀元後の A.D. が日本の教科書でも使われる。ただし現在の欧米では、キリスト紀元を他宗教の信者も使える「共通紀元（Common Era。中国語の「公元」はこれに対応する）と呼ぶのがふつうになっており、紀元前・紀元後も CE・BCE と略すことが多い。

紀」もときに使われる。世紀は100年単位で時間を区切ったもので、現在が21世紀であることは言うまでもない⁽⁵⁾。千年単位で区切った場合は、「第○千年紀」と表現するので、現在は（紀元後）第3千年紀である。紀元前についてはやはり、古くなるほど数字が大きくなる方法で、「紀元前10世紀（紀元前1000年からの100年間）」「紀元前第2千年紀（紀元前2000年からの1000年間）」などの呼び方をする。

（地域区分と時代区分）

　古い時代から近現代までの世界史を、空間も時間も区切らず一挙に説明したり理解したりすることは不可能である。この教科書は、世界全体の構図や長期的な変動を追いかけることを重視しているが、それでも地域や時代を区切って設営しなければならないことがらは多い。地域区分の場合に注意しなければならないのは、ヨーロッパやアフリカなど通常の地理的な区分が、いつでも有効とは限らないことである。時期によって、同じ地中海東岸地域が、「地中海世界」の一部とされたり、「西アジア」に含まれるようなことがある。時代については、近代ヨーロッパで生まれた古代−中世−近代という三区分がよく引き合いに出されるが、どれも全世界に適用できるものではないし、政権の変化、経済や文化の構造などどこに焦点を当てるかによっても、区切り方は変わってくる。したがって、この教科書で示す地域や時代の区切り方も、厳密で絶対的な定義というより、むしろ便宜的な区分である。

（人種・語族・民族）

　歴史の教科書は、さまざまな人間集団に言及する。そのうち、人種は肌の色、頭髪の特徴や頭の形、体型などの、肉体的な特徴によって人間を分類したもので、黒色人種、白色人種、黄色人種の区分などは、その代表的なものである。ただし、遺伝子の研究によって、人種の差異は生物学的な分類を決定するものではないことが明らかにされている。つぎに語族は、言葉の通り言語の共通性

---

(5)紀元ゼロ年は存在しないから、1世紀というのは紀元後1年から100年までの100年間を指すこと、したがって、21世紀は2000年からでなく2001年から始まったことには、注意が必要である。また「16XX年」を「16世紀」だと誤解する学生がよくいるが、16世紀は1501年からの100年間であることも、最初に頭に入れてほしい。

によって複数の人間集団をまとめたものだが、人類社会では早くからことなる集団の接触・混合がおこっているため、同系統の言語を話す集団が、肉体的にすべて同じ人種に属するとは限らない。最後に民族は、言語・文化や居住地域などの一体性をもつ場合が多いが、例外も多数あり、突き詰めて考えると、「われわれは○○という同じ集団だ」という仲間意識（アイデンティティ）や、「おまえたち（やつら）は××という集団だ」という周囲からの決めつけなど、要するに人々の主観にしか、ある集団をひとつの民族とみなす根拠がない場合がほとんどである。歴史の記録や現在の報道などでも普通に使われる「△△人」という表現は、人種、語族、民族やある国の国民などいろいろな意味で使われるので、なにを指している言葉かの区別に注意が必要である。

（3）世界各地域の自然と住民

　ここで、世界の主な地域の自然と住民についてもまとめておこう。できれば、地図帳を見ながら読んでほしい。高校に「地理歴史科」があるように、地理を理解せずに歴史を理解することは困難である。なお、上でも述べた通り、完璧な地域区分は不可能であり、他の地域との境目では両方の特徴が重なり合って、はっきりした境界線が引けないケースが多い。

東アジア

　ユーラシアの東端にあり、日本が含まれる地域を、一般に東アジアと呼ぶ。そこには大陸（中国大陸）、半島（朝鮮半島がもっとも重要）と、太平洋の西の端にあたる海、そして日本列島などの島々がある。

　東アジアの気候は、大部分の地域で温帯に属し、モンスーン（季節風）の影響を受ける農耕地帯が広がっている。北方は小麦などの畑作、南方は水田稲作が中心となる。住民は大半が黄色人種（モンゴロイド）で、とくに中国大陸には、世界最大の人口をもつ漢民族が住んでいる。東アジア全体で、歴史的に中華文明圏の影響が強く、漢字、律令、儒教（儒学）と仏教[6]などを共有していた。

（6）中国（漢民族）の宗教は一般的には、儒教・仏教・道教の「三教」プラス民間信仰である。いろいろな宗教が併存・混合するこの形態は、他の東アジア諸国にも共

図序-2　黄土高原と黄河（左）、長江沿いの棚田（右）

中央ユーラシア

　東アジアの北側にはじまり、ヨーロッパや西アジアの東部までつらなる、東西に長い乾燥地帯を「中央ユーラシア[7]」と呼ぶ。比較的標高の高い地域が多く、砂漠とそのなかに点在するオアシス、それに草原などの景観がひろがる。

　住民は東寄りではモンゴロイド、西寄りではコーカソイド（白色人種）が多いが、紀元1000年ごろから、もともとモンゴル高原に住んでいたトルコ系の集団が西方に進出し、西アジアにかけて大きな存在となった。おもな住民は、広

図序-3　モンゴル高原の遊牧民（左）とテス川での馬洗い（右）

通している。

(7)以前は「中央アジア」「内陸アジア」などと呼ぶのが普通だったが、ヨーロッパ史にも関係が深いことに気づきにくいなどの問題点もあり、最近では、アジアとヨーロッパを合わせたユーラシア大陸の中央部という点を強調して、「中央ユーラシア」と呼ぶことが多い。

い範囲を移動しながら牧畜をおこなう騎馬遊牧民（遊牧民）と、オアシスの農耕民・商人などである。古くから周辺地域との往来がさかんで、多民族・多文化の世界が発達した。

西アジア・北アフリカ[8]・地中海とヨーロッパ

ユーラシアの西部から北アフリカにかけての温帯（北方では亜寒帯だが、大西洋に面した地域では暖流の影響で、緯度のわりに温暖である）は、比較的雨が少なく、小麦などの畑作や牧畜に適した地域がひろがっている。その周辺に、西アジア・北アフリカでは砂漠、アルプス山脈以北のヨーロッパでは森林が発達している。両者の間には、地中海がある。

アジア・アフリカ・ヨーロッパの３大陸にまたがるこの地域は、もともとアラブ人、ペルシア人やゲルマン人など白人の世界だったが、そこに東方から侵入したトル

図序-4 エーゲ海とオリーブ園（上）、アルプス山脈（下）

コ人（モンゴロイド）などが加わり、きわめて複雑な住民構成を作り出した。地域世界のまとまりも、古代のオリエント世界・地中海世界と、その後のイスラーム世界・ヨーロッパ世界では、空間的にも性質上も大きく違っていた。多様な文明・宗教・民族の交差する歴史のなかから、イスラームとキリスト教の２つの世界宗教などが生まれ、ヨーロッパで誕生した近代文明とともに、現代

---

(8)西アジアと北アフリカ東部を合わせて、ヨーロッパ側から見た「中東」という呼び名もよく使われるが、複雑な歴史や宗教分布のため、この地域をひとことで呼ぶのは難しい。

世界に巨大な影響をあたえている。

南アジア

　歴史的には、全体をインドと呼ぶことも多い地域である。北方はヒマラヤ山脈などの高山とその足もとにひろがる平原、南方には高原と海・島などが分布している。南・東へ行くほど暑く湿潤になり、西北部は小麦など畑作、東南部は水田稲作が発達している。

図序-5　ガンジス河—ベナレス（バラナシ）

　住民は北部ではアーリア人（コーカソイド）、南部ではドラヴィダ系の言葉を話す人々（系統不明）が多い。宗教の役割が大きい世界で、南アジアで生まれたヒンドゥー教、仏教などのほかに、イスラームの信者も多い。

図序-6　メコン川のデルタ

東南アジア

　アジア大陸の東南部にあるインドシナ半島と、その東・南側でオセアニアとの間にある島々をまとめて、東南アジアと呼ぶ。インドシナ半島は東南アジア大陸部、フィリピン、インドネシアなどの島々は東南アジア群島部と呼ぶこともあり、後者は世界最大の多島海をかたちづくっている。

　東南アジアは大部分が熱帯だが、そこは世界最大の湿潤熱帯であり、森林資源や農産物の宝庫だが、病気の種類も多いなど、人間には住みにくい面もある。住民の大半は、中国大陸から南下してきたモンゴロイドだが、地形が複雑ないっぽうで河川・海上交通が発達しているため、きわめて多様な人間集団が入り乱れた、多民族・多文化世界をつくってきた地域である。

南北アメリカ大陸

アメリカ大陸は南北どちらも、太平洋岸に山脈がつらなり、東側に低地がひろがっている。南北に細長いため、緯度により熱帯から寒帯まで幅のある気候と植生が見られる。

現在のアメリカ大陸には、海面が低下した氷河期にアジアからベーリング海峡をわたって渡来したとされる先住民（インディオ、インディアン）と、16世紀以後に渡来したヨーロッパ系やアフリカ系の住民、それらのあいだの混血などの人々が居住している。アメリカ大陸原産のトウモロコシ（北米・中米）やジャガイモ（南米の高原）を栽培する農耕が発達していたが、ヨーロッパ人の渡来後には、それらの作物や病気が持ち帰られてユーラシアに広がるいっぽうで、ヨーロッパの作物や病気が持ち込まれる、「コロンブスの交換」（→ p.129）がおこった。

図序-7　グランドキャニオン

その他の地域

地形や住民の説明は省くが、以上の地域のほかにも、世界史で重要な役割を果たしてきた地域がある。たとえば、黒人が多く分布するサハラ以南のアフリカ、そしてオセアニア（オーストラリア・ニュージーランドだけでなく、ハワイなど太平洋の島々も）、さらにシベリアなどユーラシア北方の寒冷な地帯がその例である。

まとめの課題

歴史学の主流派は最近まで、人類社会のうち、文明や国家を形成し文字による記録を残した部分だけを研究対象として、それ以外の社会は遅れた、無価値なものと見なしてきた。現在はその考え方は批判されているが、文字による記録をもたない人々（現代の文明社会内部にも存在しうる）の歴史を復元するために、どんな方法が用いられているだろうか。また文字や文明・国家をもたない社会のどんな点が見直されているだろうか。クラスで討論してみよう。

自然と人間

　先史時代の人類が、気候変動（→ p.12、p.102 コラム）に限らず、自然からのさまざまな影響を強く受けていたことはよく知られているが、歴史時代については、近代文明がもっていた「人間が自然を支配する」発想なども背景にして、自然環境の影響を軽視した理解が行われがちであった。しかし、地球環境問題の深刻化を背景に進んだ最近の研究によれば、歴史時代にも、近現代を含めて、人類社会は自然環境とその変化、それに起因する旱魃や洪水、地震・津波や火山噴火といった災害、それに天然痘やペスト・コレラにはじまり、新型コロナウイルスにいたる疾病などの影響を受けつづけている。影響の内容には、ナポレオンやヒトラーがロシアに侵攻した際に、異常に寒い冬の気候で大損害を受けたといった短期的なものから、スペイン人が持ち込んだ天然痘の大きな被害が、ラテンアメリカの各帝国から抵抗する意思と能力を奪い、今日まで続く先住民が主役とはいえない社会の成立を招くといった長期的なものまで、いろいろある。

　ただ、「日本は四方を海に囲まれた島国なので、閉鎖的な意識（島国根性）ができあがった」というように、社会のあり方をすべて自然環境で説明する「環境決定論」は、正しくない。同じ寒冷化とか大災害に対して、社会や文化が違ったために、地域によって影響のあらわれかたが違った例は、いくらでもある。環境変化や災害に強い社会と弱い社会、打撃からの復元（レジリエンス）が容易な社会と困難な社会があるとも言える。また、人間の活動によって、自然環境が大規模に変えられたり破壊される例は、近代以後に限られない。たとえば農業自体が、自然環境を大きく変えたのである。それは、生産力を増やすというプラスの変化だけでなく、森林の消失による保水力の低下とか生物多様性の減少など、マイナスの変化をもたらすこともしばしばあった。近現代の開発の拡大や交通の発展が、新型ウイルスの脅威をひろげたような「自然のしっぺ返し」の例もふくめて、自然と人間の関係は、どちらかが一方的に相手を支配する関係というより、相互作用として理解すべきである。

　自然と人間の関係の双方向性は、人口や技術などの変数を組み込むと、さらに複雑になる。たとえば人口が増えすぎた社会で、乱開発による環境破壊や資源の枯渇、伝染病の被害の拡大がおこりやすいことは自明である。しかし、人口が多すぎる社会で技術革新が生まれることがあるし、一定規模以下の人口の社会では強力な伝染病でその社会が全滅するのに対し、より人口の多い社会では全滅せずに免疫が獲得されて、つぎに同じ病気が持ち込まれても、免疫をもたない新生児以外は大きな被害を受けなくなるなど、人口が多いことはすべてがマイナスというわけではない。ではその人口の増減はどんな要素によって決まるかというと、気候や開発と技術などにもとづく農業生産力の増減、それに戦乱の影響などは、もちろん重要である。が、それ以外に結婚年齢や家族形態が出生率に影響するし、他の地域との間での移

民の方が、出生率や死亡率より大きな意味をもつケースも少なくない。環境・人口・社会・技術などの諸要素のあいだで、そのときどきの条件によって違った方向で、相互作用がおこるのである。しかも、人口や社会は全員が同じ方向に動くとは限らない。たとえば、農耕の開始によって社会全体は豊かになったとされるが、農耕が狩猟採集より過酷な労働を女性に要求し、結果として女性の平均寿命が低下するという、ジェンダー間のアンバランスにつながるケースが多かったことが指摘されている。

図序-8 関東大震災後の有楽町付近

では、こうした自然環境と人間の過去におけるかかわりは、どのようにして解明できるのだろうか。歴史時代については、文字史料からわかることも少なくない。たとえば西暦528年には、日本、中国、ヨーロッパなど世界各地で、空が暗くなったことや寒い気候が記録されており、火山の大噴火により空中の火山灰が世界的な気温低下を招いたと見られる。869年に三陸地方で発生した「貞観地震」とそれによる津波についても、さまざまな文献の記録が残されている。アルプスを描いた絵画で、時期によって氷河の高度が違っているなど、絵画が物を言う場合もある。しかし、先史時代はもちろん歴史時代でも、埋葬された遺骨から食生活と栄養状態、病気のことなどがわかるように、自然科学的な方法が役立つ場合がきわめて多い。そもそも自然環境の変化や災害、伝染病などの原因と発生のメカニズムは、自然科学的方法でなければ理解できないし、実際におこったことを正確に復元・解析する技術も、現在では高度に発達している。とはいえ、環境の変化に対する社会や文化の反応は、文化系的な方法によらなければ理解できない場合も多いから、環境と人間のかかわりの歴史は、「文理融合」的に進めなければならない領域の代表である（桃木至朗）。

第1章

古代文明・古代帝国と
地域世界の形成

章のあらすじ

　前8000年ごろまでに西アジアではじまった麦作農耕と牧畜は、ユーラシア東西に伝播していったが、次第に大河川流域において灌漑を基本とした農業が始められた。その後、前3000年前後には各流域で高度な文明をもつ都市が形成されるようになり、さらにそこに国家が形成された。これらの文明は決して孤立していたわけではなく、早くから遠距離交易の痕跡をとどめ、文化・技術などを共有するところがあった。やがて前1千年紀には、騎馬遊牧民が中央ユーラシアの草原地帯に生まれ、遊牧国家を作ってゆく。これに対抗するように、鉄器技術により農業生産力が高まっていた定住農耕地帯でも政治的な統合が進み、古代帝国を出現させるにいたる。それらと並行して紀元前後までに、ユーラシア各地には、複数の国家や民族集団を含む地域世界が形成された。これら地域世界は陸と海のシルクロードにより結ばれ、経済面においては相互に連動した側面すらあるが、3世紀に騎馬遊牧民の大移動が始まると、各地の古代帝国は解体し、ユーラシアは東西にわたって大きく動揺した。

Key Question

原始社会や遊牧社会は別として、文明成立後の農耕社会では、時代をさかのぼればさかのぼるほど、人々は自分の住む地域から外に出なかったと見られがちであるが、あなたはそのイメージにどの程度賛成か、根拠をあげて説明せよ。

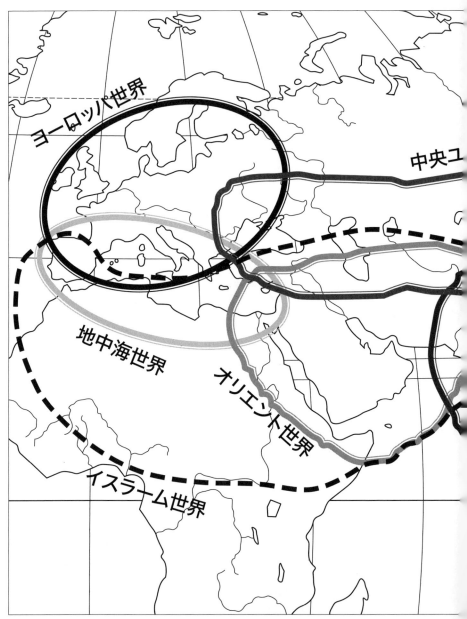

図1-1　ユーラシア大陸とその周辺に成立した諸地域世界

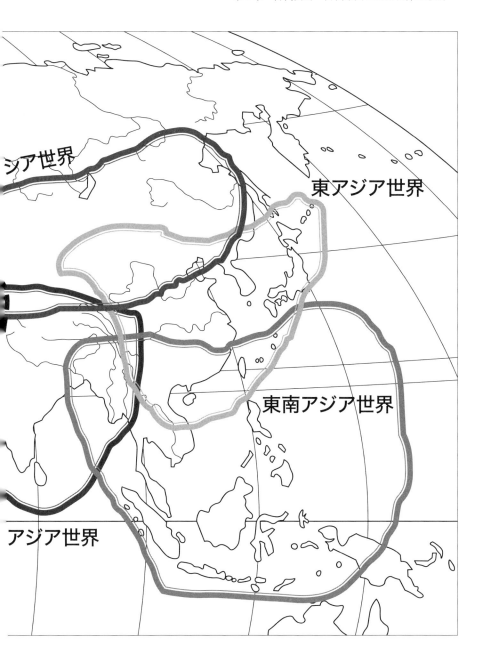

ジア世界

東アジア世界

東南アジア世界

アジア世界

1．文明の誕生と国家の出現

（1）国家をもつ社会の出現

　ユーラシアでは前3000年前後より、メソポタミアのチグリス・ユーフラテス河下流域とエジプトのナイル河流域に多くの都市が興り、そこに高度な文明が誕生した。こうした都市文明の発生は、灌漑により穀物生産が増大し、大量の人口を養うことができるようになったことがその背景にあるが、鉄器出現以前の時代にあってそれが可能であったのは、大がかりな開拓なしで広大な耕地と水が得やすく、また作物の発育に十分な気温の上昇がみられる地域だけで、それは基本的にはアフリカ北部を含むユーラシア大陸以外にはなかった。

　続く前3千年紀後半には、西北インドのインダス河流域にも同様な都市文明が成立した。ただしその形成は、穀物生産が高まったことに加えて、インダス河流域が文明の発祥以前より海上交易を通じてチグリス・ユーフラテス河流域と結ばれ、メソポタミア文明の影響を強く受けていたことによる部分が大きい。

　一方、黄河流域は先の三河川流域ほどの乾燥地帯ではなく、広大な耕地が得やすかったわけでもない。しかしながら、アワ・キビ類を中心としながらも西アジアで始まった麦作農耕や牧畜も伝わり、他の地域よりかなり遅れるものの、同じような都市文明を成立させた。さらに彩文土器に加え、青銅器なども西アジア方面より中国北部へ伝播したことを見るならば、この黄河文明も決して古代オリエント[1]の文明と無関係に成立したわけではないことがうかがえる。

　以上に挙げた、メソポタミア文明・エジプト文明・インダス文明とこの黄河文明を合わせて、日本では四大文明と呼ぶが、相互に比較して見ても、これらの文明には共通する特徴が認められる。

　まずそれらの大河の流域においては、未解明な部分が多く残されるインダス文明を除き、ともに国家の形成が見られた。灌漑のほか家畜の力や肥料を利用

（1）オリエントとは「太陽ののぼる所」を意味し、ヨーロッパから見た東方、すなわちメソポタミアとエジプトを中心に、周辺の小アジア・イラン高原・地中海沿岸のシリア・パレスチナなどの地域を指す。

する農業の発展により、穀物の生産力が飛躍的に高められると、直接生産に従事しない人々（王族・神官・官僚・職業軍人・商人など）が増加して分業が始まり、さらには戦闘時における指導者や祭祀を取りしきる神官の出現が、階層の分化を引き起こして権力や権威を生み出した。ここに、家族や村落など、血縁や地縁に基づいて発生した小規模な集団社会の段階を越え、国家という組織が生まれた。国家は、通常は王などが支配する君主制によるが、これらの文明では、いずれも君主である王が宗教的なリーダーを兼ねる祭政一致（神権政治）のスタイルを取り、神殿を中心にした都市国家を造った。ナイル川流域においてピラミッドを残したエジプトの歴代王朝や、黄河流域において成立した殷（前17～前11世紀）[2]や周（前11～前3世紀）なども、国家としてかなり大規模になりつつも、基本的にはこうした都市国家の性格を保持していた。

　また金属器として青銅器を使用するとともに、占いや暦[3]、交易活動の記録、収穫物や家畜の管理などのために文字[4]が発明され、これが実務的な役割とともに、宗教・政治上の権威を高めることにつながっていたことも共通している。

　東アジアには、黄河とは別に長江（揚子江）流域にも都市文明の痕跡が認められるが[5]、古代オリエントやインドの文明と中央ユーラシアを介した結びつきが強かった黄河流域の方に、より大規模な文明が開花したものと考えられる。

---

(2) 日本の「世界史」教科書では、夏王朝は伝説的王朝として説明され、現在、確認できる最古の王朝は殷（商）であるとしている。これに対して、中国の歴史教科書では、これを実在の王朝として明確に認定し、さらに夏王朝の成立を、中国の国家プロジェクトによる検証作業の結果として、B.C. 2070年に求めている。

(3) メソポタミアの太陰暦、エジプトの太陽暦、南アジア・東アジアの太陰太陽暦など、さまざまな暦法が成立した。月の満ち欠けにもとづく太陰暦はわかりやすく、日常生活にも関係が深いが、季節を反映せず農業には適さないので、より複雑な観測・計算を要する太陽暦、両者を折衷した太陰太陽暦（太陰暦で月を定めるが、数年に一度うるう月を設けて太陽暦とのずれを調整し、太陽の動きにもとづく春分・秋分や夏至・冬至は暦に組み込んでおく）などの暦法が生まれた。

(4) 文字はすべて最初は象形文字からなるが、西アジアでは表音文字に変化した。フェニキア文字・アラム文字が東西に伝わり、そこからラテン文字（ローマ字）のアルファベットやアラビア文字・イランのパフラヴィー文字・ソグド文字など多くの文字が成立した。他方、東アジアでは表意文字（表語文字）として漢字が発生した。

(5) 青銅器をもつが文字は発見されていない。

前1千年紀になると、メソポタミアやエジプトの文明の強い影響下に、地中海方面にギリシアなどの諸文明が形成されるとともに、イラン方面ではペルシア文明が育まれた。また中央ユーラシアでは、強大な王権が出現するとともに騎馬遊牧民による独自の文明が成立した。さらに南アジアではインダス文明滅亡後に西北からアーリア人が侵入し、かれらの文化を基調にした新たな都市文明が北インドに広がった。このほか、ユーラシアとは別の大陸でも、アメリカ大陸の中部・南部などで高度な古代文明が形成された。

2．遠距離の移動と交流

（1）騎馬遊牧民の登場

　前9～前8世紀頃、中央ユーラシアの草原地帯において遊牧民は、それまで車両を牽かせていた馬に直接乗るようになった。いわゆる騎馬遊牧民の誕生である。彼らは遊牧や牧畜の技術を向上させるとともに、騎馬と騎射の技術を高めて騎馬軍団を作り、それまでの戦車を中心にした軍事力を格段に増強させた。このことは彼らを主に軍事面でオアシス地域や農耕定住社会に対し圧倒的な優位に立たせることになった。

　また草原地帯では、その開けた地理的環境のため、人や家畜の移動ばかりでなく、技術をはじめとする様々な文化や情報などがスムーズに伝播した。そのため遊牧民らは、定住民とは比較にならないほど短期のうちに、広い範囲で均質的な物質・精神文化を共有するにいたる。やがて草原地帯には、騎馬遊牧民がそれぞれに帰属する集団を束ねる、より上位の政治権力、すなわち遊牧国家が出現した。西方のスキタイ（前7～前3世紀）、東方の匈奴（前3世紀に強大化）などがその代表となるものであり、それ以来、中央ユーラシアには強力な遊牧国家がしばしば出現した。

　遊牧国家とは、政治と軍事を握る遊牧民が、農業・商工業を基盤とするオアシスや、その他の農耕地帯の定住民を支配し、あわせて貿易や外交についてはオアシスなどを出身とする国際商人に担当させるという、複合的・多重的な性

テーマ解説　青銅器の東方伝播

　前4000年ごろ、西アジアにおいて人類初の人工的金属である青銅が発明され、簡単な青銅製品の製作が始まると、その製造技術はユーラシア各地に伝播していった。ただし、これが中華世界にまで及んでいたかどうかについては見解が大きく分かれている。すなわち、中華世界では、青銅器は西アジアとは別に独自に製造されたとする説と、西アジアの技術や製法が伝来して製造されたとする説である。ところが近年、考古学的発掘が進展した結果、多くの青銅製品が見つかり、次第に青銅器文化の全体像が明らかになってきている。左の図を見ていただきたい。

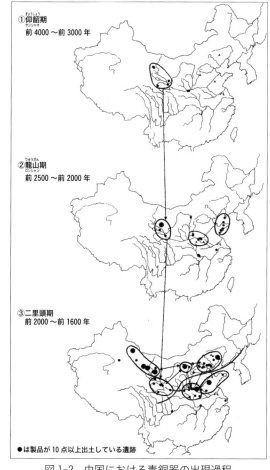

　　① 仰韶期
　　ヤンシャオ
　　前4000～前3000年

　　② 龍山期
　　ロンシャン
　　前2500～前2000年

　　③ 二里頭期
　　前2000～前1600年

●は製品が10点以上出土している遺跡

図1-2　中国における青銅器の出現過程

　この図から明らかなように、中華世界にあっては青銅器は、黄河上流域の青海方面より出土したものが最も古い。そして時代が進むにつれて、その出土地点は次第に黄河中下流域に拡大していった様相をうかがうことができる。この事実から、中華世界においても青銅器は西方より技術や製法が伝来して製造された蓋然性がきわめて高い（荒川正晴）。

テーマ解説 中央ユーラシアの遊牧民と世界の結びつき

　前17世紀のオリエント世界は、周辺の遊牧民とみられる異民族の侵入により大きな動乱に見舞われた。ヒッタイトにより小アジアの占拠や古バビロニア王国の征服が行われ、エジプトでもヒクソスの侵入が引き起こされた。注目されるのは、これらは何れも武器としてスポーク式二輪戦車を用いていたことである。馬とスポーク式車両を合体させた戦車がいつ頃どこで始まったかは明確ではないが、前2千年紀前半の中央ユーラシアの西部草原～西アジア周辺が有力であり、ヒッタイトは、もともとこの中央ユーラシア西部の草原地帯（カスピ海・黒海北方）を本拠地としていたインド＝ヨーロッパ系の言語を話す遊牧集団の一つであった。

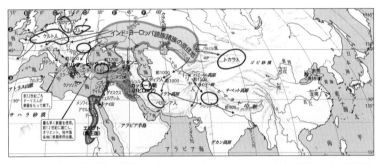

図1-3　前2千年紀の世界（『最新世界史図説　タペストリー』（帝国書院）4頁より転載）

　さらに、このスポーク式二輪馬車は、重要な武器として東方に伝播していった。というのも、中国では、殷代後期の都の跡とされる殷墟以前では、車輪や車両の資料、および家畜ウマの出土がまったく認められないにもかかわらず、殷墟から突然これらが出現してくるからである。また殷墟に遺された戦車を見ると、中央ユーラシア草原のそれと共通する部分が大きい。西アジアのものよりも車輪の直径が大きくてスポーク数が多く、車体横幅が広いのが特徴となっている。このことは、同時代の中央ユーラシアと華北地域が密接に繋がっていたことを示唆している。つまり馬とスポーク式車両とが合体して、スポーク式二輪戦車が発明されると、それが中央ユーラシア経由で、殷代に「中国」へ伝播・普及してきた可能性が高い。戦車を利用した軍事的な活動が、ユーラシア一帯で一様に活発化した結果と言えよう。

　前2000年紀の世界とは、遊牧民によるスポーク式二輪戦車の利用と農耕定着民に対する侵攻（南下現象）が、ユーラシアの東西で連動して起こった時代であり、中国の殷の成立も、そうした動きの一つであったと考えられる。

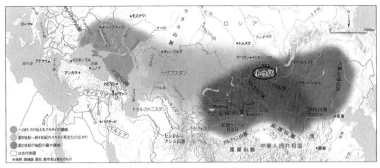

図1-4　騎馬文化の広がり

　続く前1000年紀に入ると、中央ユーラシアの草原地域において騎馬関係の考古学的証拠が突如として増えはじめる。このことは、遊牧民がようやく騎乗するようになったことを示唆している。騎馬遊牧民の誕生である。彼らは騎馬軍団を形成するとともに、それらを統括するトップリーダーの権力も強大化したと言われる。これ以降、騎馬遊牧民の大規模な集団を遊牧国家と呼ぶことが多く、その最初に挙げられるのがスキタイ国家である。これまでその遊牧騎馬文化が草原地帯を東伝して広まったとされ、モンゴル高原を中心拠点とする匈奴もそれを受け容れて形成されたとするのが通説となってきた。しかし近年の研究によると、遊牧騎馬文化に関する限り、その流れはまったく逆である。実は、草原地域の中で特に早くその痕跡を残しているのは、モンゴル高原の北西に位置するトゥバの地域なのである。つまり一般的に考えられている草原地帯の西部ではなく、遊牧騎馬文化は東方でいち早く登場したのであり、それが西方に伝わってきたと考えられる。この中央ユーラシア草原における東から西へという流れは、歴史的に見て遊牧民の移動方向と重なる。ただし前近代ユーラシアにおける文化伝播の方向全体から見ると、逆方向になる。今後のさらなる考古発掘による検証が期待されている（荒川正晴）。

格をもつ軍事商業国家である。多様な集団からなる多文化主義と、きびしい自然や軍事活動が生む実力主義を特徴としている。これはまた、草原の世界だけで遊牧国家が成り立たなかったことを同時に意味しており、構造的に常に定住世界の富や財を吸収する必要があった。こうした性格をもつ遊牧国家の成立は、以降、火器が発達する18世紀までの間、ユーラシアの定住世界の歴史に巨大な影響を与えた。それは、中国や西アジアの地域だけでなく、南アジアや北アフリカ・ヨーロッパにとっても大きな脅威となり続けたのである。

(2)「シルクロード」の成立

　紀元前より遠距離にわたる交易の痕跡を留めているユーラシアや北アフリカの地域は、中央ユーラシア世界を中心に置いて、東アジア世界から西アジア・地中海世界にいたるまで交易路により結ばれていた。陸上部分では、草原地帯を通る「草原の道」と、砂漠・オアシス地帯を結ぶ「オアシスの道」が走り、人のほか絹をはじめとした様々な物産や文化が相互に伝わった。とくに草原の道が走る地域は、騎馬遊牧民が台頭した舞台であり、彼らは遊牧国家を建設すると、オアシス民と共生関係を構築するとともに、後者のルートをも支配下に組み込んで国際交易を掌握した。いわゆる「シルクロード」とは、こうした草原の道とオアシスの道が、西方に運ばれる中国産の絹糸や絹織物が代表的な商品であったことにちなんだ呼び名であるが、それは同時に、中央ユーラシアを中心として東西南北に張りめぐらされた交易・交流ネットワークの全体を指す語として用いられている。

　他方、海上ルート（「海の道」）においても、インド洋では前3千年紀の段階で早くも、古代オリエントとインド西海岸を結ぶ交易路が躍動していた。その後、紀元前後からモンスーンや海流を利用した航海技術が発達するとともに、ローマ・インド間やベンガル湾以東の海上交易が進展した。また同じころより、陸上においてもインドと中国とを結ぶ交易路が活況を呈するようになり、それとともに西北インドに生まれた革新的な仏教（大乗仏教）が主として中央アジアのオアシス伝いに中国に伝播した。さらに後2世紀には、海上ルートを使ってローマの使者が中国に到来した痕跡が残されている。

+α 『エリュトゥラー海案内記』第六十四節

　この地方の彼方では、今や真北の方角の或（あ）るところで外側の海が尽きると、そこにティーナと呼ばれる非常に大きな内陸の都市があり、ここから真綿（まわた）と絹糸（けんし）と絹布（けんぷ）が、バリュガザへとバクトラを経由して陸路で、他方リミュリケーへとガンゲースを通じて運ばれる。このティーナへは容易には到達できない。というのも、そこからは稀に少数の人々が来るにすぎないので。

（蔀（しとみ）勇造訳註『エリュトラー海案内記　二』平凡社、2016 年、32 頁）

解説

　『エリュトゥラー海案内記』は、1 世紀後半ごろに書かれたエジプト在住のギリシア人商人の見聞録である。ここに見える「ティーナイ」「ティス」は、今日の China という語の起源となる語と同系統のもので、前 221 年に中国を統一した「秦（しん）」に由来すると解する説が有力である。すなわち、この記述から、当時、中国方面からの主要交易ルートが、バクトリアの都である「バクトゥラ［バクトラ］（現、アフガニスタンのバルフ）」を経て、インドの西海岸にある港町バリュガザ（現、インド西部グジャラート州南東部の港市、ブローチ）に延びていたことが知られる。ちょうどこのころ、クシャーン朝がバクトラあたりで勃興してインドに進出してゆき、ローマ帝国や漢帝国との中継交易で栄えていた事実と、この記事はよく符合する。またインド西海岸よりインド洋を通じてローマ帝国と交易で結ばれているが、この海上交易ルートはすでに前 3 千年紀の文明化の時代に認められるものであった。中国産の絹製品の交易に関して言えば、ユーラシアの東西をつなぐイラン本土経由の陸上交易ルートが本格的に始動してゆくのは、後のエフタル勃興以後のことであった（荒川正晴）。

3. 諸地域世界の成立と古代帝国の栄華

前1千年紀に入り、北方の草原地帯に遊牧国家が形成され、大きな軍事的な脅威となってくると、ユーラシアの定住農耕地帯では、これに対抗するように政治的な統合が促進され、超広域の支配をおこなう「世界帝国[6]」が東西にわたり出現した。鉄器技術により農業生産力が高まるとともに、都市では貨幣も普及し、軍役や租税を負担する農民や大商人を出現させたことが、国家統合の拡大に大きな役割をはたした。

その間、西アジア、南アジアや中国では、国家形態が都市国家→領域国家→「世界帝国」というように移行していったが、ギリシアでは都市国家（ポリス）が発達を続け、その中で市民によるポリス民主政が発展し、独自の都市文明が繁栄した。ギリシア世界は、アレクサンドロスの帝国、ついでローマ帝国という世界帝国に組み込まれるが、ローマは長く都市国家としての伝統を維持した。

また、こうした「世界帝国」と並行して、遅くとも紀元前後ぐらいまでには、複数の国や民族、地方文化を含む「世界」の意識が形成された。こうした「世界」の広がりを地域世界と呼ぶ。具体的には、古代オリエント・地中海世界、南アジア（インド）世界、東アジア（中華）世界、中央ユーラシア世界などを考えることができる。それぞれの地域世界では、世界宗教の経典の言語、世界帝国の行政用語などが、支配階級や知識人の共通語として広まることが多かった（地中海世界のギリシア語・ラテン語、南アジアのサンスクリット語、東アジアの漢字・漢文など）[7]。

---

(6) 他の国や民族集団を征服して支配下に入れたような国家を帝国と呼び、君主はしばしば、一般の王より格上の皇帝などの称号をもちいる。帝国が大きくなるほど、単一の言語、法律や支配機構、文化などを全体に強制することは難しくなるので、帝国といえば多言語・多民族・多文化社会、複数の「法圏」をもつ状態になるのが普通である。帝国の発展は、他の民族をいかにうまく取り込んだり協力させたりするかで決まる場合が多い。

(7) 他方で近代以前の庶民は、地方ごとに別の方言を話すのがふつうだった。

（1）古代オリエント・地中海

　前1千年紀前半のオリエントは、世界帝国の時代であった。まずアッシリア
が、いちはやく鉄製武器で武装した常備軍によってメソポタミア南部のバビロ
ニアを統合すると、前671年にはエジプトを征服して全オリエントを統一した。
征服地は州に分割され、各州の統治は皇帝を頂点とするピラミッド型の官僚制
のもと、宦官[(8)]らからなる総督の手で行われた。広大な領域を統合するため、
領内に駅伝制を敷き交通網を整備するとともに、住民を帝国内の別の土地に集
団的に植民する強制移住政策によって、被征服民の勢力を分散させた。強制移
住政策は新都の建設や灌漑事業のための労働力を確保するのみならず、帝国内
の技術移転を促進させ、住民の混交を進めることにもなった。文化面でもバビ
ロニアとアッシリアの宗教的統合が進められ、ニネヴェの図書館にバビロニア
に伝わる文学・宗教文書の写しを収集するなど、メソポタミアの文化的一体性
が強められた。しかし内外の諸民族の抵抗によって帝国は急速に崩壊した。

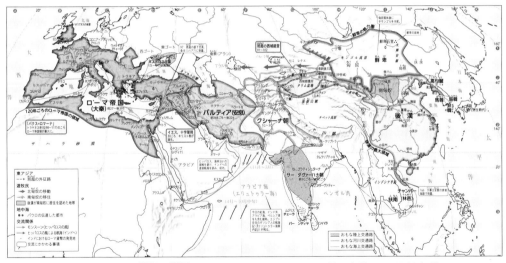

図1-5　1〜2世紀の世界（『最新世界史図説　タペストリー』（帝国書院）10-11頁より転載）

---

(8)去勢された男性で、古代オリエントやビザンツ帝国、中華帝国などで、王の側近
や手足として大きな権力を振るうことがあった。

アッシリアの滅亡後オリエントを再統一したのは、イラン系のハカーマニシュ（アカイメネス）朝ペルシア（前550〜前330年）であった。ペルシア人は善悪二元論を特徴とするゾロアスター教を信じていたとされる。ゾロアスター教の善悪二元論は、ユダヤ教の発達に影響をあたえたと考えられている。

　ハカーマニシュ朝ペルシアは、東はガンダーラや中央アジアのソグディアナ、西はエジプトにまで及ぶ広大な領土を行政区に分け、被征服地に総督を派遣して統治するゆるやかな中央集権体制を敷いた。行政用語としては、アッシリアに引き続きアラム語が用いられた。セム系の隊商民の言語であったアラム語は、商業ネットワークを通じて急速に広まっていたのである。地中海沿岸部では、フェニキア人が都市国家を築いて海上交易に従事し、アッシリア、ついでハカーマニシュ朝ペルシアの保護と引き換えに、貢納（こうのう）と海軍力を提供していた。

　ハカーマニシュ朝ペルシアの西縁部では、バルカン半島のギリシア人が紀元前8世紀ごろからオリエントと再び接触するようになり[9]、地中海の沿岸部一帯で活発に植民・交易活動をおこなってフェニキア人と競合するようになった。ギリシア人は共通の神々を信仰し、共通の叙事詩を歌い、オリンピア競技祭などの祭典をともにし、共通の言語を用い、フェニキア文字をもとにしたギリシア・アルファベットを使用し、ヘレネス（ギリシア人）としての民族的なアイデンティティを形成していたが、統一国家にまとまることがなく、ギリシア語でポリスと呼ばれる都市国家や、いくつかのポリスが集まった連邦に分かれていた。

　ハカーマニシュ朝ペルシアの宗主権（そうしゅけん）下にあったイオニア地方のポリスが、紀元前5世紀はじめにギリシア本土と連携して反乱を起こすと、ペルシアはそれにたいする懲罰として、2度に渡るギリシア遠征をおこなった。このときポリスの連合軍が、多分に偶然の力もあってペルシア軍を撃退することができたことは、ヨーロッパ史のなかで、専制的なオリエントにたいする「ギリシアの自由」の勝利として記憶されることになった。有力ポリスとなったアテナイでは、

---

(9)ギリシア人は紀元前2000年紀からオリエント文明の影響を受けながら東地中海交易に従事し、線文字Bとよばれる文字を用いて宮殿経済を記録していた。しかしミケーネ文明が衰退すると、交易圏が縮小し、文字も失い、「暗黒時代」に入っていた。

ペリクレスの葬送演説（前431年ごろ）

　残された子供たち、弟たち、諸君にとってこれからの試練はけわしいものとなる（人はみな逝きし父兄たちを称えるからだ）、いかに諸君が克己精励して徳を磨くとも、かれらを凌駕することはおろか等しいとさえ思われず、つねにやや劣るとの評に耐えねばなるまい。生者が死者と競うとき、見るものは生者に嫉妬を覚えるが、死者にはすなおな好意をささげるからだ。このたび夫を失うこととなった人々に、婦徳について私からいうべきことはただ一つ、これにすべてのすすめを託したい。女たるの本性にもとらぬことが最大の誉れ、褒貶いずれの噂をも男の口にされぬことをおのれの誇りとするがよい。

（トゥキュディデス『歴史』II. 49、藤縄謙三訳、京都大学学術出版会）

解説

　上の文章は、アテナイ民主政の指導者として著名なペリクレスによる戦没者追悼演説の一部である。スパルタなどとギリシアの覇権を争ったペロポネソス戦争の最初の冬に、その年の戦死者を追悼するものであるが、残された男たちには戦死者に劣らぬ武勇をもとめながら、女たちには男たちの口の端にのぼらぬように、慎ましい生活を送るように求めている。

　女たちが男性たちのコミュニティで話題になるのはどのような場合だったのか。われわれの手元に名前が伝わる女性たちは、社会規範から外れた姦婦であったり、出生のいかがわしいとされる女性であったり、娼婦であったりするケースに偏っている。このような評判は女性に限られたことではなかったが、それにもかかわらずペリクレスが讃えるアテナイの栄光と誉れが男性に属するものとみなされており、女性たちには不名誉の戒めのみが与えられていることは、興味深い。民会や民衆法廷を構成するのは男性市民のみであり、女性たちはその庇護のもとに置かれていた。戦士である男性の参政権の拡大によって、男性市民が特権階層化したことは、女性の政治からの隔離を際立たせることになったのである（栗原麻子）。

+α ヘレニズム

　アレクサンドロスの遠征の結果、ハカーマニシュ朝ペルシアが支配していた広大な領域に、ギリシア人を支配者とする王朝が分立することになった。その結果、ギリシア文化とオリエント文化が広範囲にわたって接触することになった。かつてはこれらをギリシア文化の普及ととらえてヘレニズムと呼んだ。しかしながら今日では、ギリシア文化の影響はギリシア系住民が居住した都市にとどまる場合が多かったこと、そうでない場合にも影響は双方向的なものであったことが重視されるようになっている。イラン高原の遊牧民が興したパルティア（前3世紀半ば～後3世紀はじめ）では、バビロンを中心にギリシア文明とメソポタミア文明の混交が進んでいくが、1世紀にはギリシア的な要素は溶解してしまう。バクトリアのギリシア人国家や、少し遅れて西北インドのガンダーラ地方のクシャーン朝では、土着文化とギリシア文化が混交した独特の美術様式が成立した。インドの仏教徒が、ガンダーラ等で仏像を作ったのは、ヘレニズムの影響であると考えられている。これらは、ユーラシア西方における活発な移動・文化接触の一つのあらわれである（栗原麻子）。

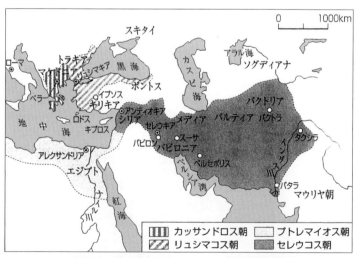

図1-6　前300年ごろのヘレニズムの諸王朝

陸海にわたる市民の軍事的貢献を一つの契機として、無産市民も含めたすべて
の男性市民に参政権が拡大すると、奴隷や在留外国人ではなくアテナイ市民で
あることが、男女ともに特権となった。

　アテナイ民主政は、民主制の先駆的形態として、近代ヨーロッパの政治理論
に影響を与えることになるが、アテナイを含むポリスの政治的独立は、長くは
続かなかった。前4世紀末になると、ギリシア世界は北方のマケドニアの覇権
のもとに入る。マケドニアのアレクサンドロス大王は、さきのギリシア侵攻の
報復を旗印に、ギリシア諸ポリスの盟主としてアカイメネス朝ペルシアに侵攻
してこれを滅ぼす。アレクサンドロスの帝国は大王の死後すぐに分裂したが、
シリア、エジプト、マケドニアそれぞれに、アレクサンドロスの帝国を継承し
ギリシア人を支配集団とする王朝が分立した。

　ギリシア本土では、アレクサンドロスの後継王国と対抗して、ポリスが連邦
を形成していた。そこに新たな強国として現れてきたのが、イタリア半島の都
市国家ローマであった。ローマは征服戦争を繰り返し、前1世紀にはエジプト
を征服して地中海を内海とし、1世紀後半には東はユーフラテス河畔までを版図
とするにいたる（p.37 地図）。

　ローマは、王の権限を代行する執政官の権限と、元老院による貴族的支配、
男性市民を構成員とする民会の意思決定を混合した共和政（*res publica*）を
とっていたが、前1世紀末に事実上の帝政へと移行する。その後1〜2世紀にか
けてのローマ帝国では皇帝と元老院を2つの中心とする「小さな政府」のもと
に比較的安定した支配が続いた。支配下の繁栄を恩恵ととらえて「ローマの平
和」と呼ぶことがある。経済面では、交易活動が活性化し、地中海の交易だけ
でなく、東方物産への需要の拡大を受けて、インド洋の海洋交易も活発化する。
東方交易の窓口であった東部属州が繁栄し、エジプト商船が紅海の制海権とイ
ンド航路の主導権を握るようになった。文化面では、ローマの拡大の結果、各
地にローマ風の都市が点在するようになる。都市は広大な帝国の中の点に過ぎ
なかったが、ローマと属州を人的・経済的・文化的に結びつける要であった。
ローマ的な生活は、都市を中心として地中海世界に浸透していったのである。
もちろん地域差もある。帝国東部では、ギリシア文化のヘゲモニーは揺るがず、

アラム語に加えてギリシア語が共通語として用いられていた。アレクサンドリアの図書館では、ギリシアの古典が集積され研究された。ギリシア文化はローマに継承され、ローマで発達した修辞学とともに帝国各地のエリート層の共通の教養とされていったのである。ローマ法もまた、共和政期・帝政期を通じて発達した。

　帝政期のローマにおいて支配階層を形成したのは、自由民の市民(10)のなかでも元老院身分と騎士身分、そして都市の指導者層を形成していた都市参事会身分であった。帝国の拡大とともにローマ市民権保持者も増加し、212年にはローマ市民権が帝国内の全自由民に賦与された。奴隷制が発達したローマでは、奴隷は所有物として扱われたが、解放されて自由民となることができ、さらに社会的上昇を遂げることもあった。各身分は、個別的な保護・被保護関係（パトロネジ）と、有力者による共同体全体への施与行為（パンとサーカス）によって結びつけられ、その頂点に皇帝が君臨していた。いっぽう女性は公法上の権限を与えられず、子を3人産むまでは、男性の法的権限下におかれていた。

　多神教的のローマ社会において、儀礼・祭祀の遂行は社会の安寧と直接結びついていた。祭祀への参加は共同体の成員権と不可分であり、皇帝は国家の最高祭司でもあった。皇帝を死後に礼拝の対象とする習慣が、帝国の多くの都市に広がっていった。そのいっぽうで、伝統的な多神教と相容れない信仰の動きもみられた。パレスティナのユダヤ教徒は皇帝と対立し、イェルサレムを追放されて、ディアスポラ（離散）の民となってゆく。ユダヤ教徒の分派として1世紀に登場したキリスト教(11)は、民族・性別・貧富によらない「貧者」の救済を唱えて、地中海全域に広がっていった。地元の神々を礼拝せず、来世の救済

---

(10)もともと市民の中核をなし、重装歩兵として戦争を担った中小農民層のなかには、戦争による農地の荒廃や、属州から奴隷を用いた大規模生産による安価な穀物が流入したことなどにより、農業を続けられずに無産市民としてローマに流入するものがみられ、社会問題化した。ローマ軍の主軸は、武器を自弁することのできる市民であったが、紀元前2世紀になると、その原則が崩れた。

(11)イエスが唱えた。かれは死後キリスト（救世主）とされ、その教えはユダヤ人以外にも広められた。のちに『新約聖書』が成立し、ユダヤ教に由来する『旧約聖書』とならんでキリスト教の経典とされた。

を優先して殉教を望み、家や地域から離脱してキリスト教の共同体のなかに生きる姿は、多神教的な国家祭儀との間に摩擦を引き起こし、キリスト教徒は民衆による迫害を受けることになった。地中海をとりかこむ一帯ではすでに、それ以前からヘレニズム的な個人救済の神への信仰が流行していたが、帝政期になると東方から流入した密儀宗教が流行し、兵士や奴隷のあいだに広まった。しかし新興の神々にたいする信仰は、個人的なものにとどまり、2世紀末にいたるまで、皇帝崇拝以外に新しい神格が帝政ローマの公的祭儀の対象として招き入れられることはなかった。その限りでローマの宗教は安定していたのである。その状況が変化するのは3世紀のことであった。

（2）南アジア

　前1千年紀になると、インドでは前6世紀までにガンジス川流域を中心に巨大な都市が生まれ、遠隔地交易が再び活発化するとともに、これらの都市を拠点とした諸国家が急速に成長した。また思想的にも大きな展開を見せるようになり、インド世界を代表する新しい哲学・思想が生み出されていった。インド最古の文献でバラモン教[12]の根本聖典であるヴェーダ文献の権威を認めない、仏教やジャイナ教もそうしたものの一つである。とくにブッダによって開かれた仏教[13]は、王侯や商人の支持を獲得していたが、交易の拡大とともにさらに大商人の保護を受けて、信者を急速に増やしていった。

　やがて、こうした経済的思想的な発展を背景にして、マウリヤ朝（前3世紀

---

(12)古代インドで、司祭階級（バラモン）を中心に行われた宗教で、王侯・戦士（クシャトリヤ）、一般民（ヴァイシャ）などけがれの度合いによる身分制（ヴァルナ）をもち、複雑な祭式規定を発達させた。無限の輪廻（生まれ変わり）からの解放（解脱）を大きな課題とした点は、仏教やジャイナ教にも引き継がれる。バラモン教にインド各種の民族宗教・民間信仰が加えられて、徐々に再構成された多神教が現在のヒンドゥー教である。

(13)ブッダの在世時代から直弟子たちの時代までの仏教を原始仏教と呼ぶ。その後、仏教は各部派に分裂してゆくが、クシャーン朝成立期の紀元1世紀には、西北インドのガンダーラ地域で、出家しない多くの世俗信徒の救済を目指す革新的な大乗仏教が成立した。この大乗仏教に対して、分裂した部派の一つで、厳しい戒律に従う出家僧侶のみが解脱できると説くものを上座部仏教と呼ぶ。

のアショーカ王のとき全盛）、クシャーン朝（紀元後1〜3世紀）、グプタ朝（紀元後4〜6世紀）などの大帝国が、北インド（ガンジス流域）や西北インドで繁栄し、南アジアの統合を進めた。

　仏教は、グプタ朝の後をうけたヴァルダナ朝（7世紀）が滅亡すると、次第に衰退してゆくことになるが、アーリア人のバラモン教は紀元後になってヒンドゥー教に発展し、現在もインドの宗教の主流となっている。

(3) 東アジア

　周が前8世紀に、王室の内紛によってその都を東方に遷すと、中華世界は名目的な周王のもと、実質的には多くの諸国に分裂し、その状態は長期にわたり継続した。この時期の前半を春秋時代、後半を戦国時代と呼ぶ。

　とりわけ戦国時代に鉄製農具が普及して耕地開発が進み、手工業や交易の拠点となる都市が発達してくると、社会・経済面において大きな変動が生じた。その結果、それまでの世襲的な身分制や氏族のまとまりがくずれ、家族単位で農耕をおこなう小農民が国家の基盤となった。個人の能力が重視されるようになるとともに、新しい思想や政策を提唱する思想家や学派が数多く出現した[14]。

　戦国期の諸国のひとつであった秦は、こうした変革期を経た後の前3世紀に、始皇帝のもと統一帝国を形成し、華南までを支配下においた。秦は短命に終わるが、これを継承した漢（前202年〜後220年）が、途中に一時断絶をはさんで約400年間存続し[15]、その間に中華帝国を完成させた。秦・漢時代の前後には、中国文明と中華帝国を2000年間支え続けてきたしくみの多くが成立した。

　すなわち、官僚制や法制が整備され、中央集権的な国家体制が整えられると

---

(14)春秋戦国期の諸思想（諸子百家）には、武力ではなく礼による社会秩序の実現を主張する「儒家」や、法秩序を重んじる「法家」、無為自然を説く「道家」などがあった。「道家」からは、より庶民的・神秘的でこの世の利益を重んじる道教などが生まれ、儒教と補完的な関係をなした。日本ではもともと存在した多くの神々の信仰に、儒教・道教・仏教などから多くの要素が吸収され、徐々に「神道」が形成されてゆく。

(15)漢は前半の約200年間、長安に都を置いた時期（前漢）と、後半の200年間余り洛陽を都とした時期（後漢）に分けて理解するのが一般的である。

「世界帝国」の統一政策に見る共時性

　古代帝国には、その中央集権的な施策において相互に共通点がある。すなわち、①「皇帝（王）の道」の敷設、②中央による地方支配制度（郡県ないし属州制）の施行、③度量衡・文字・車輪の幅・貨幣の統一などである。

　このうち③の貨幣の統一については、各地域世界の貨幣を具体的に比較してゆくと、当時、ユーラシア全体のレベルで通貨の統一が進められていたことがうかがえる。

　まず東アジア世界における貨幣統一と言えば、秦帝国による円形の「半両銭」の発行である。中央の方孔（正方形の穴）をはさんで、右に「半」、左に「両」の文字を刻んでいる。そもそも半両とは、1両（24銖、16g）の半分（12銖、8g）の重さを意味している。ちなみに、16両で1斤（256g）となる。ではなぜ、このときに半両（8グラム）としたのであろうか？

　この背景には、ギリシア・ローマ世界において伝統的に円形の貨幣が鋳造され、またその貨幣単位として、ドラクマ（4g）とジドラクマ（8g）、そしてテトラドラクマ（16g）が設定されていたことがあると見られる。ちなみにローマのアウレウス金貨も8gであり、さらにはクシャーン帝国も、貿易相手国のローマ通貨に連動させて、8gの金貨を初めて発行した。またクシャーン帝国では、同時に銅貨も発行していたが、これもギリシア・ローマ世界の伝統的な貨幣重量に合わせて、小銭4g、中銭8g、大銭16gの三種類を鋳造していた。これらのことから、秦帝国の円形の「半両銭」も当時の国際的な貨幣スタンダードに従って鋳造されていたことが知られる。

　ちょうど、クシャーン帝国と秦帝国を継いだ漢帝国との間に位置したコータン地域では、シノ・カロシュティー銭と呼ばれる銅銭が鋳造されており、そこには「六銖銭（4g）」とか、「銅銭廿四銖銭（16g）」という銘文が刻まれていた。これも当時のコイン重量の基準に従ったものであると見られる（荒川正晴）。

ともに、思想・理念においても、天命思想や易姓革命の理念⁽¹⁶⁾および中華と夷狄を区別する華夷思想（中華思想）などが形成された。さらにこの華夷思想にもとづいて、朝貢・冊封などの外交形式が次第に定着し、天下の観念も明確なかたちをもつにいたった。また、国家が編纂する歴史書の体裁も整えられ、それが「正史」として、以降の歴史書の基礎となった。ただし、匈奴に始まる騎馬遊牧民の圧力・影響は万里の長城でも防げず、実質的には彼ら北方遊牧民およびその末裔らが中華世界を支配することが繰り返された。

経済面においては、春秋・戦国期の各国において様々な形態の銅銭が鋳造・発行されたが、この時期にその形と重量が統一された。同時期のユーラシアの他の国家と異なり、銀貨や金貨を発行しなかったこととあわせて、この時期の貨幣制度が、中国の歴史を通じて一貫して継承された。

文化面では、殷代以来形づくられてきた漢字が、多様な風土・言語をもつ諸地域を結びつけ、「中国」という文化的なまとまりを形づくることに貢献した。さらに漢字文化は、中国の枠組みをこえて、東アジアの漢字文化圏の基礎となった。また、この時期になると漢字の書写材料として竹や木だけでなく、紙が中国で発明されたが、それは 8 世紀以後、西アジア・ヨーロッパに伝わった。

宗教・思想面では前漢時代から、徳治思想をとなえる孔子らの教え（のちに儒教ないし儒学と呼ばれる）が中華帝国を支える政治思想となった⁽¹⁷⁾。5 世紀ごろには、儒教と、道家思想に在来の様々な思想や信仰を取り入れた道教、それに後漢代に伝来していた仏教の 3 つが、中国を代表する宗教となる。

こうした中国にくらべて、周辺の地域においては国家の形成は遅れた。このうち東方においては、紀元前後までに朝鮮半島や日本列島（弥生時代）で国家形成が始まった。後者は中国により倭という国号で呼ばれた。

---

(16)君主は天の委任（天命）を受けて統治をおこなうが、不当なおこないが重なると天はその君主を見放し、別の君主が立って王室の姓が変わる（易姓革命。易は「かわる」意味）という思想。

(17)儒教は、教養と礼儀、家族道徳と祖先崇拝（家族モデルは男性中心・父系制）などを基礎として国家・社会の秩序を保とうとする思想であり、具体的な神を持たないなど神秘性が薄いエリート主義的な「宗教」である。

（4）ユーラシア以外の世界——ラテンアメリカ

　ユーラシア・北アフリカが相互に影響を深めつつあったのとは別に、アメリカ大陸でも、中部・南部を中心に、マヤ文明、アステカ文明、インカ文明など、独自の文明が成立していた。現在のメキシコから中央アメリカにかけてのメソアメリカには、トウモロコシを基盤とするマヤ文明（前6世紀〜後15世紀）が広がっていた。マヤ文明は発達した暦法と文字を持ち、祭祀センターのもとに繁栄したが、10世紀には衰退する。やがてアステカ人がメソアメリカ全域を支配するが、そのアステカ帝国も16世紀にスペインに征服された。いっぽうペルーを中心とした中央アンデス地域には、ジャガイモを栽培し、リャマ、アルパカを家畜化し、大きな祭祀センターを持ち、組織的な灌漑をおこなう農耕社会が発達した。15世紀にはそこに、インカ帝国が成立する。彼らは文字を持たなかったが統計に明るく、帝国内に王道を張りめぐらせ、王が統計を駆使して各地から集めた生産物を分配する、再分配社会を形成していた。ヨーロッパが新大陸を「発見」したとき、この発達したインフラストラクチャーが、皮肉にも植民地支配に利用されることになった。

練習問題

この章で取り上げた古代帝国において、その国家の全盛期は全住民が幸せな時期だったろうか。各自ひとつの帝国を選び、帝国の定義、帝国のどこにどんな住民がいたかなどに注意しながら考察して、結果を話し合ってみよう。

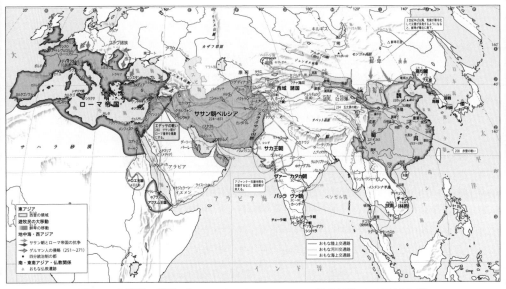

図1-7　3世紀の世界（『最新世界史図説　タペストリー』（帝国書院）12-13頁より転載）

4．古代帝国の解体と紀元後3～5世紀のユーラシア動乱

（1）三国志の時代

　後漢王朝の求心力が衰えると、中国本土は南北に分裂する形勢となった。中央政府の権力闘争による混乱と宗教結社による大規模な反乱にさらされた後漢王朝は急速に力を失い、各地に軍事集団が乱立した。それらの集団の中から、黄河流域の華北を押さえ、後漢の権力を継承した国家が成立すると、長江上流域の四川地方と下流域の江南地方とに、華北に対抗する国家が生まれ、中国本土は秦嶺＝淮河線[18]を境に大きく二つに分裂した（三国時代）。

---

(18)中国本土の秦嶺山脈と淮河とを結ぶ境界線のこと。中国での伝統的な水稲栽培の

　こうした南北の分裂状態は、遊牧勢力の活発化によって決定的となった。南北に鼎立（ていりつ）した三つの国家は晋（しん）によって一時的に統一されたが、まもなく内乱によって混乱に陥った。華北に勢力を張っていた匈奴がこの機会に乗じて自立し、首都を急襲して占領すると、モンゴル系やチベット系と見られる他の遊牧勢力も相次いで華北に移動した。これらの遊牧勢力は五胡と呼ばれ、華北では多くの遊牧系の王朝が黄河流域に林立する時代に入った（五胡十六国）。この結果、中国本土の政治的分裂は固定化し、秦嶺＝淮河線の北に遊牧系の諸王朝、南に華北からの亡命者を中心にした政権が並び立つ状態が 300 年近く継続した。

（2）ローマ帝国の分裂・解体

　ユーラシア西方においても、紀元後 3 世紀以降の数世紀間は危機と再編の時代であった。ライン・ドナウ河流域では、ローマ人によってゲルマン人と総称された諸民族が、半農半牧の小部族国家を形成していた。ローマ帝国の拡大とともに、国境地帯のゲルマン人はローマ軍団の駐屯地を相手に活発な交易活動に従事し、平和的に帝国内へ移住し、帝国に組み込まれていった。軍団には、国境内部の出身者だけではなく、フランク人など、帝国外部の出身者も加わっていた。ゲルマン人は長い時間をかけて、ローマ帝国に浸透し、新たな「ローマ人」となっていたのである。ゲルマン人に限らず、出自も文化的背景も異なる人々が「ローマ」という秩序システムのもとに凝集して、この時期のローマ帝国を構成していたといえるだろう。しかし、ゲルマン人とローマとの接触は平和的なものばかりではなかった。ローマ軍は帝国領外のゲルマン諸部族との戦闘に備えなくてはならなかったし、3 世紀のローマは東部属州においてもガリア（現在のフランスのあたり）においても、それぞれに域内国家の存在を許さざるをえなかった。軍団維持のために帝国の財政は窮乏し、治安が乱れ、辺境で軍閥化した各地の軍団が半世紀間にわたって林立することになった。各地

　北限にあたり、年間降水量の 1000mm の等量線や 1 月平均気温の摂氏 0 度の等温線もほぼこの線上にあたる。中国を畑作地帯と稲作地帯、乾燥地帯と湿潤地帯、黄河流域と長江流域とに分ける際の目安となる。

＋α 3世紀の危機

　この時期のローマ社会が経済的に疲弊していたことは確かであるにして
も、その程度や地域差については疑問の余地がある。東部属州や北アフリ
カについては、従来考えられていたほどには都市有力者層の経済的打撃が
大きくなかったと指摘されるようになってきている。都市を支えてきた有
力者たちが自発的奉仕の精神も経済的余力も失って公的義務から逃避しよ
うとしたため、国家が強制的に身分を固定化し、市民に奉仕を義務付けざ
るをえなかった、というような3世紀のローマ帝国の衰退イメージは、今
日では見直しを迫られている。しかし危機を乗り越えた世紀末以降のロー
マの支配体制が、それまでとはいくつかの点で異なっていたことは否定し
がたい。第一に跪拝礼（プロキュネシス）など新たな儀礼の導入によって
帝位の神格化が進んだ。第二に官僚制が整えられ、巨大な官僚機構を備え
るようになっていく。第三に軍事と行政が分離し、職業軍人が軍事を担う
ようになった。第四に、キリスト教が弾圧を経て公認され、国教化された。
多神教とキリスト教はしばらくのあいだ競合しながらも併存していたが、
しだいに有力者のあいだにキリスト教徒が増加してゆく。経済的な危機も
さることながら、都市社会の変質は司教を中心とする社会関係の変化によ
るところが大きかったことが指摘されるようになっている（栗原麻子）。

の軍が皇帝を勝手に擁立した。サーサーン朝ペルシアとの抗争も相まって、3
世紀のローマは内憂外患の時代であった。

　3世紀末以降、ローマ帝国の支配体制は、強力な官僚制に支えられた「専制
君主」的な支配へと変化していく。4世紀初めにはコンスタンチノープルにも
う一つの元老院が設置され、やがてこの都が世紀末のローマ帝国の東西分裂に
よって東の帝国の都となることになる。このころまでに帝国内に浸透していた
キリスト教が、幾度かの弾圧の後に公認され、4世紀末には国教とされた。

　4世紀末になると、遊牧民のフン人がゴート人を圧迫したため、ゴート人は

帝国内への平和的移住を求め侵入し、これをきっかけにいわゆる「ゲルマン民族の大移動」が引き起こされた。西ローマ帝国の領域にはゲルマン人の王国が乱立し、476年に最後の西ローマ皇帝が廃位された。その後は形式的には東の皇帝が、ゲルマン人の諸王にたいして宗主権を保持していたものの、800年まで皇帝不在の状態が続く。東ローマ帝国（ビザンツ帝国）は、ローマ帝国再興の理念のもと、6世紀にいったんはイタリアや北アフリカの故地を回復するが、イスラームのアフリカ進出によってふたたび地中海の制海権を失うことになる。キリスト教会はローマ教皇を頂点とするピラミッド型の秩序を、都市を中心に張りめぐらしていた。ローマ帝国の行政機構をモデルにしたその組織網は、そのままフランクのポスト・ローマ国家群によって踏襲されていくことになった。

（3）オリエント・南アジアの情勢

　イラン高原ではパルティアの支配を継承したサーサーン朝ペルシア（3〜7世紀）が、メソポタミアの覇権をローマと争っていた。サーサーン朝はほとんどの領土を直轄地として細分化して支配し、その領域は7世紀にシリア・エジプトまで到達する。ハカーマニシュ朝ペルシア、パルティアと同様にゾロアスター教が信仰されていた[19]。メソポタミア文明古来の多神教はこの時代にほぼ姿を消し、3世紀を境に、メソポタミアやシリアの都市自治も消滅したとみられている。グプタ朝下のインドでは、対ローマ交易の減少によって都市経済が縮小したことで、仏教は、主たる寄進者であった商人たちからの援助が得られなくなって衰退し、ヒンドゥー化が進んだ。

---

(19)サーサーン朝ペルシアでは、ゾロアスター教以外の宗教が弾圧された。ゾロアスター教、ユダヤ教、キリスト教、仏教などから影響をうけたマニ教が興り、国内では迫害を受けたものの、メソポタミアから南西イラン、中央アジアや北アフリカまで広まった。初期キリスト教の「教父」アウグスティヌスも、若いころにマニ教を信仰していたと述べている

古代文明と宗教

　古代の世界では、超自然的なことがらへの崇敬、死後の世界へのおそれなどから、さまざまな信仰が生まれたり思想家が現れたりして、紀元前1000年紀以降に、現在まで伝わるような宗教の形成も進んだ。宗教には、ある地域や集団のなかで自然に形成されたものと、特定の人物が創始したものがあり、また信仰や儀礼などの宗教活動は、日常生活のなかで慣習として行われている場合と、成文化された経典や教団組織による場合がある。いろいろな神格を認める多神教と、特定の神格だけを崇拝する一神教の区別も重要である。特定の地域や民族集団だけの宗教（民族宗教と呼ぶこともある）にかわって、世界帝国や地域世界の成立と並行して、地域世界全体やそれさえ超えて広がる「世界宗教」が出現する例も、各地で見られた。

　民族宗教の例としてイランのゾロアスター教、パレスチナ由来のユダヤ教、インドの原始仏教などが知られる。これに対して、ゾロアスター教の思想から大きな影響を受けつつ、西アジア・ヨーロッパでは、いずれも一神教である複数の世界宗教（キリスト教・マニ教・イスラームなど）が成立した。またインドの仏教は、ブッダの死後分裂したが、西北インドで成立した大乗仏教は、中央アジアを経て東方世界（中国など）へ伝播する一方、海路で東南アジアにも伝わった。セイロン島の上座部仏教も、第2千年紀には東南アジアに伝わり、世界宗教に発展する。ヒンドゥー教もそれより早く東南アジアに伝播しており、「インドの民族宗教」ではなく世界宗教ととらえられる。これらインド系の宗教は、基本的に多神教である点で、道教など東アジアの信仰とも共通する。東アジアでは他方で、神秘性を否定して学問と日常道徳に集中する儒教という独特の教えが、国家の原理となって周辺地域にも強く影響した。

　ちなみにイラン起源の宗教が有した、神による審判、天国と地獄、メシアなどの思想や観念は、現在、全世界的に普及しているが、それは西アジア・ヨーロッパに広まった諸宗教（ユダヤ教・キリスト教・イスラームなど）だけでなく、仏教（大乗・上座部など各派とも）にもこれらの思想や観念が強く影響を与えているからである。もともとの輪廻の苦しみや解脱の喜びとはちがった地獄や極楽の思想、乱世の救い主として弥勒菩薩が降臨するという思想などは、その例である。西アジアやヨーロッパなどの諸地域と連動するかたちで、中国などユーラシア東部地域でも、これらの観念が在来のそれと融合し、一部変容しながらも、仏教の伝播を通じて普及・定着していったことは、世界史の動向として特筆される。

　宗教を、教祖が唱えた教義や経典に書かれた思想だけで理解するのは正しくない。もともとの地域や集団以外に受け入れられるためには、そこに元来あった信仰や儀礼との混合・融合が必要だった。仏教が在地の神々との「神仏習合」をひきおこしたのは、なにも日本だけではなかった。また、支配者は自分を神聖化したり権力を強めたりするために、宗教を利用するのがふつうだったし、知識人でない一般の信

徒にとって、経典は難しすぎて理解できないことが多かった。どちらの場合も、教義や経典よりも儀礼やまじないが大事な役割をはたし、死後の世界の平穏より「現世利益」の祈りが重視されることが多かった。

　政教分離原則をもつ近代国家でもそうだが、宗教者や教団の側も、純粋な祈りや思索だけに生きることはまれで、歴史上の寺院や教会は、多面的な活動の場となるのがふつうだった。たとえば、学校組織が発達していない時代に、貴族などの生まれでないが頭のよい若者が勉強する場は、宗教施設しかない場合が多かった。宗教の枠内ではあるが、人体や自然と宇宙、人間社会について、さまざまな学問的考察が行われ、それらにもとづいて、信者の苦痛を取り除くための医療活動・福祉活動なども推進された。美術や音楽の才能ある若者も同様である。王侯貴族に仕えるのでなければ、建築・彫刻はじめ各種の美術と、儀礼の際に音楽や踊りを必要とする宗教界が、才能を活かす道だったろう。また、組織化した教団は、メンバーの生活を保障せねばならない。一方信者たちは、神や仏の祝福を願って土地や財産を寄進したり、貧しい人のための慈善活動をおこなったりする。民間の経済活動や財産が、取引の不正や権力者の横暴などで脅かされる危険が大きかった時代には、権力者といえども不正や横暴には神様の罰が下るという観念も背景に、教会に財産を寄託したり、寺院に市場の管理を任せたりすることがよく行われた。寺院や教団の側には、そうした財産や経済活動のマネージメントができる人材が必要だった。そして、これらのさまざまな人材と活動を指揮・管理し、外部との交渉や紛争にも備える、指揮命令系統をもった組織がつくられる。国家組織が整備されていない地域や時代においては、しばしばこうした教団組織が、もっとも総合的で大規模な社会組織として、信仰や儀礼だけでない様々な役割を果たしていたのである（桃木至朗）。

図 1-8　道観（道教寺院）での礼拝

まとめの課題

この時代に育まれた諸地域世界の文明・宗教や国家形態には、どのようなものがあり、それらは後世、どのように受け継がれたか、または変化したか。後世の継承と変容については、中学歴史・高校世界史や地理での学習事項を思い出しながら、それぞれの地域世界について見通しを立ててみよう。各地域世界の外部への伝播にも注意すること。

第2章

地域世界の再編

章のあらすじ

　古代帝国が衰退した後、ユーラシアは各地で混乱期を迎えたが、4・5世紀ころから新秩序の形成がはかられ、ユーラシア東方ではトルコ系と鮮卑系の遊牧民により帝国が形成された。ユーラシア西方ではイスラームが興るとともにフランク王国が出現し、地域世界のありかたが根本的に変化した。こうしたなか7・8世紀ごろには、ユーラシア東西に唐帝国とイスラーム帝国が並び立つようになり、そのもとで陸と海のネットワークはさらに拡大した。その後、9世紀以降に両帝国が衰退してゆくと、ユーラシアの両端にある日本列島や西ヨーロッパなど、それまで周辺にあった地域の自立が進んだ。南方の南アジアや東南アジアでも新しい動きが生じたし、ユーラシア中央部では、北方の草原地帯を保持したまま農耕地域をも統治する遊牧国家が形成された。

Key Question

中国とその文明は、漢族など定住世界の人々だけのものだという見方に、あなたはどの程度賛成か。この章を読む前と読んだ後で、考えを比較してみよう。

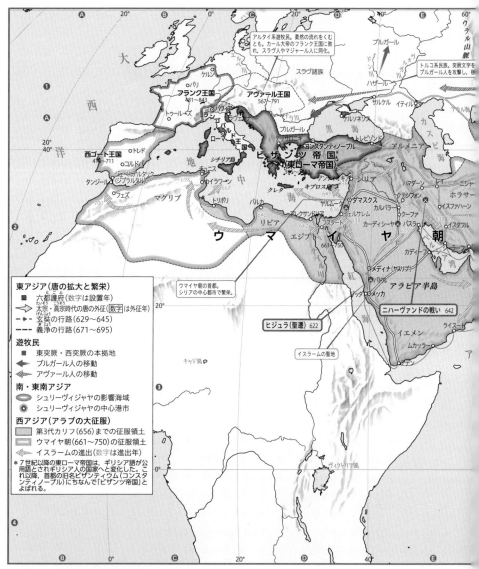

図2-1　7世紀の世界（『最新世界史図説　タペストリー』（帝国書院）20-21頁より転載）

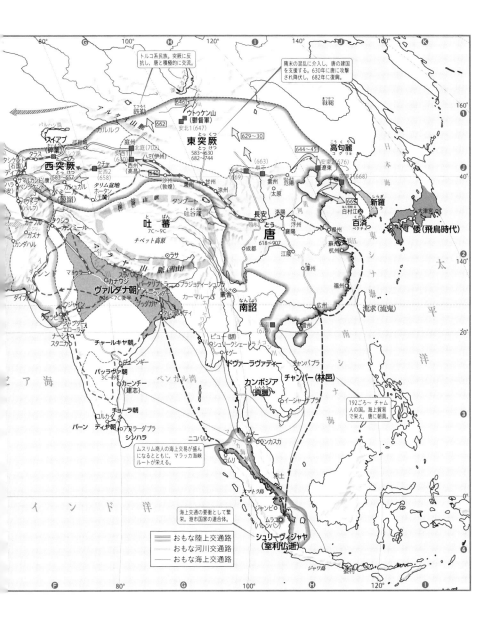

1．中央ユーラシアの発展と東アジアの再編

（1）中央ユーラシアの発展

　3世紀以来、変動や分裂が続いたユーラシア世界を再生させ、混乱を収拾する新秩序を形成したのは、遊牧民らであった。5世紀になると、クシャーン帝国を引き継いで、遊牧民のエフタルが中央アジアに強力な国家を形成するとともに、柔然と呼ばれる遊牧国家がモンゴル高原を統一した。柔然のトップリーダーはカガン（可汗）の称号で呼ばれたが、この称号は、同じころに遊牧民ながらも積極的に中華内部に進出していった鮮卑人が本来採用していた君主号であり、後にはモンゴル帝国を通じて遊牧民の君主称号としてユーラシアに流布した。やがて6世紀になると、中央アジアの草原にトルコ系の突厥（6～8世紀）と呼ばれる遊牧帝国が出現し、モンゴル高原からアフガニスタンあたりにいたるまで勢力下におさめるとともに、しばしば中華の華北地域を服属させた。突厥はすぐに東西に分裂するが、その後もモンゴル高原には、同じくトルコ系のウイグル（8～9世紀）と呼ばれる遊牧帝国が出現した。また、こうしたトルコ系遊牧民は、国際交易商人として名を馳せたイラン系のソグド人と共生関係を作り、彼らの用いていたソグド文字とソグド語を公用文字・公用語としていたが、やがて突厥文字と呼ばれる自らの文字を使用するようになった。またチベットにも7世紀になると、強大な遊牧勢力の一つに数え上げられる吐蕃が成立し、次第にチベット仏教が形成された。

（2）中華帝国の新しい実験

　中央ユーラシアの遊牧民やオアシス商業民のなかには、中華世界に積極的に進出・参入するという選択をする人々も多かった。たとえば鮮卑人は、拓跋部を中心に5世紀には華北を統一し、北魏と呼ばれる国家を建設した。そこでは、漢人の協力のもとに、軍事動員と直結した効率的で強力な国家体制を築いた。その分裂後も鮮卑系王朝が興亡を繰り返したが、これを北朝と呼ぶ。一方、華中・華南では、漢人王朝と南方諸民族との協力のもとに、江南（長江下流域）

の開発や南海貿易などの新しい経済基盤づくりを推進した。これを南朝と呼ぶ。

　この南北朝の時代には、どちらも貴族が大きな勢力をもつとともに、皇帝は外来宗教である仏教を権威の強化に利用し、中国化した仏教が社会に定着した。

（3）隋唐帝国の栄光

　北朝出身の隋が6世紀末に南朝を併合し中華世界を統一すると、秦漢帝国以来の新たな帝国形成を目指し、支配領域を周辺に拡大しようとした。その試みは王朝の滅亡とともに失敗に帰するが、続いて中華世界を掌握した唐（618〜907年）がそれを継承した。7世紀前半には突厥を一時征服して支配領域をパミール高原以西にまで拡大し、7世紀中〜後期には中央ユーラシアを制覇する世界帝国に発展した。隋も唐も皇帝一族は鮮卑系だった。これまでも中央ユーラシア世界に向かって開かれてきた長安があらためて唐帝国の都となり、諸外国の外交使節・商人・留学生が集う国際都市として繁栄するにいたった。

　7世紀末より、トルコ系遊牧民が遊牧国家を再興し、唐は草原地帯から完全に手を引いてゆくことになるが、唐帝国の周縁地域の防衛を担ったのは、依然としてこうした遊牧民らであり、彼らのリーダーたちは皇帝や宮廷の警護のために長安に来住した。さらに、こうした遊牧民と共生関係にあったソグド人らは、後漢以来、インド・イランの先進的な文化を中国に伝えてきたが[1]、それは唐帝国においても継続したばかりか、遊牧社会のなかで遊牧民の騎射技術を身につけたソグド人は、安禄山（あんろくざん）に代表されるように、唐後半期の政治・軍事に大きな影響力をもつ存在となっていった。

　また唐王朝は制度面において、律令制と科挙制、均田制・租庸調制・府兵制[2]のほか、都城制など普遍性の高い統治制度やそれを裏付ける儒家思想の体系が整えられた。宗教面では、インドにおいて仏教が廃れてくると、替わって吐蕃

---

(1)サーサーン朝ペルシアの滅亡により、長安や洛陽などの大都市にペルシア人やその文化が活発に流入した。

(2)これらの制度名は、近年の研究により、司馬光（しばこう）など宋人の唐朝に対する理解やイメージが反映されているものであることが明らかにされている。決して同時代に使われていた名称ではないことに留意する必要がある。

とともに唐が仏教世界を擁護する存在となった。こうした状況のもと、新たな仏教の宗派が数多く現れ、それが中国仏教として定着し隆盛をきわめた。武則天(則天武后)が皇帝に即位し、中国史上において唯一の女帝となったのも、女性の地位が比較的高いとされる唐の社会的な風潮に求められるばかりでなく、こうした仏教の思想を巧みに利用した結果でもあった。

　このような統治制度や思想・宗教は、秦漢帝国時期にすでに周辺域に広がっていた漢字を媒介として、中華の周辺諸国へ伝播してゆくことになり、さらにはそれが漢字文化圏の形成につながっていった。また隋が南北朝を統一した際に、大運河が開設され、それは唐帝国にも引き継がれたが、その結果として、中国における経済の中心が、華中・華南に移行する契機となった。また、このことは沿海部における都市の発達へと導いた。

＋α 中華世界に生きる騎馬遊牧民の文化

　唐詩を代表する絶句形式の漢詩といえば、中国の詩歌文化の華である。ところが、実はその詩の形式は遊牧民の詩歌の影響から成立したものであることが、中国文学研究を代表する研究者によって明らかにされている。それによれば、五言絶句の形式に先行した七言絶句のもとになったのは、「勅勒(テュルク)の歌」[『楽府詩集』]のようなトルコ民族の詩であった。「勅勒歌」は鮮卑王朝のひとつ北斉(6世紀)の、斛律金の作と伝えられるが、彼の本名は阿六敦 altun(トルコ語で金の意)であり、トルコ系遊牧民の出身であった。この詩は現在は漢訳のみ伝わっているが、原作はトルコ語で、これが発展して七言絶句の形式の漢詩になったという。トルコ民族の詩は四行詩(多くは一行7音節からなる)を基本としており、その実例は『トルコ語集成』(1077年頃、マフムード＝アルカーシュガリー著)に、トルコ民歌(挽歌)・英雄叙事詩・恋愛詩などとして伝えられている(荒川正晴)。

（4）朝鮮半島・日本列島の国家形成

　現在の中国東北部から朝鮮半島においては、4〜7世紀ごろに高句麗（コグ<ruby>高句麗<rt>こうくり</rt></ruby>（コグリョ）・<ruby>新羅<rt>しらぎ</rt></ruby>（シルラ）・<ruby>百済<rt>くだら</rt></ruby>（ペクチェ）が並立する三国時代を迎えていたが、7世紀後半になると新羅が朝鮮半島を統一したほか、中国東北部では<ruby>渤海<rt>ぼっかい</rt></ruby>が建国された。

　他方、日本列島においては中央部にヤマト政権が成立した。この政権は、古墳時代（4〜6世紀）ののち、7〜9世紀には「遣隋使」「遣唐使」の派遣を通じて律令制を導入し、国家体制を確立させた。その過程で、8世紀初頭までに「日本」という国名や「天皇」の称号などが成立するとともに、藤原京（694〜710）・平城京（710〜784）・平安京（794〜）などの都城が建設された。さらに朝鮮半島諸国・渤海とも交流し、大陸の先進的な文化を取り入れたり、積極的に交易を進めたりした。ただし同時代の隋・唐帝国から見れば、日本の政治・外交的な地位はきわめて低く、その使節に対する扱いも西・北方の遊牧諸国家とは比べようもない。そうはいっても、中国的な律令制を導入したことで、どこの国にもある神話と結びついた自尊意識が、中華思想の語句で表現されることとなり、結果として中華としての振る舞いを身につけていくことになった。そこから、中国に対するコンプレックスとその裏返しの自尊意識が生まれた[3]。また、朝鮮半島でも日本でも、国家をあげて仏教を受容した。

（3）中国に対抗して周辺民族を支配する帝国を作ろうという意識も、朝鮮半島諸国だけでなく日本においても認められる。

＋α　遣隋使の対等外交？

　推古朝時代の倭国が隋に派遣した使者（遣隋使）について日本では、満洲事変（1931 年）より後に刊行された歴史教科書以来、隋王朝と対等な関係を構築したという見解が、長く受け入れられてきた。

　遣隋使を考える基礎史料である『隋書』を見てみよう。

　　使者がいうには、「（倭王が）聞くことには、海西には菩薩天子がいて仏教を復興させているということでございます。そこで、使者を派遣して朝拝せしめ、沙門数十人を派遣し隋の仏教を学びたいと思っております」。その書状には、「日出づる処の天子が書を日没する処の天子に致ります。お元気でしょうか」などとあった。皇帝（煬帝、在位 604 ～618 年）はご覧になって悦ばず、かえって鴻臚卿（外交担当大臣）にいうことには、「蛮夷の書状に無礼なものがあれば、以降は奏上するな」。明年、皇帝は文林郎の裴清を倭国に遣わした。

　上には、607 年に倭国が提出した書状の冒頭が引用されている（下線部）。ここで両国の支配者が「天子」（皇帝の別称）とあるので、倭国は隋と対等を主張し、煬帝が「悦ば」ないながらも使者を派遣してきたので、対等な関係が成立したとされてきた。

　しかし、史料の前半を占める使者の発言には「菩薩のようにすばらしい天子を朝拝（お目にかかって拝む）するためにやってきた」とある。ここを読むと、倭国が対等を主張したとはとても考えられない。

　他にも奇妙な点がある。

　　辰の年（584 年）の 9 月 10 日に、天より生まれた大突厥の天下を支配する賢聖なる天子、伊利倶盧設莫何始波羅（イルリグキュルッグシャドバガイシュバラ）可汗が、大隋の皇帝に書を致ります。

　これは中央アジアの突厥が隋に送った書状である。突厥の君主を「天子」（ただし隋の君主は「皇帝」）と記し、「書を致る」という書き出しを持つことから、よく倭国の書状と比較されてきた。当時の隋と突厥の間に明確な上下関係はなかったので、倭国は突厥にならって、隋との対等を主張したというのである。しかし国家間交渉の文書は、軽々しく他国の使者などに見せるものではない。600 年に初めての使者を派遣した倭国が、隋朝の官

僚につてをもち、突厥の書状を入手できたとは考えにくい。

　そもそも両国の書状には大きな差異がある。倭国は国名・国号を記していない。これで国家間交渉の書状に使えるだろうか。実は国家間交渉では、①国家対国家でやり取りされる最も重要な書状以外に、②献上品について説明する書状、③相手国への具体的な要求を記す書状など、複数の書状を同時に提出することがよくあった。倭国の書状に国名がないのは、これが①ではないからだろう（突厥の書状は①にあたるはず）。

　すなわち「日出づる処の天子」で始まる有名な書状は、副次的な役割の書状と考えるしかない。さらに、近年の研究で、倭国の書状に使用される「日出処」「日没処」という表現が、当時大変よく読まれた仏教経典の注釈書を出典としていることが判明した。しかも、ユーラシアの南方から東方におよぶ仏教ブームのなかで、南北朝後期以来、多くの中国皇帝が菩薩になぞらえられ、他の国々からの外交文書にも、仏教的な表現が多用されている。「日出処の天子」の書状は、仏教を信奉する天子（仏典では、仏教により国家を治める素晴らしい君主を「天子」と言う）から菩薩である天子に対して送られた書状だったのである（河上麻由子）。

テーマ解説　ソグド商人と東西交易

　ソグド人とは、ソグディアナ（パミール西方、現ウズベキスタンあたり）に点在するオアシス諸都市出身のイラン系の人々である。こうしたソグディアナ出身の商人が、彼らのホームグランドを離れ、遠く中国に向けて交易活動を本格的に展開したのは、後漢時代つまり紀元後1・2世紀になってからであった。

　ただし後漢の滅亡前後に、ユーラシア全域で遊牧民らが農耕定住地帯への大規模な移動を開始すると、中華本土も大きく揺さぶられ、同時に彼らの活動も停滞したように見える。再び彼らの活動が勢いづくようになるのは5世紀になってからであり、この時期には彼らのコロニーは中華本土だけに留まらず、北方のステップ地域にまで広がりを見せた。この背景には、強力なエフタルという遊牧国家が、ソグディアナ・アフガニスタン方面に成立したことがある。ちょうど、この時期は、中国でも北魏が勃興するとともに華北一帯に支配を確立し、エフタルと使節のやり取りをしていた。こうした新たな時代状況のなかで、ソグド商人の活動が再び活発化した

のである。

　続く6世紀にも、トルコ系の遊牧国家である突厥が興り、サーサーン朝ペルシア
と挟撃してエフタルを破ると、その勢力は、東はモンゴリアから西はソグディアナ
を越えて、現アフガニスタンにまで拡大した。5世紀より続くこうした遊牧勢力の
台頭は、ソグド人を北方の草原地域に誘導し、彼らは可汗を始めとする遊牧諸集団
のリーダーたちと提携するかたちで、キャラヴァン隊を諸外国やオアシス都市など
に送り込んで、積極的に交易活動を進めた。その活動が、遊牧国家の隆盛を経済的
に大きく支えた。

　やがて7世紀に唐帝国が成立すると、この遊牧勢力とソグド人との提携を断ち切
るように軍隊を駐留させ、中央アジア地域を勢力下においた。その結果、ソグド人
の交易活動というものは、完全に唐帝国の管理下におかれるようになった。キャラ
ヴァン隊の編成については、唐によってコントロールされ、その交易商品について
も、唐の軍事支配を確保するために、それまでには見られなかった動きも見られる
ようになった。たとえば、特定のオアシスを中心として屯田開拓を積極的に進め、
そこで生まれた余剰穀物を、商人を通じて周辺のオアシスに流通するように仕組ん
でいる。

　また7世紀初めまで、ユーラシア東部の広域にわたる陸上交易は、ほぼソグド人
に独占されていたと言ってよいが、唐の支配時代には、漢人の商人がソグド商人と
並んで中央アジア地域に進出してくるようになった。唐は、こうした商人たちの往
来を利用して、毎年、大量の絹布を軍需物資として運搬させたが、それはそれまで
完全に西アジアの銀貨が流通する経済圏に含まれていた中央アジアを、唐の絹や銅
銭が流通する経済圏に転換させることにつながった。他方で、唐の中央アジア支配
は大きな財政負担を唐に強いたが、それはソグド人に依存していた遊牧国家の交易
活動に打撃を与えるとともに、ソグド人を首都長安にまで誘導し、かれらがもつ最
新の情報や技術・文化などを掌握することに大きな意義があったのであろう。

　ソグド人のこうした東方への進出に対して、ソグディアナの西方にも彼らの足跡
は残されている。ただしそれはとても微弱な痕跡であり、コロニーの建設も基本的
には認められない。ソグディアナがユーラシア東部の西方先端地域として強く組み
込まれていたことも、その一因として考えられよう。ソグド商人の主な商圏は、ソ
グディアナから見て東方に広がっていたと見てよく、彼らの長期におよぶ往来や移
住が、政治・軍事・経済・社会・文化の全般にわたって、ユーラシア東部地域に大
きなインパクトを与え続けたのである（荒川正晴）。

文例集に見える離縁状の手本
（敦煌［ペリオ 4001 号］文書、10 世紀）

　　妻の夫との手書［自筆の離縁状］一通　「押署」

ひそかに聞くところでは、夫婦の前縁において樹を同じくしないものが、安易に婚姻関係を結ぶと、数年を重ねずして、猫と鼠のごとく、相争うようになる、と。家のなかでは、すなおに順おうとせず、（互いに）傷つけては、それぞれに思いを別にしている。近親のものたちの気持ちを思えば、再び夫や妻を迎える必要がある。これ［離縁状］を作成する前に、会って言葉を交わしたが、お互い相手を禽獣のように扱い、これ以上互いに受け入れられる状態ではない。今、父母や縁者たちを立会人として、それぞれ自ら離別の気持ちを表し、喜びを求めて（新たに）門を開くことができるようにする。今日歓びをもって？、雲（が流れる）ように離別することができ、遂に相手を離縁するに及んだので、再び立派な相手と結ばれても、以後さらに蘖（〈新たな〉実り＝再婚）を侵し、情を逐うようなことはしてはいけない。今、（それぞれの）近親のものと相対して（互いに相手を）離縁するものである。皆な歓喜を生じ、この文書［離縁状］を作成した。指の節を押［画指］して証拠とする。「押署」

解説

　離婚については、10 世紀における敦煌文献に多くの離縁状の書儀（模範文例）が残されているが、これまでは「放妻書」とタイトルが付けられた離縁状の「見本」に多くの光があてられてきた。これはその名の通り、男性（夫）側が主体となって作成する離縁状であり、それを女性（妻）側が保管することになる。しかしながら、書儀には夫婦が対等な立場で作成する、「女人及丈夫手書」というタイトルをもつ離縁状が存在する。これは、妻が離縁状となる「手書（てぶみ、自筆の書）」を署名付きで作成し、それを夫にわたしていたことがうかがえるものである。離縁状と言えば、離婚を宣告する男性が一方的に女性に与えるものという理解が定着している感があるが、まったく逆の離縁状もあったのである。このことは、敦煌では時に夫も妻の作成した離縁状を手元に置いておく必要があったことを示唆している。このように敦煌では、漢人社会ではあっても、女性は「強い立場」にあったと認められる。その背景として、敦煌では女性が家族の生活を支える重要な労働力として位置づけられていたことがあると推測されるが、あわせて、同じく女性が強かったと評される唐の時代のトレンドとの関係も考えるべきであろう（荒川正晴）。

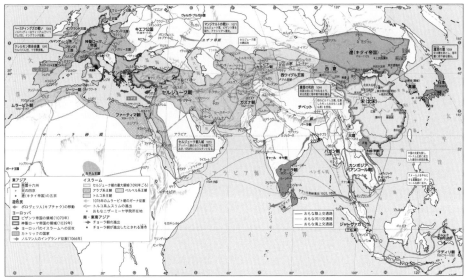

図2-2 11世紀の世界（『最新世界史図説 タペストリー』（帝国書院）26-27頁より転載）

2．「唐宋変革」と「中央ユーラシア型国家」の時代

（1）「唐宋変革」の時代

　8世紀なかばから、ユーラシア東部の大国間の力関係は大きく変化し、唐帝国の変質が顕著となる。すなわち、安禄山[(4)]の主導した大反乱が起こると、華北の主要な地域を蹂躙(じゅうりん)された唐帝国は大混乱に陥った。反乱そのものは反乱軍の内紛やウイグル帝国から唐帝国への援軍により終息したが、唐帝国は大きな変化を余儀なくされた。まず、その支配領域は中国本土を中心とした地域に収

---

(4)ソグド人の父と突厥人の母の血を引くソグド系の武将。唐帝国の軍事長官として、草原世界と農耕世界との接点にあたる現在の北京の地に基盤をおき、勢力を拡大した。トルコ・ソグド・キタイなどの遊牧系を中心にした混成軍団をひきいて挙兵し、唐帝国を滅亡寸前まで追いつめたが、支配領域に安定的な統治を確立するには及ばす、定住世界の統治者としては未熟な段階にとどまった。

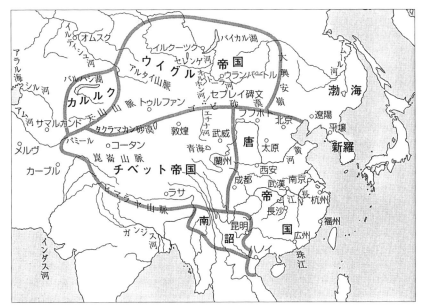

図 2-3　9 世紀ユーラシア東部の三国鼎立

縮し、チベット、ウイグルの両帝国から常に圧力をうける立場となった。また、唐帝国はその領域の内部においても各地の節度使[5]の自立に悩まされ、徐々に求心力を失っていった。さらに、その財政運営の上でも、開発の進んだ江南地方から大運河を通じて華北にもたらされる財貨に依存する国家に変貌した。

　その後、ユーラシア東部の大国が姿を消すと、その影響下にあった諸地域にも大きな変化が起こった。ウイグル帝国とチベット帝国とは 9 世紀半に外敵の侵入や内紛で相継いで滅んだ。また残った唐帝国も不安定な状況を制御できず、大規模な反乱によって江南地方との結びつきが断たれると弱体化し、10 世紀初めに滅亡した。大国が去った政治的空白の中で各地の諸民族・諸勢力が自立した。なかでも秦嶺＝淮河線の北方では遊牧勢力の動きが活発化し、華北に勢力

(5)本来は唐の辺境地域におかれた軍団を統括する臨時の長官。後に本土にもおかれるようになった。管轄下の軍事と民事の両方を握り勢力を拡大した。

を張ったトルコ系の沙陀突厥と遼河流域から拡大したモンゴル系のキタイ（契丹）とが覇権を争った。華北でトルコ系の武人が興した3王朝を含む5つの王朝が交代する一方、南方では漢人を中心に10あまりの地方政権が分立し、江南、四川、福建、広東などの各地の開発が進められた（五代十国）。さらに、こうした変動の波は朝鮮半島や中国南西部、北部ベトナムにも及び、各地で政治体制の刷新がみられた。

　中国本土の再統一がなされ社会の安定が軌道にのると、江南を中心に経済的・文化的発展が達成された。華北の5つの王朝の後を受けた宋王朝（北宋。960〜1127年）は、南方の諸国を吸収して中国本土の大半を掌握した。宋朝では貴族や武人の勢力を削ぎ、皇帝直属の常備軍と科挙で登用した官僚を基盤として皇帝専制を強化した。また、江南の農業開発が進展した結果、同地域は莫大な穀物を生み出す穀倉地帯に変貌した。さらに茶・絹・陶磁器などの特産品が盛んに生産され、全国的な物流が発達した。こうした商業の発達にともなって、各地域の新しい商工業都市や、全国の富が流れ込む大都市が生まれ、都市の経済・文化が大きく発展した。技術面でも木版印刷術、火薬、羅針盤などが実用化され、思想の普及や軍事・交通面で大きな飛躍をもたらした。

　ただ、宋王朝を支えたしくみは、一方で王朝を苦しめることにもなった。巨大な官僚機構や軍隊を維持するために莫大な出費を余儀なくされ、国家財政の負担となった。さらに北方の遊牧系王朝との緊張が高まると、防衛費用の増加により財政は危機的状況におちいった。富国強兵のための改革も行われたが、反対派の激しい抵抗を引き起こし、かえって政治的混乱を生んだ。宋王朝は、こうした問題を解決できないまま北方のジュシェン（女真・金）に華北を奪われ、秦嶺＝淮河線以南に退くこととなった（南宋。1127〜1279年）。

　以上のような唐代の後半から宋代にかけての時期は、中華帝国の歴史を二分する大きな変革期にあたる（唐宋変革[6]）。この8世紀末から12世紀にかけて

---

(6)「唐宋変革」とは8世紀末から12世紀にかけて起こった中国史を二分する大きな変動のことを指す。この変革によって中国に近代社会の直接の原型が生まれたとされる。「唐宋変革」をめぐる学説は、20世紀初頭に内藤湖南によって提唱され、その高弟の宮崎市定によって発展的に整理された。

の時期には、中華帝国の支配地域は中国本土を越えた大領域（大きい中国）か
ら中国本土に限定した小領域（小さい中国）へ縮小し、遊牧民の領域は一部を
除いて、漢人を中心とする定着民の世界とは切り離された。また、経済の中心
が南方に移ったこと、そして北方の遊牧勢力の中心がより東に動いたことに対
応し、帝国内の政治・経済の軸線も黄河流域の東西の線から、江南と華北を結
ぶ大運河沿いの南北の線に変化した。帝国の政治勢力も貴族集団から新興地主
層に背景をもつ科挙官僚に移った。さらに古典復興の機運とともに、もともと
外来の宗教であった仏教に代わり、朱子学に代表される「新儒教」が発展した。

　なお、このような変動は同時期のユーラシア全体の動きに連動したもので、
中国本土にのみ起こったわけではない。ユーラシア東部から中央部に広がる遊
牧勢力の世界や西方のイスラーム世界、あるいはヨーロッパ地域でも次代へと
繋がる大きな変化が生じていた（→第 3 節）。

（2）「中央ユーラシア型国家」の出現

　10 世紀前後の変動は草原世界にもおよび、ユーラシア中央部の似た条件をも
つ場所に、遊牧勢力などが主導する新しい型の国家が並び立った。東から順に、
中国本土の北辺に進出したモンゴル系のキタイ（契丹・遼）帝国、キタイを倒
し華北を支配したツングース系の狩猟民ジュシェン、五代の沙陀突厥のトルコ
系諸王朝、中国西北部に興ったチベット系の西夏、中央アジアから西アジアに
かけて展開したトルコ系遊牧勢力の諸王朝などがこれにあたる。これらの国々
の版図は、いずれもユーラシアの草原地帯の南端にあたる北緯 40 度線付近に位
置し、遊牧勢力などの本拠地である北方の草原や森林地帯に軸足をおいたまま
南方の定着民の世界をも支配した。

　これらの国々の特徴としては、その本来の遊牧勢力としての個性を失わず騎
馬軍団による軍事力を維持したこと、そして支配する対象に合わせて柔軟で効
率的な支配をおこなったことがあげられる。こうした統治のノウハウは、遊牧
勢力が定着民との間で繰り返してきた略奪・征服や融和・同化の関係のなかで
得た経験を集大成したものであり、小人口の支配者が大人口を安定的に統治す
る画期的なものであった。このような特徴をそなえた諸国家は「中央ユーラシ

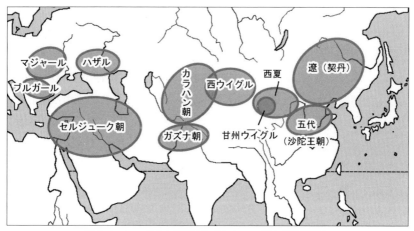

図 2-4　ユーラシア東西の「中央ユーラシア型国家」

ア型国家」と呼ばれ[7]、その成果と経験はユーラシアの統合を成しとげたモンゴル帝国に受け継がれた。

　こうした「中央ユーラシア型国家」が支配を安定させ個性を保つ上で、文字文化が重要な役割を担った。これらの国々では、固有文字が発明されたり、固有語が文字（固有文字以外に、漢字など既存の文字も使われた）で表記され、それらを用いた文書による支配も進められた。また、これらの文字の普及と使用とは、個々の勢力がその個性を維持する上でも重要な役割を果たした。

---

(7) 日本の東洋史学者である森安孝夫によって提唱された世界史の用語。「中央ユーラシア型国家」は、騎馬遊牧民を中心とする勢力が獲得した軍事力・経済力・文字文化などに着目して設定された概念であり、従来にはなかったかれらの統治形態、すなわち出身地である北方の草原・森林地帯に本拠を置きながら、南方の農耕地帯や都市をも包含して支配するようになった国家を指す。具体的には遼・金・元・清朝のみならず、遼朝と同時期の 10 世紀前後にユーラシアに並び立った、西夏やトルコ系の諸王朝（セルジューク朝など）をも含む。モンゴル帝国は中央ユーラシア型国家の完成形と見なされ、ティムール・オスマン・ムガル・ロシア・清などの諸帝国はその継承国家とされる。

（3）東アジアの多極化と「国風文化」の形成

　中央ユーラシア型国家がそれぞれ独自の文化をはぐくんだのと同じ時期に、朝鮮半島や日本列島でも独自の動きが見られ、政治的だけでなく文化的にも、東アジアの多極化が進んだ。朝鮮半島では、新羅の滅亡後に成立した高麗（コリョ。10〜14 世紀）の支配下では、木版印刷による大蔵経の出版、金属活字の発明、中国以外で初の磁器生産など、文化や技術の面で独自の成果が見られた。また、科挙と官位制度の整備が進み、文官と武官による官僚制が打ち立てられた。しかし、12 世紀に武官のクーデターによって武臣政権の時代に入ると、国王の権力は制限された。

　日本は、大陸の影響を受けつつも文化や政治の面で独自の展開をみせた。遣唐使を廃止した 9 世紀末以降に、日本と大陸との間では民間の貿易や仏教を通じた交流がむしろ拡大した。しかし、日本は中国と正式な外交関係を持つことはなく、国家的な文化受容も行わなかった。そのため、日本では従来の文化と、中国由来の文化を独自に咀嚼した文化が並立する「国風文化」が発展した。漢字をもとに作られた仮名文字がしだいに普及してゆくのも、このころにあたる。同時に、国家体制としての律令制はあるべき姿としての意味を維持しながら、実態面ではしだいに機能不全に陥った。11 世紀以降には、天皇を取り巻く貴族や院（上皇）、やがて鎌倉幕府を作る武士の勢力、有力寺社の勢力などが、荘園制を経済基盤として並び立つ、分権的なあり方が形成されてゆく。また、このころに日本型の「家」も徐々に成立した（→ p.83）。

> **練習問題**
>
> 日本は中国の法律・制度や国家の原理、文化・宗教や技術などのうち何を取り入れ、何を受け入れなかったか、中学校の知識も思い出しながら、唐代を中心に整理して説明せよ。

+α 藤原彰子─女の「院」があらわれた時代─

　10世紀から11世紀前半にかけての日本では、貴族（官僚でもある）が摂政（主として天皇が幼少時に政務を代行する）や関白（主として天皇の成人後に政務を輔弼する）として天皇を補佐・後見し国政を運営する「摂関政治」と呼ばれる政治形態がみられた。この政治形態では摂関が天皇の近い外戚であるときに最も政局が安定し、摂関の権勢も高まったため、摂関と天皇との紐帯となる天皇の母后は宮廷社会において非常に重んじられ、政治的影響力をもっていた。

　こうした母后の位置づけに関連して生み出されたのが、「女院」という日本独特の地位である。991年、当帝一条天皇の母である皇太后藤原詮子が病気のため出家すると、一条天皇は皇太后に付される官司をなくし、かわりに太上天皇（上皇）に付されるものと同等の家政職員を任命して、太上天皇が「院」と称されることにならって「東三条院」という院号を奉呈した。東三条院詮子は当初、男性の上皇と同様に「院」と呼ばれていたが、男性の上皇と区別するためか「女院」と称されるようになった。

　この「女院」を母后のための地位として確立し、権威を高めたのが、二人目の女院である上東門院藤原彰子である。藤原道長の第一女である彰子は、一条天皇の中宮（皇后の別称）となって二人の皇子（のちに後一条天皇・後朱雀天皇となる）を生み、父道長や兄たちと共に、母后さらに女院として長きにわたり歴代天皇を後見した。彰子は人事権などに影響力をもっていたのみならず、さまざまな形で政務運営や国家意思の決定に関わったとされる。また近年、女院としての彰子の行動・行為は、12世紀以降、天皇の父・祖父が上皇として国政を主導する院政が行われるにあたり、その先例として用いられたことが指摘されている。

　同時代の東アジア諸国家に目をやると、とりわけ母系尊重の文化を色濃くもつ非漢族国家において、太后が大きな権力をもった事例が広くみられる。彰子を筆頭とする母后・女院たちは、たとえば大越（→ p.81）の太后のように直接国政を掌握し、大胆な行動力を発揮したわけではないが、母后を重要な構成要素とする日本の摂関政治、そこで誕生した女院という存在は、当該期の東アジアにおける大きな共通した流れの中にあるものとい

えるだろう。それは、7〜8世紀の日本・朝鮮半島や中国で女帝・女王がし
ばしば即位したのとは違ったかたちであるが、東アジアの政治史における
女性の役割を示したものだろう（伴瀬明美）。

3．ユーラシア西方の変動と新しい地域世界の成立

（1）イスラームの成立

　7世紀初頭、アラビア半島のマッカ（メッカ）で商人ムハンマドが、唯一神
アッラーの啓示をえてイスラームの教え（経典はクルアーン〈コーラン〉）を創
始した。その教えを信奉する信徒（ムスリム）により、彼らの共同体であるウ
ンマが作られたが、それはそのまま宗教国家を形成した[8]。またクルアーンの言
語であるアラビア語が神聖化され、イスラーム化した社会（「イスラームの家」）
の共通語となった。

　またムハンマドの死後、信徒の代表（ムハンマドの後継者＝カリフ）が率い
る「ジハード」をおこない、アラビア半島以外に勢力を拡大した。その結果、
ゾロアスター教を国教とするサーサーン朝ペルシアを滅ぼし、さらにビザンツ
帝国（東ローマ）を圧迫した。そして、7世紀後半にはウマイヤ朝と呼ばれる
アラブ人中心の帝国を創始した。ウマイヤ朝は、自分でカリフを称して支配権
を握り、中央アジアや北アフリカ・イベリア半島までも征服した。

　その後、のちにスンナ（スンニー）派と呼ばれる多数派と、シーア派との宗
派対立や、征服によって他民族の改宗者が増えアラブ人中心主義が維持できな
くなったことなどから、ウマイヤ朝が倒れたが、かわって750年にアッバース

---

(8)狭い意味の信仰や儀礼だけでなく、イスラームは生活全体を律する教えであるが、
　それは杓子定規なものではない。またウラマー（学者）が指導するが、専業の聖職
　者は本来存在しない。

朝が成立し、その首都バグダードが国際都市として繁栄した。またイスラーム帝国では、西アジアや南アジア各地に点々と居住する、一神教のユダヤ教徒・キリスト教徒を「啓典の民」として保護した。彼らは、イスラームの信仰とは相容れない「偶像崇拝教徒」であったが、共存の道を与えられ[9]、ムスリムもそれぞれの在地の慣習（アラビア語で「アダー」）を否定されなかった[10]。

（2）キリスト教＝ヨーロッパ世界の成立

　西ローマ皇帝廃絶後のヨーロッパでは、ゲルマン人と総称された集団が離合集散しつつ部族国家を建設した[11]。そのうちフランク王国を形成したフランク人は、5世紀末にはいちはやく、ローマ帝国によって正統とされたキリスト教に改宗し、やがて西欧世界の中心的存在となっていく。しかし7世紀くらいまでは、西欧世界の秩序原理は、それ以前と基本的には変化しなかった。第1にゲルマン人諸部族の統治は、多数派であるローマ系の住民を従来通りローマ法によって、ゲルマン人をゲルマン法によって統治する二元的なものであった。第2に、行政的にはローマ帝国下の地域区分が踏襲され、支配者層も連続して

---

(9)「コーランか剣か」（イスラームに改宗するか、死ぬか）という言葉は、ヨーロッパ人による、まったくのねつ造である。ジズヤ（人頭税）さえ払えば、信仰や生命・財産は保障された。

(10)もともとイスラームは都市と商人を中心に発達した宗教であるが、そこでは納税だけでなく、ユダヤ人の金融など異教徒の存在が不可欠だった（モスクや公共施設の建設・維持には、ムスリムの寄付による「ワクフ」を利用した）。また太陰暦であるイスラーム暦（ヒジュラ暦）では農業ができないので、農民の信徒は各地に存在した太陽暦を併用せざるをえなかった。

(11)このようなまわりくどい表現をするのは、史料上ひとつの「民族」や「部族」とされる集団が、生物学的な共同体ではなく、歴史的な過程のなかで共通の帰属意識を獲得していったに過ぎないという認識が高まっていることによる（→序章 p.16）。近年の歴史学は、そのような集団をエトノスと呼ぶ。集団全体が共有する出自神話も、その揺籃期に一部の人々によって持ち込まれる場合が多かったといわれている。フランク人は比較的新しいエトノスであった。また、ひとつの集団のなかでも階層によって使用言語が異なる場合があったので、エトノスは言語集団と同一視できない。さらに史料が伝える集団が、外部から見た区分に過ぎない場合もある。「ゲルマン人」はその最たる例である。

いた。たとえば行政文書の形式もまた、ローマ帝国のものを踏襲していた。

　7、8世紀になると、地中海世界は、その古代以来の一体性を失って変容してゆく。東方における民族移動と、イスラーム勢力の拡大の結果、地中海世界は3つの文明圏、すなわち、ギリシア語を使用し、東のローマ皇帝およびコンスタンティノープルを中心とする正教世界、ラテン語を国際共通語とし、ローマの西方教会が主導するカトリック世界、そしてアフリカ北岸を席巻（せっけん）するイスラーム世界に分断されていくのである。

　西方ではローマ教皇（きょうこう）がフランク王国のカール大帝に戴冠した（800年）。これをもって、西方カトリック世界はビザンツの帝権から完全に独立し、皇帝はキリストの戦士としての役割を強めていくことになる。皇帝位は、フランク王国のフランス・イタリア・ドイツへの分裂を経て、10世紀にはドイツの神聖ローマ帝国に引き継がれていく。ブリテン島でもイングランド統一王朝が形成される。北欧のノルマン人はヴァイキングとしてブリテン島とフランスのノルマンディー、グリーンランド、ドニエプル川流域まで進出した。さらにノルマンディーのノルマン人の一部は、南イタリアへ転出し王国を建設すると、地中海交易に携わった。カトリック世界は外からの侵入にさらされながらも布教活動によって10、11世紀に拡大し、中欧へは正教・カトリック双方の布教活動が進められた。

　西ヨーロッパ社会は、教皇をはじめとする聖職者（祈る人）、世俗（せぞく）の皇帝や国王・諸侯・騎士（戦う人）、農民（耕す人）から成り立っていた。教皇は、すみずみにまで教会の網の目を張りめぐらして民衆の教化にあたり、修道院では魂の救済のための祈りと民衆の教化活動が行われていた。共通の宗教生活は、ヨーロッパの一体性の土台を形成した。世俗の国王・諸侯・騎士は、軍事奉仕と領地・保護を交換する封建関係（これはゲルマンの主従制をひとつの起源とすると考えられている）を結び、騎士道の理念を共有していた。国王・諸侯は、婚姻政策を通じた血縁ネットワークで広くつながっていた。聖俗の支配は重なり合ったため、王権と教皇は、王国内の聖俗の任命権、裁判権をめぐって競合しつづけた。

　聖俗の諸侯は領主として、農奴を含む農民を支配していた。農業技術も進歩

し、領主制の荘園では、地力を保持するための村ぐるみの農地管理方法である三圃制（耕地を三分する輪作方法）が導入され、農村共同体の活動が活発化する。その背景には「中世温暖期」と呼ばれる気候の温暖化があった。10世紀後半から13世紀末にかけて、農業生産が飛躍的に増大し、人口も膨張した。都市の数も増加していく。都市の性格はさまざまであったが、周辺の領主権力や王権と拮抗し、あるいはその庇護を受けながら、独自の行政・議決機構を発達させていった。都市には商業活動に携わるギルドなどの組合や大学、相互扶助的な自発的結社が作られ、学生や修業中の職人が都市間を巡歴した。民衆的なキリスト教信仰のなかから、聖遺物崇拝のための巡礼が盛んになった。

　このような巡礼熱や膨張圧に、キリストの騎士としての騎士道の理念とビザンツ帝国からの要請、地中海の商業的利権が相まって、11世紀末以降、カトリック諸侯の連合軍が、イスラームにたいする十字軍遠征を繰り返した。イベリア半島でも12世紀から、国土回復運動（レコンキスタ）が展開した。

　東方のローマ帝国（ビザンツ帝国）は7世紀までは依然として大国であり、基本的に4世紀以来の後期ローマ帝国の国家体制が存続していた。それが新たな局面を迎えるのは7世紀以降のことである。第1にローマ的な生活様式が形骸化・儀礼化した。第2にイスラーム勢力の拡大にくわえ、北方からの遊牧騎馬民族の侵入によって帝国が縮小した。ビザンツ帝国は国境防衛に対処するために都市中心型の行政・徴税機構を改め、農村中心の軍管区（テマ）のもとに中央集権体制を整えて、11世紀には再び東地中海の覇権を手にする。しかし在地貴族の勢力が強まるなか封建化し、イスラーム勢力と、ノルマン人、十字軍といったカトリック勢力に挟まれ弱体化する。第3に正教圏が形成された。スラヴ人にたいする布教活動のもと、10世紀にはルーシ（ロシア人）がキリスト教に改宗する。スラヴ圏にはスラヴ語とキリル文字の典礼が許された。コンスタンティノープルを中心とする正教会は、カトリック世界とのあいだに、同じキリスト教徒として連帯感を保ちながらも、距離を広げていく。正教世界はのちのオスマン帝国支配下でも存続を許された。

（3）イスラームの多様化とネットワークの拡大

　8 世紀後半以降、イスラーム帝国としての統合を目指したアッバース朝のもとで、クルアーンやハディース（ムハンマドの言行の伝承）にもとづくシャリーア（イスラーム法）が体系化され普及した。イスラームを受け入れた地域では、このシャリーアのもとで都市が繁栄し、同じ法により運営される各都市を結びつけるイスラームのネットワークが生み出された。

　こうした結びつきは、8 ～ 9 世紀ごろから、アラブ系やイラン系などのムスリム商人が、狭い意味の「イスラーム世界」を超えて、中央ユーラシアから中国、さらにはアフリカのサハラ以南や東南沿岸部、インド洋から南シナ海などに進出してゆくにしたがい、広大なネットワークに成長した。

　イスラームの世界が拡大する過程では、外来の知識の吸収や神秘主義の広まりなど新たな展開がみられた。ギリシア・ローマ・ペルシアなど外来の文化からも哲学などの知識をアラビア語に翻訳して取り込み、イスラーム文化の深化を実現していった。また、日常の細かい生活規範よりも、内面の深い信仰にもとづいた神との一体感を重視する神秘主義（スーフィズム）も普及し、信仰の大衆化や非イスラーム地域への信仰の浸透に貢献した。

　各地に広がったイスラームはそれぞれの土地に根付き、多彩な民族色・地域色をもったイスラーム文化が繁栄する下地を作った。14 世紀のイラン＝イスラーム文化、15 世紀中央アジアのトルコ＝イスラーム文化、16 ～ 17 世紀のインド＝イスラーム文化など、各地の言語や風土に合った独自の展開が見られた。

　イスラームのネットワークが拡大する中、政治的には大帝国が一律に統合する体制から、イスラームの秩序のなかで多様な勢力が並び立つ形に大きく変化した。アッバース朝内外のイスラームが根付いた各地域では、帝国の繁栄の中で力を蓄えた勢力が自立する傾向が鮮明となった。やがて、イラン系や、奴隷軍人[12]として西方に進出したトルコ系、あるいは北アフリカのベルベル系など

---

(12)戦闘技能をもって主人に仕えた奴隷身分の軍人。8 世紀にアラブ軍が中央アジアに進出すると、捕虜や商品として多くのトルコ人奴隷軍人がイスラーム世界に導入されるようになり、9 世紀には大量のトルコ系の奴隷が購入され、その騎射の能力をかわれて軍隊の中核を担うようになった。

＋α 唐帝国とイスラーム帝国

　7世紀以降におけるユーラシア東西における帝国の成立は、13世紀のモンゴル帝国の登場を準備する、「世界の一体化」への基層段階と位置づけられるが、東西の両帝国は大きくその性格を異にしている。そもそも、ユーラシアにおける帝国の系譜という意味では、帝国支配の要となる中央と地方を結ぶあり方から見ると、諸帝国をユーラシアの東部・中部・西部に大きく分けてみることが可能である。というのも、中央と地方とを結びつける交通制度を検討してゆくと、大枠において三つの系譜が浮かんでくるからである。すなわち、ユーラシア東部では秦漢帝国以来の駅伝制度が受け継がれ、また乾燥地帯が広がる中部においては匈奴・突厥以来のウラク制度の伝統があり、さらには西部においてはアッシリア帝国・ペルシア帝国・ローマ帝国以来のバリード制度が受け継がれている。

　これに照らして見ると、唐帝国はユーラシア東部世界の駅伝制度を中心に中部のウラク制度を一部併せた交通体制を取ったのに対して、イスラーム帝国は西部のバリード制度を踏襲した。こうした交通体制のもと、両帝国の国家統合のあり方の基本的な相違は、人の移動に関する姿勢にあった。

　まず唐帝国は、当初の太宗時代を除き、基本的には通行証による交通管理を徹底させた。すべての移動は、原則として、公的に発給される通行証を通じて国家管理のもとに置かれる体制を作り、通行証によらない移動は、すべて非合法な移動とした。通行証は、あくまでも官員・客人（使者）や動員された将兵・人夫のためのものであった。それに対して、イスラーム帝国の交通体制は、アッバース朝における交通政策を見ると、唐帝国と異なり公権力による通行証の発給はない。それどころか、商人の自由な往来を保障し、公的な交通サーヴィスを国家として積極的に提供した。このことからもうかがえるように、両帝国における商人あるいは商業に対する社会的なステータスの相違は明らかであり、とりわけイスラームにおけるその地位の高さは注目される。西アジア・地中海世界と東アジア世界において、それぞれの社会で形成されてきた伝統的な価値観にもとづくものであり、以降の時代においてもこの姿勢は基本的に継承された（荒川正晴）。

さまざまな勢力による新たなイスラーム系の王朝が並び立つ状態になった。さらに、11 世紀にはトルコ系のセルジューク朝がアッバース朝のカリフからスルタンの称号を得て西アジアの広域に支配権を確立すると、アッバース朝はわずかに宗教的権威を残すだけの小勢力に縮小した。このような流れはイスラーム世界の拡大とともに継続し、13 世紀には北インドにデリー・スルタン朝が成立し、西アフリカなどにもイスラーム諸王国が生まれることとなった。

　イスラーム世界が大きな変動を迎えるなか、ヨーロッパではイスラーム勢力に対抗する機運が高まったが、軍事・経済・文化の面でおおむね従属的な立場に止まった。イベリア半島では 12 世紀以後国土回復運動（レコンキスタ）が徐々に進んだ。しかし、11〜13 世紀に繰り返された十字軍は、最終的にはすべて失敗に終わった。また、商業の面でも、ユダヤ商人・イタリア商人などが動かす地中海・ヨーロッパのネットワークは、いまだ西アジア・北アフリカのイスラーム商業ネットワークに従属した存在にすぎなかった。一方、こうした軍事活動や商取引を通じてイスラーム世界との交流が盛んになると、古代ギリシア以来の知識を含むイスラーム世界の文献が、アラビア語からラテン語に翻訳され広まった。この時代に得られた知識は、ルネサンス（第 4 章）以降のヨーロッパの文化・芸術や技術・科学に大きな影響を与えた。

4．ユーラシア南方の変容

（1）南アジアの多極化

　南アジアでは、古典文明を完成させたグプタ朝が 5 世紀から分裂し、6 世紀には遊牧民族エフタルの中央アジアからの侵入による混乱のなかで滅亡した。その後、一時期をのぞいて南アジア全体の覇権を握るような国家は現れず、分裂抗争が続いた。西北からの遊牧民の侵入だけでなく、南アジア内部にも遊牧勢力が活動しうる乾燥地帯が点々と分布することも、政権を不安定にする場合があった。

　しかしこの時代の分裂は、南アジアの衰退というより、地方の発展を意味し

ていた。古くから栄えたインダス・ガンジス中流域以外の辺境地帯でも、農業開発や都市建設が進み、新興の土豪が地方王朝を立てられるようになったのである。南部にも、9世紀にはチョーラ朝（850年ごろ～1279年ごろ）のような強大な国家が成立した。これらの王者は、支配の正当性を主張するために、巨大なヒンドゥー寺院を建設し、そこで儀礼をおこなった。これにより、ヴァルナ制やヒンドゥー教が南アジア全域に広がり、インド洋交易を通じて、東南アジアにも影響を及ぼした。一方仏教は、7世紀にヒンドゥーの要素を多く取り込んだ密教が成立し、チベットにも伝わったが、その後徐々に独自性を失い、逆にヒンドゥー教の一部分と見なされるようになってしまった。辺境部を含む経済発展でさまざまな職業が成立したが、ヴァルナ制のひろがりを背景に職業の世襲化が進み、職種にもとづく社会集団ジャーティ[13]が徐々に形成された。

（2）東南アジア世界の形成と発展

東南アジアでも、稲作社会や金属器文化が、大半の地域で紀元前後までに成立していた。一方、紀元前後に「海の道」（海のシルクロード）を利用した海上貿易が本格化すると、航路にそって港市と港市国家[14]が成立した。東南アジア地域は、インド洋と東アジアを結ぶ中継貿易だけでなく、スパイスや香木など熱帯特産の高級輸出品によって、世界から注目されるようになった。4、5世紀になると、漢代から唐代まで中国の支配下におかれた北部ベトナム、紀元後1000年紀には国家形成がおこらなかったフィリピンなどを除く、多くの地域で、

---

(13)近代ヨーロッパ人によってこれがカーストと呼ばれ（ポルトガル語が語源）、カースト制の名で世界に知られた。現在では2000から3000あるとされ、大工、金貸しなど個々の職業を世襲し、婚姻もその内部だけでおこなう。各ジャーティはどれかのヴァルナに属するとされ、浄・不浄の差による序列が存在した。職業の分化によりジャーティも分裂するなど、不変の集団ではない。

(14)港市（港町）は、商業の拠点となるほか、造船基地、水や食料の補給基地、帆船航海のための風待ち港、嵐の際の避難港など多くの機能をもっていた。赤道直下の密林に囲まれた群島部の港市などは、周辺で農業ができず、食糧も遠方から輸入する場合があった。湿地や密林に囲まれて陸から攻めにくい港市では、城壁をもたないものもあった。港市が国家を形成したものを港市国家と呼び、群島部などでは港市国家連合のかたちで大きな政治勢力が形成されることも多かった。

国家権力を強化するため
にインド文明を体系的に
導入する動きがおこり、
ヒンドゥー教・大乗仏
教⁽¹⁵⁾やサンスクリット語

図 2-5　ボロブドゥール

などが取り入れられた。
ただし、インド文明のす
べてを受け入れたわけで
はなく、流動性の高い社
会に合わないヴァルナ制
などは、一部を除き根付
かなかった。
　東南アジア史の展開に
は、国際交易の影響が大
きかった。しかし紀元 1

図 2-6　アンコール・ワット

千年紀の後半になると、大陸部やジャワ島などの農業国家もしだいに発展し、
農業生産力や人口の力で、農業国家が港市を支配して、貿易の利益を吸い上げ
ようとする動きが強まった。8〜13 世紀ごろ、繁栄する農業国家は、ジャワ島
の仏教建築ボロブドゥール、カンボジアのヒンドゥー教寺院アンコール・ワッ
トなどに代表される、大規模な宗教建築を多数残した。これに対して港市国家
は、その時期からの国際交易の発展によって強まった、中国やインドなど外部
の勢力のパイプを生かして対抗することが多かった。ベトナム⁽¹⁶⁾、カンボジア、
ビルマ、ジャワなど多くの地域で、現在につながる国家や民族文化の形成も、
この時期から進んだ。

---

(15) インドの密教の影響なども受けて、ヒンドゥーと大乗仏教はしばしば、同じ宗教
　　のなかの違った一部分と理解された。それらはまた、東南アジアの土着の精霊など
　　の信仰と混じり合っていた。
(16) 10 世紀に中国から独立し、18 世紀まで大越の国号を用いた。

西アジア・北アフリカ中心に成立したイスラーム社会（近代以前の）と、中世ヨーロッパ（西欧だけではないことに注意！）で発展したキリスト教社会にはどんな共通点と差異があっただろうか。第1章（→ p.52）のコラムも踏まえながら、（1）教義と聖職者、（2）信仰と生活のありかた、（3）宗教と国家・政治の関わり方の順で、考えをまとめてみよう。異教徒との関係、身分制度などにも注意すること。

ステップアップ 「日本的伝統」の成立

　現在、「これぞ日本の伝統」のように言われるものごとの多くは、「最初からあった」ものでも「自然にできた」ものでもない。まず日本という国号は、もともとヤマト（漢字では中国の「倭」という呼び名を使用）と名乗った日本列島中央部の政権が、701年の大宝律令と702年の遣唐使から用いたものである。中国で日の出る東方の地域を漠然と指した日本という呼称を、東アジア世界の一員たるべく自国の国号として採用（独占）したのである。

　つぎにヤマト政権の支配者となってゆくオオキミ（大王）の座は、もともとは血筋だけで決まるのではなく、諸豪族中の最有力者が他の豪族の推戴・承認を受けて即位するものだった。父系にせよ母系にせよ血筋は絶対的な意味をもたない社会が、その背景にあった（父系・母系どちらもあり、という意味では「双系制社会」と呼ぶ。古代東アジア・東南アジアの稲作地帯ではこれが普通だったが、朝鮮半島や東南アジアでも、紀元後第2千年紀には、共通して父系制に傾斜してゆく）。しかし、5世紀頃から当時の大王一族による世襲が実現し、7世紀に「天皇」の称号を用いるようになった。ただし、8世紀にもまだ、孝謙女帝が道鏡に天皇位を譲ろうとしたように、一族以外の天皇が立つ可能性は残されていたが、平安時代に父系による世襲制度が動かせなくなった。近代に「万世一系の天皇制の伝統」と呼ばれたものは、藤原氏が外戚として天皇一族と一体化することにより、「実権がないから中国の易姓革命のように天皇一族そのものが失政の責任を問われて滅ぼされることがない」という皮肉なかたちでできあがったものだったのかもしれない。10世紀以後の日本では、朝廷でものちの武家政権でも、権力が多元化・多極化し、名目上のトップとは別に真の実力者が存在する形態がふつうになった（「権威」と「権力」の分離）。武家政権成立後の朝廷と幕府の関係も、同じことである。これは、中国のような王朝交替による大動乱を避ける安定化を可能にしたいっぽうで、「強力なリー

ダーが出ない」「だれが責任者かよくわからない」日本的な無責任体制も生み出したといえる。

　日本独自の伝統というと、平安時代の「国風文化」に言及されることも多い。仮名文学などによって、平安時代にはじめて日本人らしい心情が表現できたかのような通俗的言説は、万葉集は日本人の心情を表していないというに等しく、そもそも矛盾しているのだが、平安時代の国風文化は国際的孤立のもとでできあがったという理解のほうも、当時の東アジア海上交易の活発化を見れば、正しくないことがわかる。当時の貴族が、唐の後継者たらんとした面を含めて唐代の辺境意識から自由になったことは事実だろうが、「唐物」と呼ばれる輸入品は権力の誇示や人間関係づくりに不可欠だったし、中国古典や漢詩の素養なしには、仮名文学は成り立たなかった。また、社会的な伝統として意識されることが多いのは、家族制度であろう。古代日本の「氏」はゆるやかなまとまりで、やはり双系制的な社会を反映して、対外的なトップは基本的に男性であるとはいえ、女性の地位もかなり高く、個別の家族や財産相続は流動的だった。これに対し律令官制衰退後に、国家の職務を世襲で請け負うしくみと関係しながら、平安時代中期〜鎌倉時代に天皇一族や貴族・武士などの間で形成が始まり、江戸〜明治期に庶民まで広がった「家」は、父系制、夫婦の強い結びつきと父＝夫がすべてを支配する「家父長制」、長男の単独相続（鎌倉後期の武士が最初）、親族の横の結びつきの弱さ、職業（家業）との結びつきの強さなどの特徴を、しだいに強めた（桃木至朗）。

第3章

海陸の交流とモンゴル帝国

章のあらすじ

　12世紀までに徐々に進んできた各地域世界の結びつきは、13世紀のモンゴル帝国の登場によって一気に加速した。この帝国は、匈奴以来の遊牧国家の伝統を引き継ぎつつ、チンギス＝ハンの一族に権力を集中させた強力な体制をつくり出し、それまでに遊牧国家が蓄えてきた広域支配・定住民統治の経験のうえに、ユーラシアを直接政治的に統合するにいたった。これによりユーラシア・北アフリカにまたがる、陸と海で結ばれた巨大な交流圏が形成され、諸地域世界の一体化した世界史の一画期が訪れた。ところが、14世紀に入ると、気候の寒冷化により引き起こされた「14世紀の危機」により、モンゴル帝国の諸政権は次々と崩壊し、ユーラシアに張りめぐらされていた交流ネットワークも一時的に壊滅した。しかし、モンゴル帝国とその時代の大交流は、その後の近世帝国群や、ヨーロッパ人の大航海など、世界史上に巨大な遺産や余韻を残した。

Key Question

モンゴル帝国を建てたチンギスとその子孫たちは、（1）破壊者・殺戮者、（2）建設者のどちらだったろうか。かれらに征服された人々はどうなっただろうか。

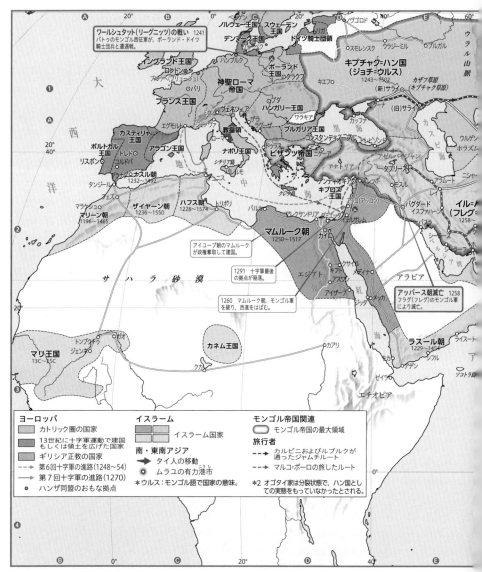

図 3-1　13世紀の世界（『最新世界史図説　タペストリー』（帝国書院）30-31 頁より転載）

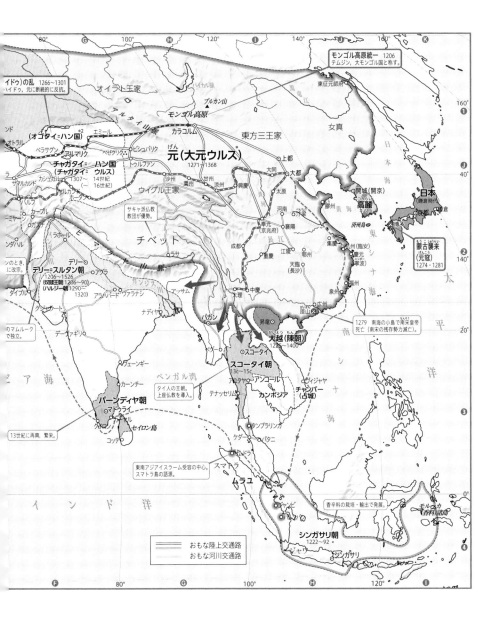

87

1．海陸のネットワークの連鎖

(1) ムスリム商人と中国商人

　8世紀に成立したアッバース朝は、唐帝国やビザンツ帝国などへ向かう東西のルートをバグダードで結びつけ、中国とヨーロッパの交易品のみならず、最先端の技術・文化などの移動を促進した。また北からはロシア・スカンディナヴィアの毛皮やスラヴ系の奴隷が、西アフリカからは大量の金が運ばれ交易された。一方、海上においては遠距離交易にも耐えうるダウ船と呼ばれる帆船が活躍し、陶磁器や鉱物・木材など重くてかさばる品物の貿易が可能となっていた。ムスリム商人は、こうした海上（インド洋）を経由して、バグダードからインドや東南アジア、さらには中国の広州へとおもむいた。こうして形成されてきたイスラーム・ネットワークは、その中心を10世紀にはバグダードからカイロに移し、その交易活動を活発化させた。

　それに対して、中国でも10世紀ごろより商人らがジャンク船や羅針盤などを利用して、南・東シナ海など海上への進出を始めた。経済の重心が、黄河中流域から次第に海に近い長江下流域へと移動したことや、宋代以降の全国的な経済成長も、この動きを促進した。こうした状況のもと、漢代から南方貿易の窓口だった広州のほか、新たな南方貿易の拠点となった福建省の泉州や、江南地方の杭州および日本との貿易で発展した明州（寧波）など、多くの港市が栄えた。

(2) 辺境におよぶ商業ネットワーク

　9〜10世紀ごろからは、交易拡大の影響は次第に、それまで辺境とされてきた地域を巻き込んでいった。すなわち、東アジア世界の辺境にあった朝鮮半島や琉球・北海道を含む日本列島、さらには東南アジアの島嶼部にもそれはおよんだ。これに伴って、これらの地域では手工業も発達し、高麗の青磁、日本の刀剣や工芸品、ジャワの綿織物などの輸出品が現れた。またヨーロッパでも、北方のノルマン人が活躍し、11世紀ごろには地中海やバルト海・北海などの海上貿易と、両海域を結ぶ陸上貿易が発達した。さらには、アフリカ中部や東海

✚α　地中海交易の変遷

　7 世紀以後の地中海は、イスラーム、ビザンツ、西方カトリック世界という 3 つの文明圏の出会う場所となった。後掲の図は難破船の数に見る地中海交易の変遷を示すものである。かりに難破船の数が交易活動の活発度を反映しているとするならば、紀元前 1 世紀〜紀元後 1 世紀をピークとする山が、古代地中海世界における経済の活況（それは『エリュトゥラ―海案内記』が示すように、紅海を介してインド洋交易と結びついていた）を示している。ところがアッバース朝の時代には交易は停滞する。かつてベルギーの経済史家ピレンヌは「マホメットなくしてシャルル・マーニュ（カール大帝）なし」の名文句とともに、イスラームの到来によって地中海が閉じられた海となり、地中海の磁力が弱まった結果として、西北ヨーロッパの国家形成が進んだと論じた。今日では、イスラーム以前から西地中海の商業が長期的低落の過程にあったこと、地中海ではビザンツ帝国とイスラーム勢力との間の交易が存続しており、地中海がキリスト教世界に対して閉じられたわけではなかったことが指摘されるようになっている。しかしアッバース朝時代のイスラーム世界にとって、カトリック世界は魅力的な交易相手にはほど遠い辺境であった。7 世紀を境に、ヨーロッパの経済活動の重心は西北ヨーロッパに移動する。ローマ以来の司教座都市や交通の要所で、地域経済の中心として農産物などの日用品を取り扱う定期市が開かれるようになり、12〜13 世紀には都市の数の急増を見る。都市には領主の支配が強いものも、市民の自治が強力なものもあったが、法によって自由を保障されていた。

　都市のなかには、遠隔地交易の拠点となるものも現れる。ヨーロッパが膨張期に入る 11 世紀以降、地中海では十字軍によってイタリア諸都市の商圏が拡大した。地中海はオスマンの進出までのあいだ、ヨーロッパ人の海となるであろう。13 世紀にはモンゴルの平和により黒海方面の交易が活況を呈するようになった。西欧はユーラシアの通商システムの中に組み込まれたのである。モンゴル帝国の分断によって北方ルートが解体すると、紅海ルートをヴェネツィアが独占した。イベリア半島でイスラームからの国土回復運動が完了すると、ジブラルタル海峡を通って地中海交易と北海が

結ばれることになった。さらにバルト海方面からは、北欧、黒海方面に向けて交易ルートがつながっていた。ハンザ（同盟）のリューベックなどでは、商人層が寡占的なギルドを形成し、バルト海交易で繁栄した（栗原麻子）。

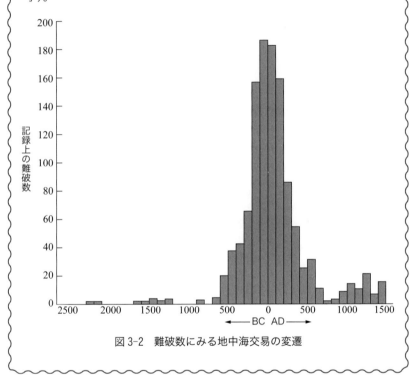

図 3-2　難破数にみる地中海交易の変遷

岸もこのネットワークに組み込まれた。琉球や北欧地域など国家形成が進む地域があらわれる一方、東北アジア・日本列島北方などのように、国家を作らない社会が広く残存したケースも見られる。後者の地域と国家をもつ地域の境界地帯で、両者を結びつける役割をもつ国家・政権が繁栄することがよくあった[1]。

───────────────

（1）東南アジアの港市国家（輸出品を生産する内陸の森の世界は国家をもたないこと

　こうしてユーラシアやアフリカの多くの部分は、貿易の幹線ルートだけでなく、周辺の海域や関連する陸地にまで張り巡らされたネットワークが、13世紀までに成立した。

2．モンゴル帝国とアフロ・ユーラシアの「グローバル化」

(1) 帝国の成立と拡大

　モンゴル高原を統合して成立したモンゴル帝国は、周囲の勢力を次々に飲み込み、急速に大帝国へと成長した。9世紀半ばのウイグル帝国の崩壊ののち統一勢力が現れなかったモンゴル高原では、モンゴル系のモンゴル部が勢力を増して遊牧勢力を統一した。このモンゴル部の指導者は1206年に諸部族長によって君主に推戴され、チンギス＝ハン（カン）の称号を名乗り、自らの国を大モンゴル国（モンゴル帝国[(2)]）と称した。高原の遊牧勢力を束ねたチンギス＝ハンは直ちに遠征に乗り出し、モンゴル軍は東方では金を攻撃し、中央アジア方面にも兵を進め、西夏を滅ぼした。チンギスの死後即位した息子のオゴデイ（オゴタイ）は、金を滅ぼして中国本土の華北部分を手中に収め、大遠征軍をユーラシア西北部へ送り込んだ。この遠征軍は東ヨーロッパまで到達し、ヨーロッパ全土に衝撃を与えた。その後も遠征は繰り返され、西方ではバグダードを陥れてアッバース朝を滅ぼし、東方では高麗を服属させた。

　クビライが即位すると、皇帝を中心に一族の勢力がゆるやかに連合する大帝国が姿を現した。帝位継承戦争に勝利して即位した第5代皇帝のクビライは、自身の拠点であった東方に支配の中心を置き、モンゴル高原へ繋がる草原地帯と中国本土の農耕地帯にまたがる新国家の建設に着手した。クビライは、草原

　が多かった）のほか、日本の朝廷や幕府と列島北方の社会を結びつける位置に成立した平泉の藤原氏、鎌倉・室町期の津軽の安藤（安東）氏、江戸時代の蠣崎（松前）氏などもその例と見なせる。
(2)モンゴル語では「イェケ＝モンゴル＝ウルス」。ウルスは「くに、くにのたみ」の意味で、領土ではなく人間の集団とそれらが構成する領域を指す。

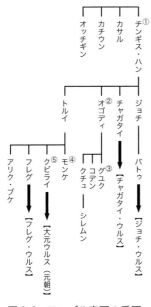

図 3-3　モンゴル帝国の系図
（①〜⑤は継承順位）

世界と農耕世界の接点に帝国の都として大都（現在の北京）を建設し、国号を大元ウルス（元朝）と定めた。1279 年に南宋を征服すると、帝国は南宋の知識や技術を吸収、海上交易の担い手であったムスリム商人をも利用して、海上進出を図るまでになった。海への遠征は東南アジアから日本にもおよび（元寇）、その多くは軍事的には失敗したが、遠征の主な目的は征服ではなく通商の拡大や交通の確保を促すことだったため、結果的に帝国を海上交通・交易に結びつけることに貢献した。

　このようにクビライの時代のモンゴル帝国は、ユーラシアの東西にわたる大領域に広がったが、チンギス＝ハンの一門によるゆるやかな連合は維持された。広大な帝国の内部には中央アジアのチャガタイ＝ウルス（チャガタイ＝ハン国）、イラン高原のフレグ＝ウルス（イル＝ハン国）、カザフ草原のジョチ＝ウルス（キプチャク＝ハン国）など、チンギスの子孫が支配する諸ウルスがそれぞれ形成されていた。しかし、これらのウルスは、クビライの家系が継承した大元皇帝を全体の大ハン（ハーン）[3]として認め、一時的に争いあうことはあっても、帝国全体のまとまりを保っていた。

---

(3)「ハーン」はモンゴル皇帝が用いた称号で、トルコ・モンゴル系の遊牧君主が用いてきた称号「カガン（可汗）」の音が変化したもの。オゴデイの時代以降に用いられ、皇帝以外のモンゴル王族が用いるハン（カン）とは明確な区別があった。のちに皇帝以外の王族もハーンを名乗るようになったが、それはチンギス・ハンの子孫に限られていた。

(2)「中央ユーラシア型国家」としてのモンゴル

　モンゴル帝国は草原の軍事力に加え、それまでに用意されてきた様々な要素を次々に取り込み、短期間のうちに「中央ユーラシア型国家」の完成形となった。まず、モンゴルが最初に手にしたものは、草原の遊牧勢力による軍事力であった。モンゴルでは服属した遊牧部族を出身部族に関係なく千人隊（千戸）に再編し[4]、チンギス＝ハンとその一門がそれを率いることで、従来の部族連合の不安定さを除き、権力の集中に成功した。それまでのように有力部族が独自の集団をなしつつ連合する体制をやめさせ、モンゴル帝国ではチンギス家以外の人々は、千人隊に編制されて旧来の部族長から切り離され、チンギス家王族に臣下として隷属させられた。したがって、非チンギス家の独立ウルスというものはなく、またチンギス家の男系子孫でなければハン位に就けないという伝統が作られていったのである。ついで、モンゴルは大人口を統治するノウハウとユーラシア全土を結びつけるネットワークを取り込んだ。西夏や金などの「中央ユーラシア型国家」を征服したモンゴルは、それらが蓄えてきた少数の遊牧系の支配者が自らの個性を失うことなく多数の定着民を効率よく支配する方法を吸収した。また、中央アジアや西アジアへの遠征を通じて、すでに大きな広がりをもっていたイスラームのネットワークに接続して交通・交易路を確保し、帝国のユーラシア規模の拡大に利用した。このイスラームのネットワークとの連携は、クビライ時代の海上進出によってより強化された。さらに、当時世界有数の経済先進地域に成長していた江南地域を手にいれることで、帝国を維持するための莫大な富を吸い上げることに成功した。

　このような急成長にはモンゴル帝国がもっていた基本的な方針や構造が影響していた。征服の目的は殺戮や破壊ではなく、あくまで帝国の歯車として取り込むことにあったので、征服された勢力が保持した知識、ノウハウ、インフラなどはそのままモンゴル帝国に取り入れられた。また、帝国自体が大ハンを中

---

(4)配下の遊牧集団を 10 人－100 人－1000 人－1 万人という十進法にもとづいて単位編制し、君主を中央に置いて左・中・右の三分体制に組織したことは、遊牧国家の伝統を引きついでいる。

心に様々な家系、軍団、民族、宗教が重なりあう多元的な構造をしており、それぞれの文化・宗教が温存されたことも法や制度などの摂取に役立った。さらに、モンゴルの支配下におかれた勢力には、軍事協力、利益の上納、商業・貿易の自由化などが強制されたが、服属した勢力も、その後の功績などにより、帝国の支配層に入ることが可能であった。より早く帰属した勢力の出身者がより有利になるなど縁故や家柄によるスタートラインの差はあったが、基本的には実力本位の社会であったため、多種多様な人材が政権に参加し、自らの出身勢力が蓄積したノウハウを帝国の経営に活かす道が開かれていた。

練習問題

モンゴル帝国の出兵を撃退した日本や大越・ジャワ、服属前に猛烈に抵抗した高麗などの国家には、国家の基盤と構造、国の位置と規模。自意識などの面でどんな共通点があったか、次の手順にしたがって考えてみよう。

(1) 一般的に言って、超大国主導のグローバル化に対する反応(受け入れる、拒否する、その他)には、国の規模によってどんな違いが出るか?

(2) 日本・高麗・ベトナムやジャワはどんな規模の国家か、主な経済基盤(=住民の多数派の生業)は何だったか。一方でギリシアのポリス、東南アジアの港市国家や中央ユーラシアのオアシス国家、他方で中国や南アジア、西アジア・地中海などの諸帝国と比べてみよ。

(3) 日本列島、朝鮮半島やベトナムの国家・社会は中国文明の何を吸収していただろうか。当時はどんな勢力が政権を握っていただろうか。ジャワはどこの文明を吸収していただろうか。第1・2章も振り返りながら、国造りの原理や、自意識と他者認識の面も含めて、整理してみよう。

＋α　クビライが1265年に日本に送った国書

[東大寺に残っている「蒙古国牒状」写しの桃木至朗訳]

　天の命を受けた大蒙古国の皇帝が、書簡を日本国王に送る……私の先祖たちは天の明らかな命令を受けて天下をわがものにした……高麗はわが東方の属国である。日本は高麗に隣接しており、建国以来ときどき中国とも関係をもっていた。私の代になって一人の使者もやってきて友好を結ぼうとしないのは、おそらく王の国が私の国のことをよく知らないからだろう。そこでこちらから特に使者を派遣して、私の（友好の）志を知らせるのだ。願わくは今後は互いに行き来して友好を結び、互いに睦まじくしようではないか。（孔子など儒教の）聖人たちは（自国だけでなく）四海［全世界の意味］を自分の家のように思うものだ。たがいに行き来しないというのは、（世界はみな家族だという聖人の）道理に合うだろうか。まして戦争をするなどは、だれが好むことだろうか。王はこの道理をよく考えてほしい。不宣［友人への挨拶語］。

　大越（ベトナム）の対モンゴル戦争［『大越史記全書』から］

　（1285年初めに侵入したモンゴル軍の指揮官ウマルの発言）「わが軍は（貴国に）道を借りて占城［チャンパー］を征伐するのである。（大越の）国王があいさつに来さえすれば（貴国の）領内は平穏で、（わが軍は）まったく侵略などしないだろう。しかしかりにも頑迷な態度をとれば、ごく短期間で（貴国の）山川は平地にされてしまい、君臣は枯れ草になるだろう」……（旧暦2月に大越王族の保義王陳平仲がモンゴル軍と戦って死んだ事件）そのとき王［平仲］はとらわれ、食事をとらなかった。賊［モンゴル人］は国事について訊問したが答えなかったので［降伏して］「北方の王になりたくないか」と言ったところ、王は声を荒げて「たとえ南の幽鬼となろうとも、北の王にはなるまいぞ」と答えたので殺された。

解説

　ベトナムでは王朝時代、中華帝国による北方からの侵攻を何度も撃退した歴史を、自国の正統性の根幹にすえてきたが、中でもモンゴルの3度の侵攻を撃退した歴史は、フランス・アメリカなど現代の帝国と戦う際にも、繰り返し語られてきた。モンゴル側の意図は、チャンパーから南インドへと連なる海上交易ルートの支配にあったと見られる。だが、「神国思想」をもつ日本にとってクビライの手紙が受け入れがたかったのと同じよう

に、「中華文明をもつ南の帝国」という国家意識をもつ大越にとって、モンゴル流の国際関係は受け入れがたかったのだろう。なおモンゴル側は、大越を攻めたウマル（次の1288年の出兵で戦死）が西アジアの「色目人」、1285年に総指揮官のトゴンをかばって死んだ副将李恒（りこう）はチンギスに降伏した西夏の王子の孫であるなど、グローバルな軍団編成をおこなっているが、抵抗した諸国の側でも、高麗が長期間モンゴルに抵抗しただけでなく降伏後もいろいろ理由をつけて日本遠征の実施を邪魔し、大越とチャンパーが協力するなど、各国が単独で抵抗しただけではなかった。最近注目されている日本の武士団の準備と健闘（暴風雨という幸運だけが勝利の原因ではない）、その一方でそれぞれの戦争が終わったあとにすばやく再開する元との貿易・仏教交流など、モンゴル時代の東アジア史には見直すべき点が多い（桃木至朗）。

（3）うずまく人と物

　モンゴル帝国がユーラシアのほぼ全域を統合すると、空前の大交流圏が出現した。征服が終わると各地域の軍事的緊張は和らぎ、交通を脅かす襲撃の危機や通行税の徴収もなくなった。また、モンゴル帝国では建国当初から駅伝ルートを帝国全土に張りめぐらせ通信・交通のネットワークを確保していた。さらに、商業や貿易も奨励されたことにより、ユーラシア規模で経済・文化交流が大きく発展した。

　こうした好条件のもと国際商人が活躍し大規模な流通が実現した。ソグド商人の流れをくみ、モンゴルに早い時期から取り入った仏教徒でトルコ系のウイグル商人[5]や、イスラームの広域ネットワークを利用して陸海に展開したイラン系のムスリム商人などが活躍した。帝国全域で銀を基本的な貨幣として取引が行われ、それを補うために紙幣（交鈔（こうしょう））も発行された。陸海のネットワークの結節点として建設された首都の大都には莫大な財貨が集中し、集まった富はモンゴル王侯から御用商人への投資などにより帝国全土に循環した。

　ユーラシア規模のネットワークに乗って、多くの人々が活発に移動した。ヨー

---

(5)ウイグル帝国時代にはマニ教が流入したが、モンゴル時代のウイグル人（ソグド系などとの混血も進んでいる）は仏教徒が多かった。彼らの仏教信仰は16世紀頃まで確認できるが、その後は他の中央アジア地域と同様にイスラーム化が進んだ。

ロッパからは、ローマ教会や王侯の使節がモンゴル宮廷に派遣された。また、マルコ＝ポーロの旅行記とされる『世界の記述（東方見聞録）』は、クビライ時代の輝かしい繁栄をヨーロッパに伝えた。とくに「黄金の国ジパング」の叙述は、ヨーロッパ人の「豊かなアジア」へのあこがれをかき立てた。その他、ムスリムの商人や旅行者はもちろんのこと、元寇でモンゴル帝国と武家政権とが対立した日本との間でさえも、禅僧がさかんに往来した。

　文化面でもネットワークを通じた交流がもたらした複合的な文化が各地に成立した。例えば、イランでは東方の文化的影響を受けて細密画（ミニアチュール）や歴史書が盛んに作られるなど独自のイラン＝イスラーム文化が展開した。一方、中国本土ではイスラーム天文学の影響をうけて新たな暦が作成され、イスラーム世界からもたらされたコバルト顔料で彩色した染め付け（青花）磁器がつくられるなど、西方の文化が取り入れられた。

3．14世紀の危機と大崩壊

　14世紀に入るころ、北半球各地で気候の寒冷化が始まった。これは、19世紀まで続く「小氷期」のはじまりとされる。ヨーロッパでは13世紀にすでに、アルプスの氷河が高原から森林地帯に下りてきつつあったが、1315年にはヨーロッパ全域で、長雨と低温、日照不足により、大飢饉がおこった。もともと寒冷なアルプス以北のような地域では、気温低下と降水量の増加が問題になるのに対し、温暖な北アメリカの内陸部やアフリカ中部では、モンスーンが弱まって降水量が減り、旱魃に苦しむようになった。そこに、地震や洪水などほかの天災も追い打ちをかけた。北中国では1342年から、黄河が毎年のように氾濫した。天候不順や天災による不作は、当時の技術や社会的セーフティーネットの水準のもとで、すぐに各地に饑饉や伝染病を引き起こし、それは人々の逃亡や反乱につながった。40年代なかばから、西アジアからヨーロッパにかけて「黒死病」（ペストの一種とされる）が広がる。エジプトのマムルーク朝の繁栄は大打撃を受け、西ヨーロッパでは人口の3分の1が失われたとも言われる。

テーマ解説 世界の中心として繁栄する大都

　カンバルク（大都の別称）の町はその内外に、ほとんど信じることができないほど多数の家屋と人口とを擁している…またこのカンバルクの町には、世界中のどの町にもまして貴重で高価で珍しい品物が到来する…宮廷にも首都にも、あちらにもこちらにも、実に大量の品物が際限なく運ばれてくる…（歴史学研究会編『世界史史料4』岩波書店、2010年、73-75頁）

　マルコ・ポーロの『東方見聞録』がこう述べた大都は、1266年にクビライが現在の北京の地に建設を命じ、治世の大半をかけて造営されたものである（1292年完成）。碁盤の目状に街路が整備され、中央南よりに皇城が置かれた点は中国歴代の都城に似ているようにも見えるが、ユニークなのは、中央部に造られた積水潭という人工湖である。それは運河などを通じて渤海湾に面する港と結ばれており、江南や外洋からの物資を大量に受け入れることができた。クビライが軍事・政治・経済の中心とした大都（冬の都）と上都（夏の都。現在の内蒙古自治区シリンゴル盟）を含む「首都圏」は、駅伝による陸上交通ルートの起点でもあった。大都の建設によって、大元ウルスは「草原の帝国」から「陸と海を結びつける巨大帝国」へと進化した。　（桃木至朗）

図3-4　元の大都

　日本では、1333年に鎌倉幕府が倒れたが、天皇が自分で中央集権的な統治を行おうとする後醍醐天皇の路線はすぐに崩れ、天皇家も武家も二つに分かれた南北朝の内乱が長期化した。ヨーロッパではペストの被害にくわえ、英仏百年戦争（1337～1453年）がおこり、農民反乱も多発して、封建社会の衰退が進んだ。東南アジア大陸部では、13世紀末のビルマにつづいて、14世紀にカンボジアや大越（北部ベトナム）でも混乱がひろがる。アンコール・ワット（12世紀なかば）の建設など、インドシナ半島の覇者として栄えたカンボジアは覇権を失い、モンゴル帝国においても、西アジアのフレグ・ウルス（イル汗国）が1335年以後、分裂・解体に向かう。同じころ、チャガタイ・ウルスも東西に分裂する。ジョチ・ウルスでは1359年に、バトゥの正統後継者が絶え、やはり分裂抗争が始まる。大元ウルスは、近衛軍団などの権力闘争が激化していたところに、紅巾の乱[6]と呼ばれる大規模な民衆反乱がおこり、経済の中心である江南からの物資が届かなくなった大元ウルスは衰退した。紅巾の反乱側も群雄が割拠したが、そのなかで頭角をあらわした朱元璋が、1368年に大都を占領し、大元ウルス朝廷はモンゴル高原に撤退した。

　近代以前の世界で饑饉や伝染病は珍しくない。それが、ユーラシア全域におよぶこれだけの危機（「14世紀の危機」）につながったのは、各政権の内部抗争など政治の劣化だけが原因ではなかった。多くの地域では、長く続いた繁栄による人口増加の結果、肥沃でない土地でも農耕を行わざるをえず（気候が温暖だからできたとも言える）、天災や饑饉に弱い社会が作られていた。そして、モンゴル帝国の交通網整備などの恩恵も受けて、交通や人の移動が活発化したことは、伝染病や社会不安が急速に広がる条件も作りだしていた。これらの意味では、14世紀の危機は、モンゴル時代そのものの産物とも言える。またそれは、世界の結びつきが強まること（グローバル化）の負の側面をはっきり示すできごとでもあった。

---

(6)南宋時代に成立した仏教の一派である白蓮教の影響が強かったとされる。白蓮教は、邪教として王朝からは禁止されながら、弥勒仏がこの世に下りてきて乱れた世の中を正し民衆を救うという信仰も取り入れながら力を伸ばし、明代以降にもしばしば民衆反乱の母体となった。

4．モンゴルの遺産・記憶とその後のユーラシア

(1) 近世[7]の諸帝国

　モンゴル帝国以後のユーラシアの諸地域では、この空前の帝国から多くの遺産が引きつがれた。まず、15世紀以降に台頭してきたユーラシア各地の大型の帝国は、いずれも柔軟で効率的な統治組織を備え、広域の領域を支配下におき、多種多様かつ大人口の人々を統治した。中央アジアから西アジアを席巻したティムール帝国、ビザンツ帝国を滅ぼし地中海東～南岸地域からヨーロッパ東部にかけての広域を支配したオスマン帝国、中央アジアから南アジアに進出しその主要部分を支配下においたムガル帝国、中国本土を含むユーラシア東部のほとんどを統合した大清帝国、そしてモンゴルのくびきを脱し版図をユーラシア中央部に広げたロシアなどの諸帝国がこれにあたる。また、これらの帝国のほとんどは、何らかの形でチンギスの血統などモンゴルに由来する権威を利用していた。例えば、ティムールはチンギスの血統ではなかったが、婚姻を通じてモンゴルの正統に連なり、その権威を利用した。彼の子孫が開いたムガル帝国でも、モンゴルに連なるティムールの血統が強く意識されていた。また、勃興期の大清帝国では、モンゴル帝国の権威を利用し、全モンゴルの大ハンとして振る舞うことでユーラシア東部の草原世界を帝国に取り込むことに成功した[8]。

(2) 海の時代とヨーロッパ人の世界進出

　モンゴル帝国時代の大交流の余韻のなか、15世紀には海上貿易が主流となり、

---

(7) 14世紀の危機を抜け出したのちの世界では、ヨーロッパ以外の諸地域も含めて、「近代」の世界を準備するさまざまな動きが展開した。最近の歴史学ではそれらに着目して、18世紀ないし19世紀初頭までの時期を「近世」ないし「初期近代」と呼ぶことが多い。

(8) 大元ウルスの大ハン直系のモンゴル王家から元の玉璽（皇帝の印章）といわれる印章を手に入れたことをきっかけに、満洲・モンゴル・漢人の王侯に推戴される形でホンタイジ（清の太宗）が皇帝位につき、以後大清帝国皇帝はモンゴルの大ハンを兼ねることになった。

ヨーロッパ人の海上進出も盛んになった。14世紀の危機を乗り越えて、15世紀にユーラシアの各地域で経済復興が進むと貿易量が増加した。こうした貿易の拡大に対応するために、大量輸送が可能な海上貿易がユーラシアの物流の主流となっていった。こうした情勢のなか、モンゴル帝国時代に形づくられた「豊かなアジアへのあこがれ」はヨーロッパ人の海上進出をうながし、ヨーロッパ人による「新大陸」の発見につながった。さらに、15世紀には東南アジアのスパイス、16世紀には日本やアメリカ大陸の銀など、貿易の拡大を促す世界商品がつぎつぎ登場し、17世紀にかけて世界中で貿易ブームが継続することとなった。

まとめの課題

モンゴル帝国と現代のアメリカ合衆国との共通点について、政治権力（リーダーの選ばれ方や権力の構造）と社会・文化のしくみ、軍事と経済のあり方や両者の関係、超大国が世界にあたえる正負両面の影響などを中心に整理せよ。

(着眼点) ①モンゴル人以外の文化や宗教はどうなったか？　帝国の経済や技術・芸術はだれがどう担っていたか？　戦争はモンゴル人だけでやったのか？　征服地にやってきたのは軍人・行政官だけか？

②アメリカは均質な国民がつくる一元的な国家か？　世界中から人が集まるのはなぜか？　戦争で何を得てきたか？

③モンゴル発、アメリカ発の危機はなぜ急速に世界に広がったか？

気候変動の社会への影響

　現在では、紀元後第1千年紀の末から13世紀ごろにかけて、現在ほどではない
にせよ、北半球の広い範囲でかなりの温暖化が進んでいたことがわかっている。そ
れに対し、14世紀から化石燃料の大量消費による温暖化があらわれる19世紀後半
までの時期は、全体に気温が低く、小氷期と見なされている。

　温暖化や寒冷化の影響はなによりも農業や牧畜にあらわれた。もともと寒冷で湿
度の高かったアルプス以北のヨーロッパでは、中世温暖期の夏季の乾燥化によって、
小麦の生産が可能な地域が拡大した。つまり、ヨーロッパは中世温暖期のはっきり
した受益者だった。しかし、もともと高温な地域では、温暖化でむしろ旱魃がおこ
る場合があるし、日本列島の場合も、平安〜鎌倉時代の農業生産が温暖化で伸びた
という説が一般的だったが、むしろ火山の爆発や地震も含め災害が増加して、「9世
紀の危機」以後も長く経済が停滞した時代ではないかという見方が、最近では有力
になりつつある。多雨では困る東日本と、旱魃をおそれる西日本の差も考慮すべき
だろう。年中高温の東南アジアなども、農業に影響するのは気温そのものでなく、
モンスーンの変動による降水量の増減である。

　また、同じ気候変動の影響は、どの社会でも同じだったとは限らない。ヴァイキ
ングが建設したグリーンランドの入植地は、現地の気候の寒冷化だけでなく、流氷
の増加でヨーロッパとの往来が困難になったことなどもあって、13世紀後半から
徐々に衰退したが、先住民のイヌイットが寒冷化に適応した狩猟採集生活を営んだ
のに対し、ヴァイキングはヨーロッパから持ち込んだ農耕や羊・牛の牧畜にこだわ
り続け、その集落は15世紀初めに消滅に追い込まれた。埋葬された遺骨から見る
と、11世紀の入植直後とくらべ、末期には平均身長が大幅に低下しており、生活水
準の低下がはっきり示されている（桃木至朗）。

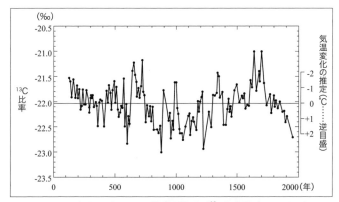

図 3-5　屋久杉に含まれる炭素同位体（¹³C）含有率にもとづく
最近 2000 年の気候変動のグラフ

第4章

近世世界のはじまり

章のあらすじ

　14世紀の危機が克服されてから16世紀にかけて、モンゴル帝国の遺産も引き継ぎながら、ユーラシア各地に広域支配をおこなう帝国が成立・繁栄した。東アジアでは、明朝がしいた強力で緻密な支配のしくみと、民間貿易を禁止し対外関係を朝貢・冊封を通じたものに限定する政策が、中国国内だけでなく周辺諸地域の政権や社会にも、長期的な影響をあたえた。中央アジアや西アジア・南アジアでは、それぞれの大帝国のもとで、イスラームと地域の文化の融合により華やかな文化が形成された。地域世界の大半を支配するような帝国ができなかったヨーロッパでも、封建制やカトリック教会などのしくみが後退し、新しい国家・社会や信仰のありかたが模索された。

Key Question

この時代から近代に向かう準備を進めたのは、ヨーロッパだけだったろうか。他の地域の動きは、近代化のベクトルやそれ以外の動きも含めて、近現代の世界史にどう影響してゆくだろうか。現代世界の状況や中学・高校の既習事項も思い出しながら、予想を立ててみよう。

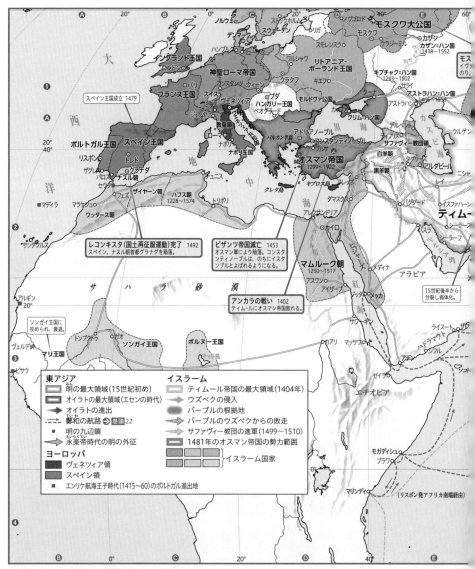

図 4-1　15 世紀の世界（『最新世界史図説　タペストリー』（帝国書院）34-35 頁より転載）

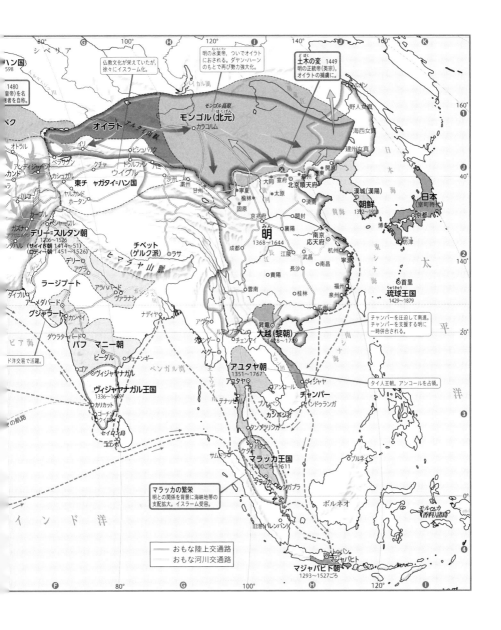

仏教文化が栄えていたが、徐々にイスラーム化。

明の永楽帝、ついでオイラトにおされる。ダヤン=ハーンのもとで再び勢力強大化。

土木の変 1449
明の正統帝(英宗)、オイラトの捕虜に。

シベリア

ハン国
598

1480
皇帝を名
者を自称。

ベク

オトラル

カンド

オイラト　アルタイ山脈

モンゴル高原

モンゴル(北元)
(ほくげん)

カラコルム

ウイグル

東チャガタイ=ハン国

ヤルカンド
ホータン

カシュガル

クチャ　ドルファン

沙州

粛州

甘州

固原

大同　宣府

北京順天府

紫荊関

居庸関

開封

済南

野人女真

海西女真

建州女真

日本海

漢城(漢陽)
朝鮮
1392～1910

日本
(室町時代)

京都

博多

堺

ガズナ

デリー=スルタン朝
1206～1526
(サイイド朝 1414～51)
(ロディー朝 1451～1526)

デリー

アーグラ

ラージプート

アラハバード

ヴァラナシ

チベット
(ゲルク派)

ラサ

ヒマラヤ山脈

成都

貴陽

雲南

襄陽

武昌

南京

明
1368～1644

応天府

杭州

長沙

桂林

南昌

福州

泉州

広州

太原

紹興

紹興府

蘇州

アーメダバード

グジャラート

カンベイ

ダウラターバード

バフマニー朝

ビーダル

ゴア

ヴィジャヤナガル

ヴィジャヤナガル王国
1336～1649

カリカット

コーチ
クイロン

セイロン島

コロンボ

ナディヤ

アウド

ルンプン

チェンリ

テナッセリム

昇竜
大越(黎朝)
1428～1789

アユタヤ朝
1351～1767

アユタヤ

アンコール

プノン

カンボジア

タンプラリンガー

サムドラ

ケダ

マラッカ王国
1400ごろ～1511

マラッカ　シンガプラ

旧港(パレンバン)

チャンパーを圧迫して南進。チャンパーを支援する明に一時併合される。

チャンパー

インドラプラ

タイ人王朝。アンコールを占領。

首里
琉球王国
1429～1879

ブルネイ

モルッカ
(香料)諸島

ボルネオ

バン

マジャパヒト

マジャパヒト朝
1293～1527ごろ

マラッカの繁栄
明との関係を背景に海峡地帯の支配拡大。イスラーム受容。

インド洋

ベンガル湾

南シナ海

東シナ海

太平洋

アラビア海

ーーーー　おもな陸上交通路
－－－－　おもな河川交通路

80°　100°　120°　140°　160°

1. 明を中心とする国際秩序

(1) 初期の明帝国と海禁

　元朝末期の紅巾の乱のなかでのし上がった朱元璋は、他の群雄を倒し、1368年に現在の南京に都を置いて、明朝を建てた。大都（今の北京）を奪われた元朝は、モンゴル高原に退いた[1]。明は、江南から現れて華北まで統一した、中国史上唯一の王朝である。朱元璋（洪武帝。在位 1368～98 年）は、多くのモンゴル人を服属させただけでなく、民衆を職業別に区分し編成する方法[2]、紙幣の使用などにおいて、元朝の遺産を引き継いだ。しかし他方で、混乱した国家・社会を立て直すために、商業・貿易を重視し文化・宗教の多元性を認めた元朝とは対照的に、農村と儒教を基盤として、一枚岩の国家や経済をつくろうとした。そのために、朱子学を科挙の基準とし、民衆に対しても儒教の理念による教化につとめるとともに、農民や農地を登録する精密な台帳が作られ、行政機関が編成した単位ごとに、納税や治安維持などのきびしい連帯責任制がしかれた。洪武帝は、謀反をでっちあげて功臣を粛清するなどの手段も使って自己への権力集中を強行し[3]、こうした厳格な支配政策を実現した。

　対外的には洪武帝は、周辺諸国を服属させて明の威信を高めることと、倭寇の鎮圧要求などのため、日本を含む各国にさかんに使者を送った。また、倭寇の被害や謀反人が倭寇と結びついたという嫌疑などを理由に、民間人の海外渡

---

(1)元の朝廷は 1388 年に明の攻撃によって滅亡し、その後のモンゴルは群雄割拠状態となったが、チンギスの血統は存続し、17 世紀に清朝に服属するまで、モンゴルで大きな威信をもちつづけた。

(2)民衆の世帯は職業によって別々の戸籍に登録され、一般の租税や労役を負担する世帯以外に、兵役を専門に負担する世帯が指定された。農民世帯をまず 10 戸ずつの組にまとめ、その 10 組プラス代表 10 戸の合計 110 戸を徴税・治安維持や教化の単位とするしくみ（里甲制）など、モンゴルの「千戸制」と同じ 10 進法的な単位編成がひろく用いられた。

(3)行政の中心にあった中書省や宰相職を廃止し、各行政機関を皇帝直属としてすべてを皇帝が決定する体制をしいた。のちに、皇帝を直接補佐する官僚たちが「内閣大学士」とされ、行政の中心となった。

航や民間貿易をすべて禁止し、外交や外国との貿易を、朝貢システムを通じた
ものに限定した。「海禁」と呼ばれるこれらの政策は、しばらくのあいだ、周辺
諸国を強く拘束した。

　洪武帝の死後、反乱をおこして政権を奪った息子の一人永楽帝は、自分の根
拠地だった北京（元の大都）に都を移した[4]。「小さな中国」に周辺諸国を朝貢
させようとした父の洪武帝とちがい、多くのモンゴル軍団を率い、元朝と同様
に中央ユーラシアも含む「大きな中国」を作ろうとしたかれは、大規模な領土
拡大政策をとり、強力な火砲部隊なども用いて、モンゴルにたびたび出兵した
ほか、ベトナムに出兵して直轄支配を再建しようとしたり、アムール川流域の
支配も推進した。海上では、イスラーム教徒の宦官である鄭和を長官とする大
艦隊を、永楽帝の死後を含めて合計7回、東南アジア・インド洋方面に派遣し
た。敵の情報収集が必要だったうえに、洪武帝時代に海禁によって貿易が縮小
し、宮廷で南方の香料などが不足した事態にも対処して、海禁を守ったまま朝
貢貿易を拡大しようと考えたものである。アラビア半島のメッカや、分遣隊は
アフリカ東岸にまで到達した鄭和の航海のおかげで、東南アジア・インド洋の
多くの国々が明に朝貢するようになった。しかし、15世紀のなかば以後には、
朝貢貿易の経費が増大して財政を圧迫したうえに、北方のモンゴル勢力が攻勢
に出て、守勢に回った明は長城の防衛が精一杯となったため、貿易を含む対外
政策全体が消極化していった。

＋α　君主が教える道徳 （洪武帝が 1397 年に発した「六諭」）

父母にしたがい孝行せよ。目上にうやうやしくせよ。地域の人々と仲良くせ
よ。子孫を教えさとせ。各自の生業と地位に安んじ、間違ったことをするな。

(4)こののち清朝時代を通じて、北京が首都とされていた。そのために、経済の中心
である江南から、おもに大運河を使って大量の米などの物資を北京や万里の長城に
運ぶしくみが発達した。

練習問題

清の康熙（こうき）帝や江戸幕府の徳川吉宗もこの「六諭」を民衆に広げようとした。こうした国家（君主）が民衆に道徳を教えるという発想は、世界中に見られるだろうか。調べてみよう。東アジアでこの発想が広まったのはなぜだと考えられるか、国家や君主が教えない地域では、なに（だれ）が道徳を教えるかに注意しながら、討論してみよう。

+α 鄭和の航海

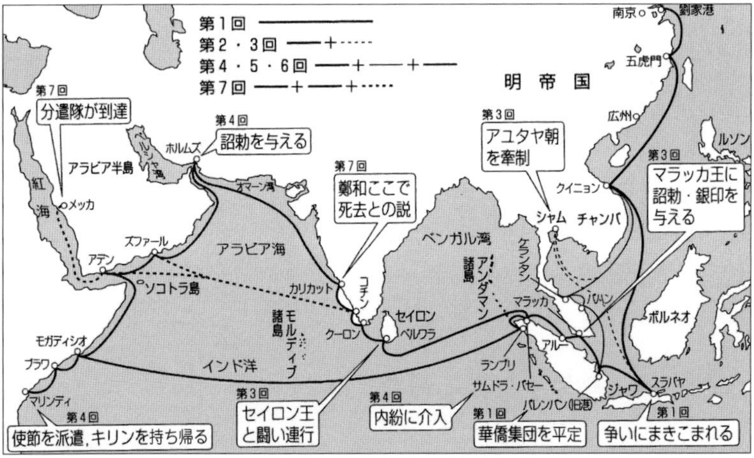

図4-2　鄭和の航海地図

鄭和の艦隊は、最初の3回はインド西岸まで行って帰国したが、4回目からはペルシア湾のホルムズが主目的地となり、アフリカ東岸にも船が送られた。最後の第7回（1431〜33年）には、メッカまで使節が到達している。鄭和の艦隊は60隻あまりの「宝船（ほうせん）」を中心とする200隻あまりの大艦隊で、乗組員総数は2万8千人に達した。その大半は軍人・兵士だった。

宝船は全長 100 メートルをはるかに超え積載量は 2000 トン以上の巨大艦
だったと考えられており、巨大すぎてスピードが遅いため戦闘用とはいえ
ないものの、大量の兵士と武器を積んでいた。実際、鄭和の艦隊はジャワ
島やスマトラ島（パレンバンおよびサムドラ・パサイ）、セイロン島などで
現地の勢力と戦闘をおこなって、パレンバンの中国人の頭目やセイロン王
を捕らえて明に連行しているし、マラッカなどマレー半島を支配しようと
するシャム（アユタヤ朝）に圧力をかけるため、艦隊の一部がアユタヤを
訪問して王を冊封したこともある。元のクビライの出兵のように軍事征服
そのものを目的としなかったとはいえ、鄭和の艦隊が明のパワーのデモン
ストレーションという目的をもっていたことは間違いない。チャンパーや
マラッカなど港市国家が、鄭和艦隊の基地を提供したおかげで大越やシャ
ムの圧力をおさえることができたように、鄭和艦隊をうまく利用した勢力
もあった。また、艦隊は期待通り、アラビアやアフリカから大量の朝貢品
を持ち帰った（使者もおおぜい乗せてきた）。ライオン、キリン、シマウマ
やラクダ、ダチョウなどの動物に代表される珍しい品物に、人々は興奮し
た。しかしそれだけに、その後の明の消極化によって、「新大陸発見」も
「最初の世界一周」も、中国人によっては実現されなかったことを、世界史
の大きな転換点とする見方もある（桃木至朗）。

（2）周辺諸国の変動

　朝鮮半島では、北部辺境の女真社会からあらわれた将軍李成桂（イ・ソン
ギェ）が、1392 年に高麗にかわり朝鮮（朝鮮王朝、李氏朝鮮）を立てて、明の
冊封を受けた。朝鮮王朝は漢城（漢陽。現在のソウル）を都として、仏教を排
斥して儒教を重視し、官僚制を整備して貴族勢力をおさえるなど、明のモデル
にしたがう、農業中心で統制のとれた強力な国家を建設しようとした。明の火
砲技術も、倭寇や女真勢力との抗争で活用された。15 世紀には、世宗（セジョ
ン）（在位 1418〜1450 年）のときに、精密な農地の測量や新しい農業書・地理
書などの編纂が行われ、中国暦を改良した暦法や、現在はハングルと呼ばれる
独自の表音文字も考案されるなど、技術や文化が多方面で発展した。

日本では、南北朝の合一を実現した室町幕府の足利義満が、有力な守護大名も押さえ、朝廷では上皇に準ずる地位をえて、幕府と朝廷の両方に絶大な権力をふるった。南朝側で九州の懐良親王が明から「日本国王」に冊封されていたこと、幕府の権力にとって貿易の利益や貿易でもたらされる「唐物」（→第2章p.83）の権威が大きな意味をもったことなどから、義満は明との関係の重大性をよく認識していた。かれは、中国の仏教界との交流がさかんで国際関係に通じた禅宗の僧侶や、商人たちの仲立ちにより、洪武帝死後の内乱のタイミングをうまく利用して、永楽帝から1403年に正式に日本国王に冊封されて、明と朝貢貿易（勘合貿易[5]）をおこなう権利を確保した。また、日朝間でも明の外交・貿易システムが応用され、両属状態にあった対馬の宗氏を介して、室町幕府は朝鮮王朝と対等、西日本の大名や商人は朝鮮に朝貢するという形式で貿易が行われて、木綿や大蔵経などが日本に輸入された。釜山には日本人居留地も設けられた。なお義満以後の室町幕府は、中央集権化にあまり成功せず、応仁の乱（1467〜77年）以後は戦乱が続いて、日本は戦国時代に突入する。そのなかで天皇や公家の力はすっかり衰え、荘園制も解体していった。

　明の周辺で強力な農業国家が建設され、貿易も活発に展開した例としては、東南アジア大陸部の大越（ベトナム）とシャム（アユタヤ朝）もあげられる。永楽帝時代の明の出兵・占領を長期のゲリラ戦の末に撃退して独立を回復した大越では、朝鮮王朝と同様に仏教と貴族勢力をおさえて儒教と官僚制を基盤とする中央集権的な国家建設を進め、精密な農地と農民の管理システムをしいた。同時に、強力な火砲の威力もあって、15世紀後半には、チャンパーを圧倒して南方に大規模な領土拡大を果たし、ラオス方面にも勢力をのばした。一方、もともと中国南部に居住していたタイ系の諸民族は、モンゴル時代ごろに東南ア

<hr />

(5)勘合というのは、朝鮮や琉球以外の、完全に信用はできない（商売のためのニセの使者などが来るおそれがある）諸国に発給された証明書で、発給の際に、台帳との間に割り印を押した。使者が往来する際には、勘合と台帳の割り印を重ね合わせて、偽者でないことを確認した。一枚の紙や札を2つに分けたものではない。横1メートル、縦80センチをこえる大きな用紙と見られ、余白には使節団の構成や贈答品のリストなどを記入した。

テーマ解説　朝貢と冊封

　中国が周辺の君主・首長を朝貢させ、その一部を冊封するしくみは、漢代から徐々に形成され、明代前期にもっとも発達した。中国の「天子」は理念上は全世界を支配するが、国内で徳・礼・法の三者をもって統治をおこなうのに対し、蕃夷に法を受け入れる能力はなく、徳と礼によってこれを懐かせつなぎ止める（羈縻）のみだというのが、朝貢・冊封の基礎になる発想であった。「中国の天子の徳をしたう」周辺の君主・首長が、臣下と称して自分の国・地域の特産物を献上するのが朝貢のたてまえであった。その際に自分で中国宮廷におもむくのがベストである。朝貢そのものは政治的な行為だったが、中国側は自分の威厳を示すべく、相手の朝貢品より多額の絹の衣服や陶磁器など中国の特産物を、返礼として贈る。それ自体が双方にとって貿易の意味をもっただけでなく、付随して、使節団自身によって、または商人が随行するかたちで、入国地点や都において商取引をおこなうことが、一定限度内で許可されるのがふつうだった。つまり朝貢は貿易の意味をあわせもっていたのである。中国との政治的なパイプが、各国の国内政治や周辺諸国との外交関係で意味をもつことがあったのに加えて、朝貢貿易の利益が期待できたため、周辺の農業国家や交易国家はもちろん、力関係では中国より強い遊牧国家ですら、表面上はへりくだって朝貢するケースがあった。その点で、朝貢そのものへの拒否感が強かった日本は、やや特殊であった。

　宋元時代など民間貿易が許された時代でも、朝廷とのコネクションは商売に有利だったし、朝貢貿易は利益が確実だったので、朝貢をストップはしない国が多く、東南アジアなどの君主が、ムスリム商人や華僑に朝貢を委託する（あるいは商人側が、一定の利益の上納を条件として中国への朝貢をもちかけ、自分がそれを請け負う）こともあった。使節の滞在費は中国側が負担する原則で、朝貢品への返礼とあわせてその出費は大きかったのだが（そのため王朝衰退期には朝貢を制限するケースも多かった）、それでも中国側で朝貢制度がやめられなかったのは、個々の権力者やそれと協力している商人には利益のある貿易の機会だったこと、それに皇帝の権威を高めるためにも、外国の珍しい品物や、「蕃夷がすすんで服属している」という演出が欠かせなかったことが原因である。

　朝貢国の「誠意」が認められると、その君主や使者には、中国の皇族・貴族や官僚に準じた称号と、それに対応する礼服や冠、印章、そして中国皇帝の支配権を象徴する暦などが与えられた（冊封）。なかでも「日本国王」などの称号は、その国・地域の統治権を中国が保証するしるしとして、重要な意味を持った。冊封を受けた国は、定期的朝貢（その他、中国朝廷の慶弔の儀礼の際などにも朝貢が期待された）、代替わりごとに届け出て承認を受けること、そして中国の年号と暦を使用することなどの義務を負った。ただ、中国が冊封した国王の位を他人が奪ったり、中国の承認なしに即位すると、明が冊封していた王朝の断絶を理由に永楽帝がベトナムに侵

攻したように、中国の干渉を受けることがあった。しかし、日常的に内政がチェックされることはほとんどなかった。年号や暦も、独自のもの（あるいは中国が分裂している際の、対立側の年号や暦）を使っているのが知られると追及を受けたが、一般には、中国と文書のやりとりをする際に、中国側で決められている書式とともに記入されていれば、それだけでよかった。また、冊封国や朝貢国には、中国がおこなう軍事行動への協力が求められる場合もあったが、それはモンゴル帝国の服属国のように、必須の義務とはいえなかった。日本の遣唐使と新羅の使者が唐の宮廷で席次を争ったり、明の冊封を受けた諸国の間で対等な外交が行われるなど、朝貢・冊封国を扱う中国の体制が多くの国に影響する場合があったが、全体として中国と朝貢・冊封国との関係は、相手と時代、中国内部の政治状況などを反映して、それぞれ個別的に動かされていた。基本的には儒教のたてまえによる朝貢・冊封だが、南朝が仏教を利用して東南アジア諸国と結びつき、明も対日外交の初期には禅僧を起用するなどの柔軟性があり、対等の立場でシャムの国王が清に送った手紙が、北京の皇帝のもとに届いたときには冊封国のへりくだった手紙に変わっていた例など、窓口の役人や通訳が、スムースに交渉が進むように融通を利かせることも珍しくなかった。

　なお朝貢・冊封関係は、中国国内でも朝廷と少数民族の首長との関係に応用され、少数民族の首長にはその地域の軍指揮官や行政官の称号があたえられた。唐代の羈縻支配はそれが大規模に行われた例である。また、「中国に負けない帝国」を作ろうとした（または、そう思い込もうとした）周辺諸国が、他の周辺諸国を自分の朝貢・冊封国にしようとすることも、日本や朝鮮半島の諸国を含めてよくあり、結果として清代のラオスから、中国、ベトナム、シャム（タイ）の三国に朝貢使節が送られるような例も見られた（桃木至朗）。

ジア大陸部に南下して、モン・クメール系の諸民族にかわって勢力をひろげ、現在のタイ、ラオス、ビルマ（ミャンマー）などの各地で国家建設を進めた。タイ系民族の多くはビルマ人と同様に、上座部仏教を受け入れたので、古代から栄えたヒンドゥー教・大乗仏教文明は衰えた。タイ人の諸国家のなかでも、現在の中部タイの低地に建国されたアユタヤが、琉球を含むアジア諸国と活発に貿易して栄えた。朝鮮王朝や大越は、はっきりと明のモデルにしたがって強力な国家を建設した（ただし明からの自立意識も強かった）が、日本の室町幕府やアユタヤ朝も、間接的に明の影響を受けながら、中央集権化などをはかったものと考えられる。

　他方、明の朝貢貿易のシステムは、中継貿易国家を発展させた。日本では、

＋α　明の海禁と琉球の繁栄

　琉球から中国への朝貢の際には、硫黄・馬や工芸用の貝殻などの沖縄諸島の産物のほかに、日本刀や扇子など日本の産物、それに東南アジア産のコショウなどを持ち込み、中国の陶磁器などをもちかえって関係各国にもたらした。日本との交渉は和文を用いたが、それ以外の諸国とは漢文の文書を交換した。そこでもやはり明の外交・貿易システムが応用され、明の冊封を受けた同士の朝鮮、シャム、マラッカなどの国王とは対等の外交・貿易が行われた。他の国々は朝貢が3年に1度などと制限されているのに対し、琉球は明の中期までは制限がなかった。また琉球の初期の貿易船や貿易実務家は明朝から贈られたという言い伝えがある。東南アジア諸国との交流は、福建商人のネットワークを利用して行われたらしい。つまり、琉球王国の繁栄は、たてまえ通りに運用したのでは大規模な貿易がやりにくい海禁体制の中で、十分な貿易をおこなうために、明の朝廷や日本などの周辺諸国、琉球船の渡航先である福建省の人々の利害が一致した状況を、琉球王国がたくみに利用した結果、実現したものと理解できる（桃木至朗）。

図4-3　首里城正殿

室町幕府にも朝廷にも明への朝貢をきらう勢力は多く、幕府はそれほどひんぱんに貿易船を派遣できなかったので、日本社会の貿易需要に十分応えることができなかった。かわって日本と中国、さらには朝鮮や東南アジアを結ぶ中継貿易を大規模に展開することによって繁栄したのが、琉球王国であった。明の初期には琉球から三つの勢力が朝貢したが、15世紀前半に中山王（尚氏）が統一し、首里に都を置いた。明に毎年のように朝貢して、日本や東南アジアの産物

を含む多くの商品をもたらした。琉球の繁栄と同じころ、東南アジア群島部ではマラッカが、鄭和の大航海に基地を提供することによって地位を固め、南シナ海とインド洋、インドネシア海域などを結ぶ中継貿易と、マラッカ海峡域のコショウの輸出などを基盤として繁栄した。明の対外政策が消極化したのちは、インド洋へのスパイスの輸出を伸ばすためにインドのムスリム商人などと協力関係を強め、15世紀なかばには王家もイスラームに改宗した。そのころからジャワ島のマジャパヒトが衰え、16世紀以降にはイスラーム化[6]の波が、マラッカの貿易ネットワークを伝わって群島部各地に広がり、ヒンドゥー教・大乗仏教文明は後退していった。

2. 西アジア・南アジアの近世帝国

(1) ティムール帝国

　トルコ化したモンゴル部族から出たティムールが、中央アジアからイランにかけて大帝国を築いた。チャガタイ＝ハン国の分派の軍人であったティムールは中央アジア西部を支配下におくと、まもなくイル＝ハン国を征服し、首都のサマルカンドを中心に版図を広げた。ティムールは征服活動の過程で勃興期のオスマン帝国に大打撃を与え、明朝への遠征も計画した。しかし、ティムールの死によって計画は頓挫し、帝国は分裂状態におちいった。

　ティムール帝国では中央アジア西部のトルコ化とイスラーム化を背景に、サマルカンドなどで文化が繁栄した。ティムールやその後継者たちは征服したイル＝ハン国の文化を保護し、学者・文人や工芸家を集めた。そのため、首都の

---

(6)東南アジアや南シナ海には、8〜9世紀からムスリム商人が来航し各地の港市に商人のコミュニティができていたが、東南アジアの国家や土着の住民がイスラーム化するのは、13〜14世紀のスマトラ島（サムドゥラ・パサイ王国など）が最初と見られる。マラッカは周辺のイスラーム化に大きな影響を与えたが、群島部全体で見ると、16世紀のヨーロッパ人の到来後に、キリスト教と競争で布教が行われることによってイスラーム化が進んだという地域も多く、現在のようにインドネシアの大半とフィリピン南部がイスラーム圏の一部となったのはずっとのちのことであった。

サマルカンドなどでは、トルコ語による文学作品や細密画（ミニアチュール）などに代表されるトルコ＝イスラーム文化が花開いた。

（2）オスマン帝国とサファヴィー朝

　やがて東部ヨーロッパと地中海東～南沿岸部の主要な地域を押さえる大帝国となるオスマン帝国は、13世紀の小アジア（アナトリア半島）に割拠^{かっきょ}したトルコ系の小国から出発した。その後、帝国は小アジアからバルカン半島に積極的に進出し急激に拡大した。一時、ティムールの攻撃で混乱に陥ったものの早期に態勢を立て直し、15世紀半ばにはビザンツ帝国の首都コンスタンティノープル（現在のイスタンブル）を陥落させ、ビザンツ帝国を滅ぼした。征服活動の主力であるオスマン帝国軍は、皇帝直属の常備歩兵部隊と精強なトルコ系騎兵を中心にしており、とくに火砲を用いた歩兵部隊は圧倒的な強さをみせた[7]。さらに。16世紀初頭にはマムルーク朝を滅ぼし、シリア・エジプトを支配してメッカ・メディナの二大聖地を保護下に置くと、イスラーム世界の盟主として振る舞うようになった。ただし、帝国内に多数居住していたキリスト教徒やユダヤ教徒などの諸宗教共同体は、帝国の秩序のもとで宗派ごとに自治が認められ、ムスリムたちとの間で深刻な対立にいたることはほとんどなかった。こうして勢力を拡大したオスマン帝国は、16世紀のスレイマン1世の時代に全盛を迎え、17世紀にいたるまでヨーロッパの国際政治の参加国のひとつとして大きな影響を与えた。

　イランのサファヴィー朝も17世紀に繁栄し、国際的な通商活動にも積極参加した。ティムール帝国が衰えたあと、混乱していたイラン西北部から出たサファヴィー朝は、過激な神秘主義教団を中心としていたが、しだいに穏健なシーア派に移行した。また、イランの伝統にも配慮してイランを中心に国家の基盤を固めた。それにより、17世紀初めにはオスマン帝国からイラクを奪取し、ヨー

---

(7)この常備歩兵部隊は、トルコ語で「イェニチェリ（新軍）」と呼ばれた。大砲や銃で武装した皇帝直属の精鋭軍で、兵士は改宗させたキリスト教徒の子弟から選抜された。皇帝の側近勢力として絶大な権力を振るったが、世襲の特権階級化して腐敗した。

ロッパの勢力をペルシア湾岸から放逐するなど勢力を強めた。さらに、絹製品の取引等によってヨーロッパ諸国とも結びつきを深め、インド洋貿易も活発に展開した。

(3) ムガル帝国

　南アジアでは、16 世紀にティムールの子孫がイスラーム王朝のムガル帝国を打ち立て、ヒンドゥー教徒と共存しながら 17 世紀にかけて繁栄した。16 世紀初頭、現在のアフガニスタンから西北インドに侵入したティムールの子孫は、在地のイスラーム王朝を倒し、イスラーム王朝であるムガル帝国の礎を築いた。その後、帝国は第三代皇帝のアクバルの時代に全盛期を迎え、インドの主要部分を支配下に置いた。また、彼の治世にはイスラーム教徒とヒンドゥー教徒との融和も促進され、ヒンドゥー教徒に対する税制上の不平等も解消された。文化的な融合も進み、当時のイスラーム世界の公用語の一つとして普及していたペルシア語が宮廷で使用されるとともに、北インドの地方語に多くのペルシア語やアラビア語の要素が取り入れられてウルドゥー語が生み出された。

練習問題

この節で取り上げた 3 つの近世帝国は、すべて本書第 2 章でいう「イスラーム世界」に属したと言えるだろうか。また、「イスラーム世界」は、共通のしくみや理念が支配する特定の空間（地域世界）を指すのだろうか。討議してみよう。

3．ルネサンスと西ヨーロッパ「近代」の胎動

(1) 封建制の危機

　11～13世紀が温暖化による膨張期であったのにたいし、14、15世紀は危機と再編の時代である。寒冷化による農業生産の低下と飢饉に、黒海方面から商業ルートに沿って広がったペスト（黒死病）の流行が追い打ちをかけ、人口は長期的な減少傾向に転じた。その結果、西ヨーロッパでは、労働力としての農民の立場が強まり、農民たちは領主の人格的支配から自立化していった。

　また、この時期に農業経営は国際的な商業ネットワークのなかに取り込まれていくことになった。西ヨーロッパでは、労働力不足と羊毛価格の上昇から牧畜への転換が進んだが、東ヨーロッパでは、領主層が農奴制を強化し、西ヨーロッパ向けの輸出用穀物を生産するようになった。

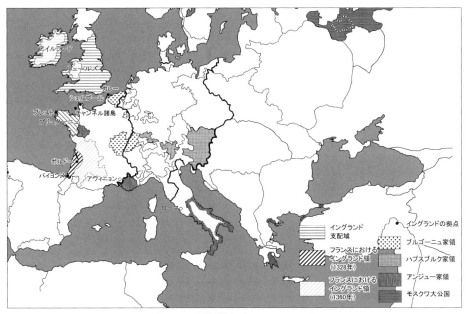

図4-4　百年戦争時のヨーロッパ

都市もまた変容を被った。西ヨーロッパでは大商人の寡頭的（かとう）な都市支配にたいする手工業者ギルドの闘争によって、多くの都市で親方層の発言力が強まるいっぽうで、近隣農村から流入する未熟練労働者層が貧困化し、階層分化が進行した。

14、15世紀にはヨーロッパの政治秩序も変容した。封建的な政治秩序に代わって、官僚組織を備えた領域国家が成立しつつあったのである。たとえば、それまでフランスの支配領域は、君主・諸侯間の複雑な相続・婚姻関係と封建関係の結果、モザイク状を呈していたが、百年戦争の過程で、いまだ不均質とはいえ領域国家が形成された。神聖ローマ帝国内部でも、ゆるやかな結合のもと、地域ごとのまとまりが形成されていった。肥大化する官僚、傭兵による軍隊、宮廷の維持費用を賄うために、貴族や聖職者、都市や地域の代表の同意を取り付けるための身分制議会が開かれるようになった。

（2）ルネサンス

イタリアでは、都市国家が、周辺農村部に領域的な支配を拡大しながら、地中海、黒海、さらにはモンゴルにまでいたる交易に従事し、繁栄していた。ビザンツ帝国の崩壊をきっかけとして多くのギリシア語古典がイタリアに流入したことがきっかけとなって、ギリシア・ローマの古典を模倣しようとする運動がおこった。この古典復興運動を、ルネサンス（再生）と呼ぶ。都市の支配者や大商人が芸術家を庇護しただけでなく、契約書や公文書を作成する公証人など読み書き能力をもった人々が、ギリシア・ローマの古典の原点を研究する人文学者の一端を担いルネサンスを支えていた。15、16世紀には、ルネサンス運動は北方に広がっていく。15世紀後半から、活版印刷術の助けによって発達した出版文化が情報の伝達と共有を促進し、原典研究はやがて、ローマ教皇庁を頂点とするカトリック教会批判と宗教改革につながっていく。

＋α　ルネサンスと「暗黒の中世」

　ルネサンスは古典古代への関心のうえになりたっていた。ルネサンス期の人文学者たちは、中世ラテン語ではなく古典ラテン語の習得に努め、それに関係する文法、修辞学、歴史等を研究した。少し遅れてギリシア古典も読まれるようになる。建築においてはイタリアに残存していたローマ風の建築物が模倣された。彫刻においても同様に模倣が重視された。絵画においては、聖書の主題と並んでギリシア・ローマ神話のモチーフが描かれた。

　このようにルネサンスの人文学者たちは、「古代」を規範としたので、かれらにとっての「近代」と「古代」のあいだに挟まれた中世は、光に対する影のように、暗黒の時代であると考えられた。この見解に従えば、「古代」と「中世」のあいだにも「中世」と「近代」のあいだにも根本的な断絶があるということになる。また「近代」は規範としての「古代」を超えることができないということにもなってしまう。

　しかしながら今日では、古典の模倣自体はそれ以前にも繰り返されてきたことや、ルネサンスの人文主義者たちの作品の形式が中世以前の伝統に則っていたことが指摘されるようになっている。たとえば 12 世紀のスコラ哲学は、イベリア半島から流入したアリストテレスの著作を利用した。そうかと思えばルネサンスの人文学者たちは、英語でカンタベリー物語を書いたチョーサーや、フランス語で『パンタグリュエル物語』を書いたラブレーのように、中世以来の民衆的な笑いを作品に取り入れている。

　また、科学と芸術の不分離もルネサンスの特質である。「モナリザ」で有名なダ・ヴィンチ（1452〜1519 年）は、画業に専念していたわけではなく、土木・建築・解剖学等にも才能を現し、「ルネサンスの万能人」と称される。彼にみいだされる実験科学の精神は、1 世紀後にガリレオ・ガリレイの地動説につながるであろう。ニュートンが古典力学を確立する 17 世紀の「科学革命」の時代になって、古典テキストの模倣ではなく観測と実験が重視され、「近代人」は「古代人」の優越から逃れることができるようになるのである。

　なお古典への回帰は、フランス革命における古典への熱狂や、イギリス自由主義思想との結びつき、新古典主義、19 世紀プロイセンにおけるフンボルト理念といったかたちで、くりかえしヨーロッパにあらわれ、明治以降の日本の大学教育や芸術にも影響を与えた（栗原麻子）。

（3）宗教改革

　英仏における集権化、神聖ローマ帝国における領邦の独立傾向は、カトリック世界の超国家的な支配秩序の動揺を招いた。世俗の王権の利害のもと、14世紀には教皇庁が分裂する。長引く分裂のあいだに教皇の権威は失墜し、教会の蓄財、聖職売買、縁故主義、不正や堕落が、批判をまねくことになった。

　16世紀には宗教改革運動が盛り上がりを見せる。ドイツではルターがカトリック教会を批判し、信仰の原点は聖書のみにあるとして、教会や聖職者の媒介を否定した。ルターによるドイツ語訳の新約聖書をはじめとする聖書の各国語訳の普及を、活版印刷術の普及が後押しした。カルヴァンはスイスで、救済があらかじめ神によって定められているとする予定説を唱えた。これらの改革派を、カトリック（旧教）にたいしてプロテスタント（新教）と呼ぶ。都市民ばかりでなく農民も巻き込んで、各地で宗教戦争が勃発した。

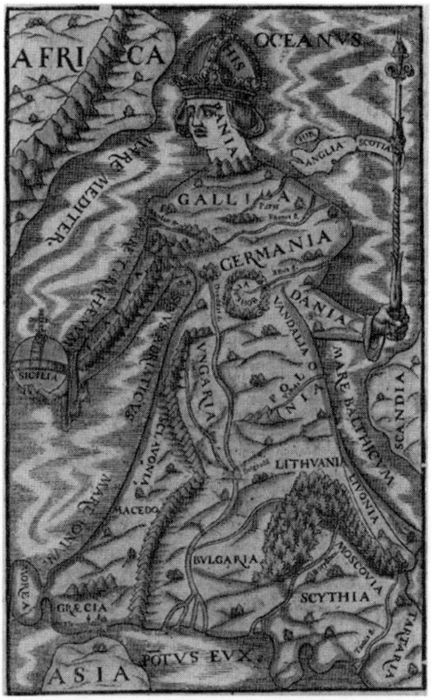

図4-5　Regina Europa
（ヨーロッパの女王）
16世紀にはヨーロッパを女王の姿になぞらえて、その有機的一体性を表わす地図が描かれるようになる。左の図版はミュンスター（1588年）。

　改革派に刺激を受けて、カトリック陣営でも改革運動がおこった。教皇直属のイエズス会による海外布教も活発化していく。改革の緊張感のなかで異端審問所が設置され魔女狩りが猛威を振るった。イングランドでは国王がイングランド国教会の最高の主権者となり、ローマ教皇の影響力を排した。カトリックにとどまったフランスでも、王を教会の首長とし、教区レベルまで教会組織の目がいきとどくようになった。神聖ローマ帝国でも、教会組織が領邦を単位として編成されていくことになった。世俗権力が特定の宗派の教会と協力しながら、領域内の信仰と日常生活を規律化し、同質化していった

のである。

　宗教改革は、教皇を頂点とするひとつのキリスト教共同体の崩壊を意味していた。キリスト教共同体にかわって「ヨーロッパ」の一体性が意識されるようになり、17 世紀には、一定の領土の中で絶対的な権力を持ち、一元的な法や行政を施行する主権国家や領邦などの政体間に、国際社会のルールが成立していく。主権国家体制のもとでも戦争は絶えることがなかったが、火器の登場によって騎士の決闘と弓矢による戦いは終わりをつげ、軍隊が大規模化した。王権神授説にもとづく絶対王政の理念のもと、常備軍と官僚制に支えられた王が、さまざまな特権を享受する中間団体や、王に従うことを選んだ諸地域とのあいだに、古来の法や行政を引き継ぐ複合的で重層的な関係を張りめぐらせていった。

まとめの課題

　明と周辺諸国の間の関係は原則上ではどんなものだったか。どんな行為によって関係が成り立ち、相互にどんな権利・義務があったか。それらは、同時代のヨーロッパで成立に向かった主権国家間の関係（中学社会や高校政経で習ったもの）とどう違っていただろうか、説明してみよう。

ステップアップ　ヨーロッパの中世国家と近代国家をつなぐ「ミッシング・リンク」

　ヨーロッパの各地域では、およそ 14 世紀以降、農業危機の頻発や黒死病の流行などの社会経済的な危機を背景としながら、ローマ教皇や神聖ローマ皇帝といった普遍的な権威の影響力が失墜しつつあった。これに伴って地域住民らが自らの権利を求める内乱が頻発する一方、一部の地方の君主たちのなかから複数の地域に影響力を発揮し、身分的・地域的・言語的な差異にとらわれない勢力圏を築く者が現れた。

　この勢力圏の多くは、ヨーロッパの各地域を網の目のように覆った封建関係、君主や領主の間での相続関係・婚姻関係を背景に、ある特定の君主が王国や公領、伯領などの複数の領主の立場を兼ねる形で築かれた。中世以来の起源をもった王国や公領、伯領などは、それぞれ個々に異なる法や制度を有している。またそうした地

域のなかには、官僚組織や身分制議会のしくみを整えつつある地域もあった。こうした個々に異なる個性をもった地域を地質学用語で言う「礫」に例えるならば、特定の君主の下で複数の地域があたかも「礫岩」のようにまとまって築かれた勢力圏は「礫岩のような国家」と呼ぶべき秩序であり、中世国家と近代国家をつなぐ「ミッシング・リンク」である。

「礫岩のような国家」は、君主が勢力下に置いた複数の地域を自らの家産のように扱う家産経営の延長線上に築かれていたが、複数の地域を束ねた君主が公共善（コモンウェルス）の実現を建前に主権を主張するようになった点で、中世国家とは一線を画していた。君主は、社会経済的な危機とそれに伴う政治的・宗教的な動乱に直面していた社会に「公共善」を実現する名目で、キリスト教会のしくみや遠隔地貿易で得られた財力などを活用しながら統治するようになった。16世紀以降、現実に起きている様々な問題に対応できる権力の姿を論ずる主権論が登場し、住民を統べる法の命令者として君主に最高権力が認められ、その適用範囲を領域とする発想も生まれた。

しかし、こうした「礫岩のような国家」を貫く目安は、ハプスブルク家やブルボン朝のように君主を輩出した王朝の名前しか存在せず、広域的な勢力圏の全体を包括する国名や法、制度はなかったため、一定の領域内で統一された国家経営が実現された近代国家とは様相が異なっていた。16世紀以降、君主は古代ローマ由来の発想とキリスト教会の制度を融合させながら主権者としての務めを果たすことが求められる一方で、「公共善」の実現を口実とした権力の濫用を回避する目的から、身分制社会を前提とする「混合統治／混合政体」のしくみが保たれていた点でも、人民（国民）主権の発想に従って築かれた近代国家と性格が異なっていた。

「混合統治／混合政体」は、君主による政治（モナーキー）、貴族による政治（アリストクラシー）、人民による政治（デモクラシーすなわち民主政）が「公共善」の実現に向けて相互に協力・監督することで、君主による専制政治、貴族による寡頭政治、人民による衆愚政治など、特定の政治勢力による権力の濫用を回避しようとする考え方である。貴族や人民は自らの生活を保障する権利を法として強めることを君主に求め、そうした観点から自らにとって害となる君主を退け、益となる君主を選ぶことさえあった。

「公共善」の実現を建前としながら、君主とその勢力圏に加わった貴族や人民による共同体との間で築かれた「礫岩のような国家」は、「混合統治／混合政体」の発想を通じて「王のいる共和政」とでも呼ぶべき特徴をもっていた。しかし「17世紀の全般的危機」のような状況にあっては、この発想が政治的な混乱を助長する側面ももち、17世紀後半にはこうした混乱を回避する名目で、唯一君主政に絶対な権力を認める絶対王政も築かれていった。そして、主権を、特定の君主に認める社会から住民の合意によって認める社会へ置き換えることが議論されるようになると、アメリカ独立革命やフランス革命などを通じて人民を主権者として認める国家が実現され、対内的には人民（国民）主権、対外的には主権国家の不可侵を骨子とする世界が姿を現すのである（古谷大輔）。

第5章

大航海時代

章のあらすじ

　ヨーロッパ人が海路によるアメリカ大陸やアジア各地への進出、世界一周の航海などを実現し、世界的に貿易が活発化して、全地球的な意味での「世界の一体化」の第一歩がしるされた。とくに西ヨーロッパと東ヨーロッパやラテンアメリカの間では、西ヨーロッパを「中核」、他を「周辺」とする、不平等だがお互いに相手との関係が不可欠な分業関係（近代世界システム）が動き始めた。ヨーロッパ人の到来やアメリカ大陸・日本産の銀の大規模な流通は、明の海禁システムを解体させるなど東アジアにも大きなインパクトをあたえた。銀と火器の力による強力な軍事商業政権が各地に成立し、明の権威に挑戦したのは、その象徴的な例である。しかし17世紀なかばには、気候の寒冷化などを背景に世界各地で混乱がおこり、貿易ブームも終結した。

Key Question

「ヨーロッパによる世界制覇は16〜17世紀の段階で動かせないものになっていた」という考えに、あなたはどの程度賛成か。ヨーロッパ人が進出した主な地域ごとの状況などの根拠にもとづいて、意見をまとめよ。

図5-1　16世紀の世界（『最新世界史図説　タペストリー』（帝国書院）36-37頁より転載）

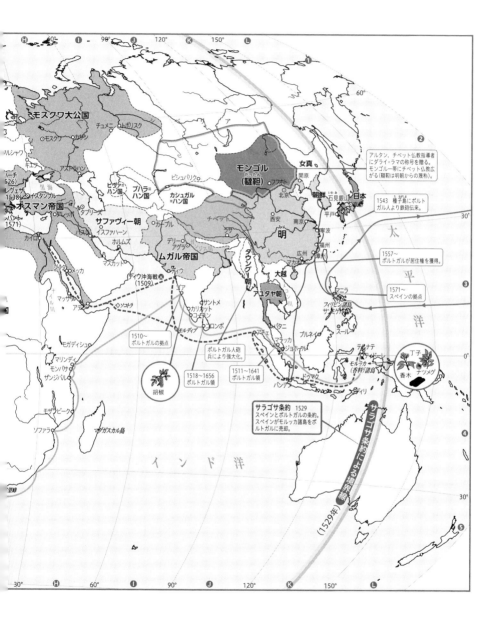

1．ヨーロッパ人の世界進出と「近代世界システム」の形成

(1) アジアの海へ

　「14世紀の危機」を乗り切る過程でヨーロッパ人は、対外進出に活路を見出した。当時、コショウなどの香辛料は、ムスリム商人を介在してオスマン帝国経由でヨーロッパにもたらされていた。香辛料は高価な貴重品であり、富の象徴であった。繁栄するアジア、マルコ・ポールが伝えた「黄金の国ジパング」へのあこがれは強く、ヨーロッパの人々は金・香辛料、さらに伝道活動を通じたキリスト教の布教[1]の機会を求めて、アジアと直接交易できる航路の開拓をめざした。ヨーロッパの「大航海時代」の始まりである。

　探検航海の先頭に立ったのが、レコンキスタを完了させていたイベリア半島の二国である。大航海時代は、ポルトガルが1415年にジブラルタル海峡対岸のセウタを攻略した時点から始まった。アフリカ西海岸を南下したポルトガル人は、大陸南端の喜望峰を経由して、アフリカ東海岸に到達した。当時、インド洋から東南アジアにいたる海域インド洋世界では、すでにムスリム商人などのアジア商人が大規模な遠隔地交易を展開していた。1498年にアフリカ東岸マリンディに到着したヴァスコ＝ダ＝ガマは、アラブの水先案内人の助けを得てアラビア海を横断し、インドのカリカットに到達した。その後ポルトガル勢力は、ゴア、マラッカを占領し、マルク（モルッカ）諸島[2]にも武装商館を築いて、海軍力での貿易独占をめざした。しかし、ポルトガルの人口が少ないこともあって、インド洋・東南アジアのイスラームネットワークをすべて押さえ込むことは不可能で、間もなく拠点を押さえてアジアの商人たちから通行料を取り立て

---

(1)ヨーロッパでは東方にキリスト教徒の王国があるというという伝説が12世紀から広まり、イスラーム教徒を倒す十字軍への協力が期待された。15世紀以後のヨーロッパ人の海外進出も、この王国を発見しようという熱望が一因となって行われたものらしい。インドに到達したヴァスコ・ダ・ガマは到来の理由を「キリスト教徒と香辛料を求めて（やって来たのだ）」と語ったとされる。

(2)現在のインドネシア東部にあり、もっとも貴重な香辛料であるクローブやナツメグの特産地だった。

る方針に転換せざるをえなかった。東南アジア群島部では、むしろポルトガル
やスペインの到来以後に、港市国家などが互いに競合しながらイスラームを受
け入れていった。

　他方スペインは、イタリアの都市国家ジェノヴァ商人の財政的支援のもとで、
レコンキスタと大西洋への進出に努めた。グラナダが陥落した 1492 年に、ジェ
ノヴァ人のコロンブス（コロン）は、大西洋を西に航海してカリブ海の島に到
達した。彼の成功に刺激されて、多くの冒険者が一攫千金をもとめて、「新大
陸」に渡った[3]。1519～22 年には、スペイン王の支援を受けたマゼラン（マガ

 ## マラッカの繁栄を伝える
ポルトガル人トメ・ピレスの『東方諸国記』

　マラカ（マラッカ）で取引していた人々とかれらが出てきた地方　カイ
ロ、メッカ、アデンのイスラム教徒……ペルシア人、ルーム人（地中海・
東欧のキリスト教徒）、トルコ人……アルメニア人のキリスト教徒、グザラ
テ（インドのグジャラート）人……セイラン（セイロン）、ベンガラ（ベン
ガル）、［以下、東南アジア各地の人々を列挙する間に］シナの人々、レケ
オ（琉球）人……マラカの港ではしばしば 84 の言語がそれぞれ［話される
のが］見られるということである……人々はマラカが偉大で、利益が大き
いため、その価値を［正確に］見積もることができないのである。マラカ
は商品のために作られた都市で、［その点については］世界中のどの都市よ
りもすぐれている。そして一つの季節風の吹き終わるところであり、また
別の季節風が吹きはじめる所である。マラカは［世界に］取り囲まれてそ
の中央に位置し、千レグワもへだたった 2 つの国の間の取引と商業とは両
側からマラカにやって来なければ成立しない……マラカの支配者となる者
はヴェネザ（ヴェネツィア）の喉に手をかけることになるのである……

（岩波書店『大航海時代叢書』第 1 期 5 巻より）

───────────

（3）コロンブスは自分が「発見」した土地をインドの一部だと信じ、そこは「西イン
　　ド諸島」と名付けられたが（対応して、喜望峰以東の地域を「東インド」と呼ぶ）、

リャンイス）の一行が世界周航を成し遂げて、地球が丸いことを実証した。

　イベリア半島両国の商人は、インド航路の新たな開拓により、アジアの商品をヨーロッパに持ち帰るだけでなく、すでに高度に発展していたアジア内交易ネットワークに参入することで大きな利益を上げた。ポルトガル人は、1557年にマカオに居住権を得て、中国と日本の金銀比価の差を利用して利鞘を稼ぐとともに、明朝の対日直接取引禁止をフルに活用して中国産生糸を日本に輸出し、多大な利潤を獲得した。このように、ヨーロッパ人の大航海は、アジア側の貿易秩序を利用する形で展開した。結果として、その試みが海洋を通じて世界各地を結びつけ、グローバル化を促すことになった。

（2）「コロンブスの交換」とスペイン帝国の盛衰

　16世紀前半、新大陸に進出したスペイン人は、メキシコのアステカ、ペルーのインカの両帝国を滅ぼすなど中南米のアメリカ先住民の文明を征服し、その過程で豊かな銀鉱山を手に入れた。1545年にはボリビアのポトシ銀山が開発され、メキシコでも有力な銀山が見つかったので、16世紀末には年間270トンにおよぶ大量の銀がヨーロッパに流入した。この大量の銀の流入や人口の増加が相まって、16世紀後半の西ヨーロッパでは物価が上昇する「価格革命」が起こった。当時魅力的な輸出商品を持たなかった後進的なヨーロッパは、新大陸から流入した銀を、アジアとの交易の支払い手段として使用した。ヨーロッパには東南アジアの香辛料、中国の陶磁器や絹織物、インドの綿織物などの奢侈品が輸入され、貴族層などの特権的階層を中心にアジア物産の消費が広まった。ヨーロッパ人のアメリカ大陸到達は、生態系や植生面に大きな影響を及ぼすことになった。ヨーロッパには、新大陸からトウモロコシやジャガイモ、トマト、トウガラシ、タバコなどがもたらされ、梅毒のような病気も伝わった。後にジャガイモは北西ヨーロッパ諸国で主食に、トウモロコシは対アジア貿易を通じて中国に伝わり、17～18世紀に三倍に急増した清朝の人口を支える食物になった。

　その後の探検で「西インド」はインドでないことが明らかにされ、「新大陸」はアメリカと命名された。

他方、アメリカ大陸にはヨーロッパから、小麦やサトウキビなどの作物、馬・牛などの家畜、さらには天然痘・コレラなどの疫病がもたらされた。

　この新旧両大陸の出会いは、「コロンブスの交換」と呼ばれる。これにより人々の食生活は大きく変化しただけでなく、新大陸にもたらされた疫病に対して免疫を持たなかった先住民の人口は激減した。やがて、先住民に代わる労働力としてアフリカの黒人が奴隷として導入され、カリブ海の島々やブラジルに移植されたサトウキビの栽培で酷使されることになる。また、小麦と家畜の北米大陸への導入は、大平原（プレーリー）の植生を変え、ヨーロッパ的な生態系（ネオ・ヨーロッパ）を人工的に創りだすことになった。

テーマ解説　近代世界システム論

　アメリカの歴史社会学者イマニュエル・ウォーラーステインが提唱した概念であり、16 世紀に西ヨーロッパを中心に東欧やラテンアメリカを組み込むかたちで成立した、不平等だが互いに不可分な地域間の経済分業システムを指す。近代世界システムの内部の各国・地域は、「中核」「半周辺」「周辺」の三層に分かれた。「中核」の西ヨーロッパ諸国では、毛織物などの手工業が発展し、主権国家や賃金労働が成立した。他方、原材料や食糧などの第一次産品を提供する「周辺」となった東欧や中南米は、「中核」に経済的に従属させられ国家は弱体化して、多くは植民地に転落した。また「周辺」では、東欧の再版農奴制やカリブ海の砂糖プランテーションでの黒人奴隷制のように強制労働が導入され、「低開発」と呼ばれる劣悪な経済・社会状況が現れた。「半周辺」には、歴史の展開のなかで「中核」に上昇するものや「周辺」に転落するものがあった。「中核」における経済発展と、「周辺」の低開発が同時に進行し、それは「同じコインの表と裏」の関係であった。

　このシステムは、その後非ヨーロッパ世界を次々に吸収し、20 世紀までに地球全体をおおう一体化した世界が成立したとされる。たとえば幕末・明治維新期の日本は、「半周辺」として世界システムに組み込まれた。近代世界システムの「中核諸国」は、それまでの世界に多数成立した「世界帝国」と違い、多数の国家が競合しながら勢力を伸ばした点に発展のカギがあった（その方が単一の大帝国をつくるより国家維持のコストが安く、経済発展に有利だった）と理解されるが、ときには生産・流通・金融のどの側面でも圧倒的な力をもつ国家が出現した。これを「覇権国家」と呼び、17 世紀のオランダ、19 世紀のイギリス、20 世紀半ばのアメリカがその例だと、ウォーラーステインは考えた（秋田茂）。

新大陸銀を中心とするアメリカからの物産や、アジアからの奢侈品が流入するにつれて、ヨーロッパ経済の中心は地中海沿岸のイタリア諸都市からバルト海や大西洋の沿岸地域に移動した。アメリカ大陸を征服したスペインは植民地帝国を形成し、16世紀後半のフェリペ2世時代（位1556〜98年）に全盛期を迎えた。アジアのフィリピン諸島も領有し、ポルトガルも併合して、世界帝国形成の野望を抱いた。しかし、スペイン王権は、カトリック信仰を強制する政策を採用したため、支配下にあったネーデルラント（後のオランダ）や、イギリス国教会を確立させたエリザベス1世（位1558〜1603年）治下のイングランドとの対立・戦争を招き、新大陸からもたらされた富を浪費した。1588年の無敵艦隊（アルマダ）の敗北は、スペイン帝国の没落をまねくきっかけとなった。

（3）オランダの繁栄

　16世紀後半に長い独立戦争（1568〜1609年）を経てスペイン帝国から独立したオランダ（ネーデルラント連邦共和国）は、17世紀前半に海上貿易でヨーロッパ市場を支配し世界市場を動かす圧倒的な力を持つようになった。オランダの繁栄の基礎は、中継貿易と毛織物・陶器・醸造などの製造業と造船業にあった。安価な船舶の建造能力を持つオランダは、穀物や木材・鉄などのバルト海貿易で圧倒的な優位に立ち、大規模な干拓による生産性の高い農業や、ニシン・タラの漁業も栄えて、「スミス的成長」（プロト工業化[4]と商業的農業の同時展開）が見られた。

　オランダ商人は、アジアとの貿易にも早くから進出していた。1602年には、イギリス東インド会社に対抗して連合東インド会社（VOC）を組織し、アジア物産の獲得に乗り出した。ポルトガルやスペインが、王室と結びついた特権商人などを貿易活動の基盤としていたのに対し、東インド会社は近代的な株式会

---

(4)「産業革命」（→第7章）で近代工業が発達する以前にも、アジアやヨーロッパの先進地域では、手工業生産を主軸とする地域経済が発達するケースが見られた。これを「プロト工業化」と呼ぶ。近代経済学の開祖とされるアダム・スミスは、プロト工業化と商業的農業、そして分業システムと、国家の規制のない自由な取引などを土台とする経済の発展を説いた。

社のさきがけ⁽⁵⁾となるもので、とくにイギリス東インド会社の10倍の資本金を
もつVOCのアジア海域での活動は、他のヨーロッパ勢力を圧倒した。同社は
ジャワ島のバタヴィアに拠点を置き、香辛料の取れるモルッカ諸島を支配下に
置き対ヨーロッパ貿易の物産を確保した。同時にVOCは、アジア域内交易ネッ
トワークの拠点マラッカや、インドのコロマンデル海岸とペルシアのホルムズ、
東アジアの台湾や平戸・長崎など各地に商館を設置した。この商館ネットワー
クを活用してVOCは、インドの綿織物を日本に輸出し、その代価として確保
した日本産の銀・銅などの貴金属を東南アジア（シャム）・南アジアに輸出し、
東南アジアからは香木や鮫皮（刀剣の柄や鞘に貼る）を輸出するなど、アジア
域内交易ネットワークをフルに活用して、対本国貿易以上の利益を獲得した。
「鎖国」後の日本では、ヨーロッパで唯一、長崎の出島で貿易を続けるととも
に、『オランダ風説書』等を通じて世界各地の情報を日本に伝えた。

　こうして国際商業と農工業で優位に立ったオランダには世界各地から資金が
集まり、国際金融面でオランダは支配的な地位を築いた。首都アムステルダム
には、スペインを追放されたユダヤ人やカルヴァン派を中心とする様々な宗派
の商人層が集まり、商業情報の集積地ともなった。アムステルダム為替銀行や
証券取引所を中心に、多角的な金融の国際決済機構が成立し、健全な国家財政
を背景として公債市場が発達した。アムステルダム金融市場に流れ込んだオラ
ンダ資金は、対岸のイングランド（イギリス）国債に投資され、のちのイギリ
ス産業革命を資金的に支える役割を果たした。

　農業・工業・金融サーヴィス全ての面で、ヨーロッパ内部で優位を確立した
17世紀のオランダを、「覇権（ヘゲモニー）国家」とみなす見解もあるが、軍
事力（特に陸軍）で限界を抱えていたオランダの「優位」を、覇権と位置付け
るのは無理がある。グロティウスの『海洋自由論』に代表されるように、オラ
ンダは、ヨーロッパにおいては重商主義に対抗して自由主義を唱える旗手になっ
たが、アジア世界では、ムガル帝国や中華帝国のような諸帝国との平和的共存

（5）ただし、武装や植民地の保有を許され、東インド（喜望峰以東のインド洋・アジ
　　ア海域）での貿易の独占権を政府から認められた「特許会社」であった。

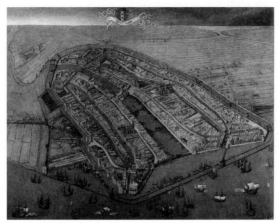

図 5-2　アムステルダムの街並み

を通じて、通商上の利益を追求した通商国家であった。

2．銀と火器による東アジアの激動

（1）明の経済成長と銀流入

　中国では 16 世紀に入ると、社会に対する強力な国家統制がゆるむ一方で、農村では商品作物の生産や手工業がさかんになり、それにともなって、遠隔地商業や都市が発展した。とくに長江下流の江南デルタは、明代前半までにほぼ開拓しつくされ、肥料の使用や新品種の導入、二毛作など穀物生産の集約化が進むとともに、農家の副業として桑・麻・綿花などの栽培と、それらを加工する綿糸・綿織物や生糸・絹織物の生産がひろがった。それらは米よりも利益が上がったので、農民はしだいにそちらを重視するようになり、税や商品として移出される米の生産中心地は、長江中流の湖広（湖南・湖北）地域に移動した。他の地方でもそれぞれに特産物を生産したが、人口も全国的に増加したので、人口のわりに農業生産力の低いような地域では、商業に特化する動きがあらわれた。山西商人や安徽省の徽州（新安）商人などが全国に商業網をひろげたほ

か、福建省の商人は海禁を冒して海上貿易をおこなうようになった。商工業者は、同郷や同業のまとまりを生かして大都市に会館などの活動拠点を設けた。

　海上貿易も活発化し、陶磁器や生糸は日本からイスラーム世界、ヨーロッパあるいはアメリカ大陸まで、さかんに輸出された。日本やヨーロッパには、中国向けのめぼしい輸出品がなく、また日本やアメリカ大陸の銀生産地と中国では銀の価格に大きな差があったので、大量の銀が中国に流れ込んだ。モンゴル時代からの銀使用の習慣が完全に定着し、各種の税や労役の代わりの金銭を銀で一括納入する税制も普及したので、中国側でも銀輸入なしでは国家・社会が維持できなくなった。商品経済の発展や銀の流入によって、農村の社会も流動性や格差が拡大し、科挙合格者を出した地主など有力者の一族（郷紳）が村落社会のリーダーシップを握ったが、大規模生産が発達したわけではなく、副業も含めて家族経営をおこなう小農民が、生産面では主役でありつづけた。

　人々のくらしも大きく変化した。庶民の生活水準が向上し、衣服は麻から保温性のよい綿に変わった。茶を飲むこと、陶磁器の使用も一般化した。江南の都市を中心に木版印刷が普及し、科挙の受験参考書、農業・手工業の技術や天文学などの実用書が多数出版される一方で、『西遊記』『水滸伝』『三国志演義』など現代の東アジア諸国でも親しまれている大衆文学が広く読まれた。演劇などの大衆芸能もさかんになった。イエズス会などキリスト教の宣教師が、天文・暦学や地理学、数学、砲術などを伝えたことも、実用的な技術の普及を後押しした。思想界では、科挙のために形式化した朱子学を批判して、個人の心情とそれによる行動を重んじる陽明学が唱えられた。

＋α　日本列島に関するヨーロッパ資料

（1）すべてのシナ人のいうことによると、ジャンポン島はレキオ（琉球）人の島々よりも大きく、国王はより強力で偉大である。それは商品にも産物にも恵まれていない。国王は異教徒で、シナの国王の臣下である。かれらがシナと取引をすることはまれであるが……［ポルトガル人トメ・ピレスの『東方諸国記』：16世紀初めのマラッカで聞いた情報にもとづく］
（2）ポルトガル人がマカオより日本にいたる際には、多数の白絹・金・じゃこう・陶磁器をもたらし、日本より銀以外はなにものも搬出しない……

（ロンドンの商人ラルフ・フィッチの1588年の手紙。
村井章介『世界史の中の戦国日本』筑摩文庫、2012年、185頁から引用）

練習問題

この2つの時期の間に、日本列島でなにがおこり、アジアと世界の貿易はどう変わっただろうか。以下の本文を読んで整理してみよう。
（着眼点）①日本の貿易商品
　　　　　②シナ（中国）との関係
　　　　　③東アジア海域でのヨーロッパ人の活動

（2）後期倭寇と海禁の緩和

　日本は15世紀末から戦国時代に入り、大名など各地の勢力が激しく抗争していた。1530年代に入ると、朝鮮経由で伝来した中国式精錬技術を用いて石見銀山（いわみ）が開発され、日本はアジア最大の銀生産国となった[6]。その銀の最大の需要

---

[6] 17世紀前半の最盛期には、年間約150〜180トンが生産されたと見られ、これは当時の世界の銀生産量の3分の1をしめたらしい。

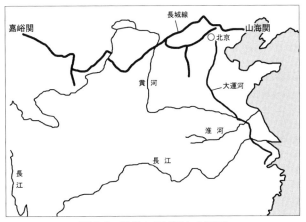

図 5-3　明代の長城線と大運河

は、中国にあった。ところが国家間の勘合貿易は、室町幕府の衰退によって、1549年を最後に行われなくなる。中国側の銀の需要、日本での生糸[7]の需要など、両国とも貿易を必要としたにもかかわらず、海禁のしくみはこれを邪魔したので、密貿易が急速に広がり、沿岸部での海賊活動も激化した。その活動の主役は、東シナ海と取り巻く各地域出身の人々（交流の活発化により、バイリンガルや混血もふつうになっていた）からなる混成の密貿易・海賊集団で、ヨーロッパ人の一部もそこに参加した。かれらは、中国沿岸の島々と九州沿岸の両方の根拠地を往復しながら活動を展開した。いわゆる後期倭寇である。

　東アジア海域には、16世紀前半からポルトガル人が登場していたが、1560年代にスペインがフィリピンを占領すると、マニラ経由で日本銀に劣らない量のアメリカ大陸産の銀が、中国などアジア諸国に流入した。それにより、アジア各地の銀経済化がますます進展した。

---

(7) 15世紀までの日本は綿布を大量に輸入していたが、兵士の衣服にも便利なので戦国時代に国産化が進んだ。戦国時代には、高級絹織物も西陣（京都）などで生産できるようになったが、材料の生糸は質と価格の両方で江南からの輸入品に対抗できなかったので、17世紀いっぱい大規模な輸入が続く。

後期倭寇をかろうじて抑えた明は、1560年代に海禁を緩和[8]、中国商人の海外渡航を許可した。ただし倭寇の根拠地と見なされた日本は例外とされた。しかし北方でのモンゴル人の攻勢と倭寇（北虜南倭）による財政破綻、農村支配システムの機能不全や政権内部の派閥争いなどが重なり、明朝は混乱におちいった。16世紀末の改革も一時的な効果しかあげなかった。

（3）辺境からの軍事商業政権の挑戦

　銀を牽引車とする貿易ブームは東アジアで、海禁システムによる統制を突き崩し民間の貿易活動を可能にしたいっぽうで、その辺境部に位置する日本列島、東南アジアや中国の北方などでは、銀と銃砲の力による強大な軍事商業政権を生みだし、国際秩序を大きく変容させた。たとえばビルマでは、16世紀後半にタウングー朝が強大化し、海上貿易で大きな利益をあげる一方で、ポルトガル人砲兵隊なども用いて、シャム（アユタヤ朝）やラオスを一時占領するなど、インドシナ半島を席巻した。

　日本では1560年代に織田信長（1534〜82）が現れ、京都を制圧して1573年には室町幕府を倒すいっぽう、中世日本の宗教界を支配していた比叡山や、新しい宗教権力を志向した一向一揆[9]とも激突して、非仏教的政権を志向した。堺などの商人の協力をえながら、領地との結びつきの弱い武将を実力主義によって登用し、鉄砲や機動力を重視した信長の政権は、戦争のやり方を変えた。1582年に暗殺された信長のあとをついだ豊臣秀吉（1537〜98）は、全国をほぼ統一し、海賊行為の停止にもつとめた。かれが開始した兵農分離政策は、つぎの江戸幕府のもとで完成され、軍事力は武士の手に集中された。天下統一後の秀吉

---

(8)福建省の漳州で許可を取った船に限り外国への渡航を認めた。一方広東省では、朝貢でない通商（互市）を黙認し、ポルトガル人のマカオへの居住も認めた。

(9)鎌倉時代に出現した親鸞、日蓮、道元などの新しい仏教思想は、当時は単なる少数の異端派で、武家政権と結合した禅宗（臨済宗）の勢力拡大などはあったものの、仏教界は比叡山を中心とする「顕密仏教」に依然として支配されていた（神道は一般に仏教の一部とされ、独自の宗教として扱われていない）。しかし浄土真宗や日蓮宗は室町・戦国時代に独自の教団として発展し、特に浄土真宗（一向宗）は多くの武士や農民を巻き込んで、独自の政権を作ろうとしたと考えられる。

＋α　日中貿易の担い手たち

　日本銀の輸出によって、日中貿易はアジア最大級の貿易となったが、戦国時代以降、日中の外交関係は断絶したままで、公式には直接貿易ができなかった。そのため、まず「後期倭寇」による貿易（中国側から見れば密貿易）が発展したが、海禁がしだいにゆるめられた 16 世紀後半以降は、ヨーロッパ人（マカオのポルトガル人、マニラのスペイン人、台湾のオランダ人など）や東南アジアの華僑による中継貿易、日本から台湾・東南アジア各地におもむいた朱印船による中国から来た船との出会い貿易（江戸時代初期）などの形で、日中双方の強烈な貿易受容は満たされた。それは、アジアを征服するというより、繁栄するアジアの交易に参入して利潤をあげる、ヨーロッパ人の活動を象徴する動きも含んでいた（桃木至朗）。

は、「武威」を政権のよりどころとして周辺諸国の支配を夢見た。ついに 1590年代には 2 度にわたって朝鮮に侵攻し、援軍として送られた明軍とも戦った。しかしこれによって明との国交・貿易の復活は絶望となり[10]、豊臣政権も行き詰まった。秀吉の死後、関ヶ原の戦い（1600 年）に勝って政権を握った徳川家康は、1603 年に正式に江戸幕府を開き、1615 年には豊臣家を滅ぼした。

　明朝後期には、海上から流入する大量の銀のうちの小さくない部分が、長城などの防衛の資金として北方に送られ、それが辺境地帯の経済を活性化させていた。明側の軍司令官や周辺民族の首長が、公式の貿易や密貿易で利益を上げ、強大な権力を振るうことが可能だった。その中で、現在の中国東北地区のジュシェン人のヌルハチが、毛皮や薬用人参の交易の富を蓄えてジュシェン人を統

──────────

(10) 秀吉が死ぬと日本の軍は朝鮮半島から撤退したが、第 2 回出兵前に秀吉がおこなっていた明との和平交渉は決裂したまま再開できず、つぎに日中間で国交が樹立されたのは、明治維新後の 1871 年に日清修好条規が結ばれたときであった。

合し、公然と明の権威に挑戦した。息子のホンタイジの代には内モンゴルに進出して元朝直系の勢力を従え、また朝鮮王朝を攻めて服属させた。かれは民族名を満洲（マンジュ）に改めるとともに、国名を清（大清）とした。この国家は、八旗制度[11]にもとづく軍事体制を基盤とし、モンゴル遊牧民や漢人の砲兵部隊などの軍事力もそこに取り込んで強大化していった。1644年に大規模な農民反乱によって北京が占領され明が滅亡すると、清と対峙して万里の長城を守っていた明の将軍が清に降伏した。清軍は長城を越えて北京に遷都し、農民軍や各地に残った明側の勢力をつぎつぎ平定した。

---

3. 17世紀の全般的危機

（1）環境危機と交易の衰退

　14世紀に急激に寒冷化した世界の気候は、その後も太陽活動の弱まりなどによって、何度かのきびしい寒冷化を経験した。とくに16世紀半ばや、1680〜1730年ごろの時期は深刻だった。たとえば1690年代のイングランドでは、20世紀とくらべて1年間に農耕可能な日数が30〜50日短かったとされる。17世紀のポーランドでは、栄養不良のため、中世と比べてはっきりと平均身長が低下したらしい。それでも16世紀の世界では、銀の流通などを背景として、多くの地域で経済の活性化や人口増加が見られたが、17世紀前半から18世紀初めまで続いた寒冷化は、資源・環境の危機や、通貨の混乱、貿易の衰退、財政が苦しくなった政権による無理な増税などと連動して、大航海時代の華やかな貿易を全世界的にいったん衰退させるほどの危機の連鎖を、広い範囲におよぼし

---

(11) ヌルハチは自分に従うジュシェン軍団を、最初は4つ、ついで8つに分け、それぞれの旗の色で区別したので八旗と呼ばれた。のちに各軍団は満洲・蒙古・漢軍の各部隊を含むようになった。すべての住民はどれかの「旗」に属して兵役や納税などを負担したので、八旗は軍事組織であると同時に行政組織・社会組織の性格ももっていた（遊牧民族によく見られるやりかた）。中国征服後は八旗のメンバーは、農業など一般の職業につかず、軍人・官僚を出す特権階級となった。

た。これを「17 世紀の全般的危機」と呼ぶ。

　後述するヨーロッパ各地の大混乱のほか、東アジアでは、明朝を滅ぼした大規模な農民反乱から、清朝が中国全土を統一するまでに、約半世紀間におよぶ動乱が続き、1 億 5000 万前後の人口がほぼ半減した可能性がある。日本列島でも、「鎖国」をおこなった 1640 年前後は、寒冷な気象と飢饉や不況、伝染病などに苦しんだ時期だった。こうしたヨーロッパや中国の動乱、日本の閉鎖化などによって遠隔地貿易が衰退した東南アジアでは、大航海時代の貿易や、そこで入手した火器によって繁栄していたジャワやビルマの王朝が、17 世紀には内陸に引きこもる事態となった。スペイン領のマニラでは、銀貿易の利益をもとに成り立っていたスペイン人と中国人の協力関係がゆらぎ、1639 年、1662 年などに華人の暴動や虐殺が発生した。南アジアのムガル帝国や西方のオスマン帝国では、このようにはっきりした危機的状況は見られないが、17 世紀後半には干ばつがひんぱんにおこる一方で、「無理な拡大政策」の失敗が帝国の瓦解や衰退、ヨーロッパ勢力の進出につながったと見られる。

　14 世紀ほどではないにせよ危機が拡大した背景には、14 世紀をはるかに越える規模での人口増や手工業生産の発展による土地不足と森林破壊、それにグローバルな貿易と銀の流通の結果としての経済変動の振幅の拡大などがあったと考えられる。たとえばイングランドでは、鉄の生産増加で、燃料に使う木炭の需要が急増し、18 世紀にかけて森林破壊が深刻化する。日本列島でも、都市・鉱山の拡大や農村での開墾の拡大によって、17 世紀に里山の破壊が進んだとされる。他方、メキシコ銀や日本銀の産出・流通量は頭打ちとなり、増加した貨幣需要をまかなうことが難しくなった。また、ゆるやかにせよ銀を通じて世界各地域の経済が連結された結果、もともとローカルに動いていた銅銭などの少額貨幣や穀物の価格が、外部の銀価格の変動の影響を受けて乱高下する事態も一般化した。こうした要因が複合して政権も社会も困難に陥ると、無理な徴税やそれに対する反乱、隣国との紛争などの悪循環がおこる。それ自体が、住民をさらに苦しめる。

　ただし 17 世紀の全般的危機のなかで、いくつかの新しい動きがおこったことは、その後の世界史にきわめて重要な影響をあたえた。たとえばヨーロッパの

苦しい食糧事情は、新大陸への移民だけでなく、寒冷なアルプス以北ではジャガイモ、地中海沿岸ではトウモロコシの普及など、新大陸原産の作物によっても大いに救われた。中国などのアジア各地でも、コメやムギのできない土地で育つトウモロコシ、サツマイモなど新大陸の作物が、17世紀の危機以後に、大規模に普及した。また、第6・7章で見るように、18世紀以後の東アジアでは労働集約型の経済開発が進み、イギリスなどヨーロッパ北部では、「農業革命」「産業革命」など大規模な技術革新がおこった。後者は、近代的な国家や社会のしくみの誕生とも連動する動きだった。

（2）ヨーロッパの危機

　「長い16世紀」（1450〜1620年）を通じて成立した世界的な分業体制（世界システム）は、17世紀になると成長が止まり、ヨーロッパは危機に見舞われた。気候の寒冷化による凶作と食糧不足、さらにペストが流行した結果、人口増加が止まり、経済活動全般が低迷した。そのなかで、前述のオランダだけが、アムステルダムを中心とする海外貿易で17世紀の前半に繁栄した。

　経済の不振から政治も混乱し、革命や反乱が頻発した。ドイツでは、カトリックとプロテスタントの宗教対立から、1618年に三十年戦争がおこった。周辺諸国が勢力拡大をねらって介入したことで、ヨーロッパ全体をまき込む国際戦争に発展した。戦争は長期化し、主戦場になったドイツは荒廃した。1648年のウェストファリア条約で紛争は終結したが、ドイツの各領邦は主権を認められ、神聖ローマ帝国は事実上崩壊した。オランダとスイスの独立も正式に承認され、ヨーロッパの主権国家体制はこの時に確立された。国際法と条

図5-4　ヴェルサイユ宮殿

約にもとづくこのウェストファリア体制は、ヨーロッパの勢力が拡張するとともに世界各地に広がり、現代まで続く近代外交システムが成立することになる。

　17 世紀のイギリスでは、宗教と課税をめぐって国王と議会の対立が深刻化し、1642 年に内乱が勃発した（日本でいうピューリタン革命）。議会派のクロムウェルが国王を処刑して共和政を樹立したが、長続きせず、彼の死後王政が復活した。だが、カトリックと専制の復活をめざす国王と議会は再び対立し、1688 年には、議会と組んだオランダ総督軍の上陸を前に、国王が逃亡する政変が起こった（名誉革命）。オランダから迎えられた新国王は、王権の制限を求める議会の要求を認め、これにより議会が主権をにぎる立憲君主政が確立し、以後のイギリスの政治社会の基本となった。

　対岸のフランスでも、1648 年にブルボン家による王権の強化に抵抗する貴族が反乱を起こした。しかし、反乱は失敗に終わり、ルイ 14 世を中心とする王権が強化された。王権は神から与えられたものだとする王権神授説を信奉したルイ 14 世は、官僚制と常備軍を整備して、絶対王政とよばれる統治体制を確立した。彼は商工業を保護育成し、輸出をさかんにして輸入をおさえる重商主義政策をとり、国庫の充実をはかった。しかし、華麗なヴェルサイユ宮殿の造営やぜいたくな宮廷生活に加えて、勢力拡大をめざして、オランダ侵略など周辺諸国との度重なる戦争により国家財政は悪化し、18 世紀末のフランス革命の遠因となった。

まとめの課題

大航海時代のアジアにヨーロッパ人がもたらしたものを、商品ないし産物、技術、信仰などから 4 つあげてそれぞれ調べ、そのアジア社会への影響について話し合ってみよう。

グローバル化の歴史的起源論争

　現代のグローバル化、世界の一体化がいつから始まったのか、さまざまな議論が展開されるなかで、アメリカ経済史学会の泰斗ジェフェリー・ウィリアムソンとデニス・フリンとの間で、グローバル化の起源をめぐり論争が展開されている。

　フリンは、「長期の16世紀」のいわゆる「大航海時代」にグローバル化が始まった点を強調する。具体的には、スペイン帝国がアジア世界に進出する拠点として、1571年にフィリピン諸島でマニラを建設した時点から、グローバル化が始まったと主張する。というのも、マニラの建設により、太平洋を挟んでアメリカ大陸（メキシコ）のアカ・プルコとマニラ、さらに中国大陸のマカオを結ぶ大陸間貿易である「ガレオン船貿易」が始まったからである。彼によれば、それ以前の主要な大陸間貿易は、（1）ユーラシア大陸内陸部の陸上ルートと、海域アジアを通じた海上交易の双方による、東アジア・東南アジア世界とヨーロッパ世界との貿易、（2）大西洋を挟んだ南北アメリカ大陸とヨーロッパ世界との環大西洋交易、さらに（3）サハラ以南のアフリカ大陸とヨーロッパ世界との交易から構成された。16世紀の段階で、ユーラシア大陸全体と南北アメリカ大陸、それにアフリカ大陸の一部を加えて、地球上の約3分の2の諸地域だけが長距離の大陸間貿易に関わっていたのである。

　だが、1571年のマニラ建設とガレオン船貿易の開始により、広大な太平洋世界をはさんで、アメリカ大陸と東アジア世界が直接結ばれることになった。これにより、地表面積の約三分の一を占める太平洋世界が新たに大陸間貿易に組み込まれることになり、文字通り、地球を一周する貿易ネットワークの原型が姿を現した、というのである。このガレオン船貿易で取引された物産が、新大陸のスペイン領アメリカで産出された銀と、中国産の絹や陶磁器であった。

　この16世紀のグローバル化を生み出したダイナミズムに関しては、スペイン領アメリカと日本が銀の供給側を支配し、需要側では中国市場が支配的であった。このフリンの主張に対して、ウィリアムソンとK.オルークが強烈な反駁を加えている。彼らによれば、グローバル化は1820年代に環大西洋世界、西ヨーロッパと北米（アメリカ合衆国）との間で物価水準が一つに収斂する過程で初めて出現した歴史現象であった。彼らの研究は、計量経済学の理論と詳細なデータを駆使した計量経済史的研究の代表的なものであり、価格収斂理論（price convergence theory）に支えられた精緻な研究は、非常に説得力があり、欧米の学界で経済史家を中心に多くの支持を集めている。

　フリンも、19世紀に関してはウィリアムソン＝オルークの主張の有効性を認めた上で、16世紀後半における国際商品（モノ）であった銀を通じたグローバル化の歴史的意義を再確認し、「19世紀の価格収斂と産業革命は、グローバル化の誕生から250年を経て出現した」と主張する。オルークとウィリアムソンは、ヨーロッパ側の需要のダイナミズムに着目したのに対して、フリンは、ヨーロッパだけでなく、

アジアとアメリカ大陸から生じた需給のダイナミズムを重視している点で、両者の見解は大きく異なっている。だがフリンは、非ヨーロッパ世界からの供給とヨーロッパ側の需要という二分法が問題なのではなく、世界諸地域の需給要因の相互作用を問題としている。

　こうした「関係史」の視点から、具体的な日常生活で使用されたモノのやりとりを通じた都市生活史研究は、日本の角山榮・川北稔ら関西の経済史家が切り開いてきた研究領域であり、他の追随を許さぬ実績が積み重ねられてきた。フリンの主張は、われわれ日本の研究者にとっては、なじみやすいもので、今後は国際的な研究交流を通じてさらに一層深められるべき研究課題であろう（秋田茂）。

第**6**章

アジア伝統社会の成熟

章のあらすじ

　18世紀前後の時期、東アジアでは対外関係を国家が統制する傾向が強まり、諸国の「住み分け」によって長期間の平和が維持された。その下で各国の政治的・文化的なまとまりが強化され、経済的にもゆるやかな発展が続いたが、やがて、開かれたネットワーク社会が広がる中国と、閉じたまとまりを追求する日本との間などで、差異が顕在化した。いっぽう、東南アジア群島部やインド洋から西アジアにかけての地域では、ヨーロッパ勢力との力関係がしだいに逆転し、それによる政治的動揺や経済変動、対抗する改革の動きなどがあらわれた。

Key Question

「鎖国日本」をはじめ、大航海時代以後のアジア諸国は、「世界の動きをよそに」「眠り込んで」いたのだろうか。19世紀～20世紀前半の事態から結果論的に判断するだけでなく、18世紀の世界そのもの、20世紀末以降の世界の現実などから考えると、違った歴史が見えてくる可能性はないだろうか。予想を立てて話し合ってみよう。

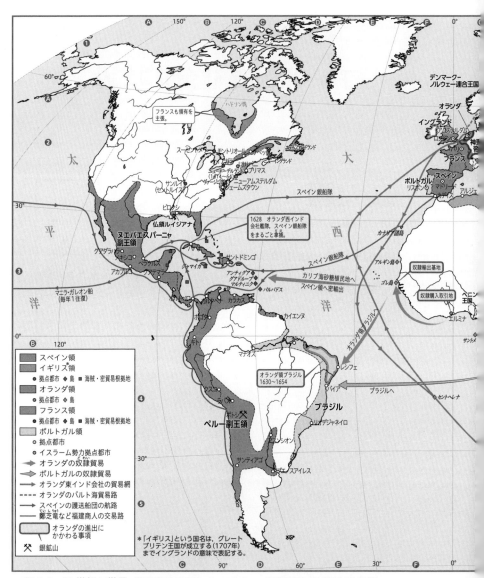

図 6-1　17 世紀の世界（『最新世界史図説　タペストリー』（帝国書院）38-39 頁より転載）

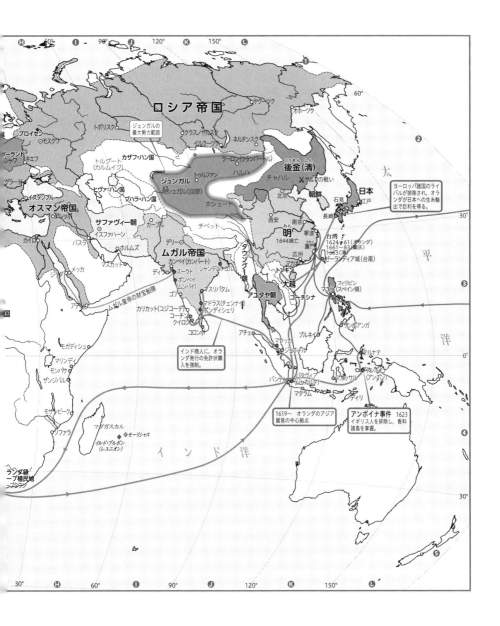

1. 東アジア諸国の「鎖国」

「17世紀の全般的危機」の時期以後の東アジアでは、人の移動や貿易などの対外関係を国家が統制する傾向が強まった。

キリシタン（カトリック教）の教えの拡大や、ヨーロッパ諸国間の紛争に巻き込まれることをおそれた江戸幕府は、1630年代に日本人の海外渡航と帰国、ポルトガル船の来航などをつぎつぎ禁止し、キリシタン禁制、貿易管理と出入国の管理などのきびしいしくみを、1641年までに作り上げた。その後、明朝復興をはかる諸勢力（日本人を母にもつ鄭成功（ていせいこう）など）の救援要請にも、幕府は応じなかった。対外関係を統制するこのしくみは、のちに「鎖国」と呼ばれる。「鎖国」時代の対外貿易は、幕府直轄の長崎口（中国商人およびオランダ東インド会社の船の来航を許し、滞在中のオランダ人は出島、中国人も「唐人屋敷（とうじん）」から出ることを許さなかった）、対馬の宗氏が朝鮮と貿易する対馬口、薩摩藩が琉球および琉球経由で中国と貿易する薩摩口、そして松前藩がアイヌと貿易する松前口の「4つの口」を通じて行われた。そのうちもっとも規模が大きかった長崎での貿易は、おおむね金額の3分の2が中国船（東南アジアから来航するものも含む）との貿易で、残りの3分の1のオランダとの貿易も、バタヴィア（現ジャカルタ）などアジア各地の商館との間の貿易が大半だった。日本国内に多数住み着いていた中国・朝鮮系住民は、帰国するか日本への同化を迫られた。中国の銅銭など外国の貨幣の使用も禁止され、金銀銅とも、国内で鋳造された貨幣が使用された。朝鮮との間では対等外交が行われたが、薩摩藩が1609年に征服した琉球は、異国＝属国とみなされた[1]（貿易のため、形式上は

---

(1)朝鮮（対等関係の「通信使」が計12回来日した）・琉球（石高制が適用される点では国内扱いだが、中国の冊封を維持する目的もあって、その他の面では異国として扱われ、将軍や琉球国王の代替わりごとに使節を送らねばならなかった）の使節が江戸を訪れたほか、新任のオランダ商館長も江戸で将軍に挨拶する義務があった。幕府は、日本を外国の使者が挨拶に来るような、中国とは別個の帝国と見なそうとしていたものと解釈される。

琉球の日中両属、対馬宗氏の日朝両属が維持された）。いっぽう、日本と国交を回復し清朝の冊封を受けた朝鮮王朝でも、外国貿易を日本（対馬の宗氏）との釜山貿易と、清との朝貢貿易および国境貿易に限定した。

　東シナ海・南シナ海では、後期倭寇のネットワークを引き継ぎ、1661年にオランダを追い出して台湾を占拠した鄭成功が、海上貿易を基盤に大きな勢力を築いていた。しかし清朝は、きびしい海禁で鄭氏を締めつけて1683年に降伏させ、中国王朝としてはじめて台湾を実効支配した。台湾には福建省・広東省からの移民が増加し、しだいにオーストロネシア系の先住民にかわって漢人が台湾社会の多数派となった。台湾平定後の清朝は、国家間の外交関係では依然として朝貢形式を要求し、琉球・シャムなど明代からの朝貢国には朝貢貿易を継続させ、たが、そのいっぽうで、東南沿岸部の指定された貿易港では、中国人の海外渡航、外国商船の来航を認め、これを税関（海関）に管理させた。外交関係を前提としない指定地点での貿易（互市）は、海上から来航するヨーロッパ諸国の商船や陸上のロシア商人にも認められ、ヨーロッパ商船に対しては1757年から、広州が入港地として指定されて、公行（特許商人の組合）を窓口とした貿易が行われた[2]。日本との間では、豊臣秀吉の朝鮮侵攻以来の国交断絶状態が続いたうえに、江戸幕府が日本人の海外渡航を禁止したが、清朝側は日本の銅を輸入する必要があったため、特許商人グループに、中国本土からの長崎貿易を独占させるしくみをつくりだした。政治的に対立している相手とも経済的な結びつきを維持する、現在でいう「政経分離」の方針をとったのである。

---

(2)有名なイギリス東インド会社や、その許可をえてアジア域内で貿易をおこなった「カントリー・トレーダー」以外にも、ヨーロッパ各国の商船が貿易をおこない、また独立後のアメリカ合衆国からも、茶などの買い付けのためにさかんに商船が来航した。

鎖国後の長崎での唐人の扱い
（清の雍正帝への報告書から）

　一般の貿易商人がかの地に至れば、城中（街の中）に囲い込まれる。周囲には高い塀を築き、内側に多くの商人宿が店開きしている。それは「土庫」と呼ばれており、大門があるだけで、重装備の軍士が守衛し、外をぶらついて消息をさぐることを許さない。到着時に貨物も［倉庫に］収納され、官［町役人のこと］が売り立てをしてくれる。すべての飲食と女遊びは［官から］支給され、帰帆の際に逐一精算する……

（岩井茂樹「「華夷変態」後の国際社会」荒野、石井・村井編『日本の対外関係6　近世的世界の成熟』吉川弘文館、2010年、62〜63頁の訳を一部改変）

練習問題

上の状況は、日本を含めて世界各地に成立した近現代のチャイナタウンのあり方、また近現代の世界各地での中国人の活動・居住状況とどう違うだろうか。分担して調べてみよう。

2．18世紀東アジア諸国の成熟と日中の大分岐

（1）清朝の安定と中国の人口爆発

　漢人武将による三藩の乱（1673〜81年）を鎮圧し、台湾の鄭氏も降伏させた1680年代から100年あまりのあいだ、清朝は康熙帝（在位1661〜1722年）・雍正帝（在位1722〜35年）・乾隆帝（在位1735〜95年）の3人の有能な皇帝のもとで、安定した支配を続けた。東進してきたロシアとの国境が画定され、中央アジアで強大化した遊牧帝国ジュンガル（17世紀初め〜1757年ごろ）も倒

された[3]。モンゴル帝国以来の広大な領域を支配した清朝では、中国内地に対しては儒教にもとづく中華の皇帝として、明の官僚制や、朝鮮・琉球・東南アジア諸国などとの朝貢関係を引き継いだ。他方で、もともとの八旗制にもとづく満洲人の君主、チンギスの権威を継承するモンゴルの支配者、チベット仏教の保護者、さらに新疆ではイスラームの保護者など、地域や集団ごとにちがった権威により支配をおこなった。中国内地では科挙官僚による支配の要所に満洲人をおくしくみをとり、モンゴル、チベット、新疆などは「藩部」として間接統治をおこなった。支配のやりかたはおおむね柔軟なもので、漢人知識人による研究・編纂活動を保護・振興したり[4]、カトリックの宣教師がもたらす実用的技術を重視した。ただし、頭頂部を剃って残りの髪は結んで垂らす弁髪という髪型の強制や、反満洲的図書の徹底弾圧など、要所要所ではきびしい態度をとった。

　こうした清朝の支配の安定や、メキシコ銀の安定的な流入が続いたことを背景に、18世紀の中国内地では、人口が急速に増加した[5]。1700年に1億あまりだった総人口が、1800年には3億をこえていたと考えられる。しかし行政事務の増加に比例して官僚の数を増やせば、漢族が大多数になって満洲人官僚による統制がきかなくなるおそれもあったため、行政機構の拡大は人口増加に追いつかず、清朝の地方社会への統制力はしだいに低下していった。人口過剰による農地の不足、それに政権の統制力低下のような不安定要因に対応して、南部

---

(3)乾隆帝はジュンガルを滅ぼすと、東トルキスタンを「新疆」（新しい領土の意味）と名付けた。現在の「新疆ウイグル自治区」の名前のおこりである。

(4)宋代以後の儒学では、政治や社会に役立つ学問を目ざす発想が強かったが、明代末期にはそれが空理空論に流れ、かえって混乱をまねいた。その反省から、清代には事実にもとづく着実な研究が訴えられ、古典や歴史書の厳密な校訂・考察をおこなう「考証学」が発展した。清朝もこれにあわせて、天下に存在する図書をすべて収集し、問題ないものは印刷しようとする「四庫全書」などの、大規模な編纂事業をおこなった（反満洲的な図書を発見する意図もあった）。考証学は江戸時代の日本など東アジア諸国にも影響し、のちにヨーロッパから歴史学などの近代的な学問を受け入れるさいの知的な基盤となった。

(5)人頭税を土地税のなかに組み入れたことにより、人頭税を逃れるために隠れていた人口が表に出てきたことも、人口急増の一因とされるが、農業生産力の増加などにより、実際に出生率があがり死亡率が下がったこともまちがいない。

図 6-2　紫禁城（清朝の北京の宮城）

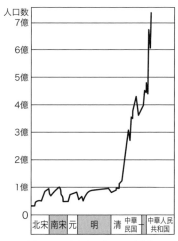

図 6-3　中国の人口の変遷

テーマ解説 **清とヨーロッパの相互認識**

　16世紀から東アジア諸国に到来したイエズス会などのカトリック宣教師は、かれらがもたらす貿易の利益や、暦法・地図作成技術・砲術や絵画・建築などの技術によって、各国の支配者に重用されたり、一部では儒教や仏教から疎外された下層民衆に受け入れられた。しかし、キリスト教の教義そのものが深く理解されることは少なかった。宣教師たちは布教の便宜のために現地の習慣と妥協することが多く、中国では孔子崇拝や祖先をまつる儀式を認めていた。他方、宣教師がヨーロッパに伝えた中国の学術や科挙制度などの情報は、啓蒙思想家たちに影響をあたえ、フランスなどで科学アカデミーの設立や能力による官吏登用制度の導入をおこなう際にもモデルとされた。自由な経済活動をとなえるアダム・スミスも、国家による経済統制のない清朝を例にとって、ヨーロッパ諸国の重商主義を批判した。

　ところが18世紀以後には、ヨーロッパ社会の発展とともに、アジアを見下す姿勢がしだいに強まった。カトリック教会ではイエズス会が中国の伝統的儀式を認めていたことが批判され（典礼問題）、対抗して雍正帝はキリスト教の布教を禁止する。といっても、日本のように徹底した信者の弾圧が行われたわけではなく、宣教師も「技術者」として宮廷での勤務を続けることができた（朝鮮最初のカトリック教徒は、朝貢の使者として1784年に北京に滞在した際に、宣教師から洗礼を受けた人物とされる）。これに対し、モンテスキューやヘーゲルは、東洋諸国を法と自由がなく支配者の恣意が支配する「専制」だとして批判した（桃木至朗）。

の森林地帯や台湾、満洲やモンゴル、東南アジアなど多くの方向への移民がおこわれたほか、ひきつづくメキシコ銀の流入による商業・手工業の活性化、南部の茶や北方の大豆など辺境地帯を含む各地域での商品作物生産、それにトウモロコシ・サツマイモなど新大陸原産の作物による辺境部での食糧増産、「宗族(ぞく)」(父系の親族集団)や地域ボス(郷紳)中心の相互扶助・慈善組織を通じたネットワーク型社会での助け合いなどさまざまな要素のはたらきにより、社会の安定は、なおしばらくは維持された。

(2)「小中華」朝鮮

朝鮮王朝では、自分たちがもともと見下していた女真族(満洲族)の清朝に屈服して冊封国となった事態への反発から、自国を中国より儒教の教えがよく守られた「小中華」であると考える意識が強まった[6]。社会がしだいに安定を取りもどすと、科挙合格者を出した家柄である両班(ヤンバン)の身分がしだいに特定の家柄に世襲され、支配者の身分として固定化するいっぽうで、18世紀以後には、両班以外の地方の有力者や富豪たちの社会的地位も上昇した。また17世紀以後の農村では、二毛作などの集約農法が普及しただけでなく、朝鮮半島の西側の沿岸部の干拓や北部・東北部の辺境地帯の開発も進み、農地面積が拡大した。農業・医学・地理など社会に役立つ学問を重んじる「実学」思想も、この時期に広がったが、いっぽうで、しだいに人口が増えて開発が追いつかず、農地が不足する状況に対応して、朝鮮でも父系の親族集団や村のまとまりが強まった。朝鮮王朝は清朝や江戸幕府とくらべると商業や蓄財をいやしんで、農業による自給経済を理想としたが、それでも18世紀には、はっきりした商業の発展がみられた。

(3)日本における「鎖国」の実体化

「4つの口」を通じた日本の貿易は、1640年代の「鎖国」ののちもしばらく

---

[6]中国人や日本人の入国を規制し、女真系の住民への同化政策を進めた結果、朝鮮王朝末期までに、日本よりはるかに純粋な「単一民族国家」の状況が実現した。

は、場所と相手が制限されただけで、規模はそれほど縮小しなかった。しかし清が中国を統一した前後には、銀資源の枯渇と採掘コストの上昇などから、幕府自身が、長崎貿易の段階的縮小に乗り出した。幕府は銅や、干しアワビ・フカヒレ・ナマコ・昆布といった海産物の輸出促進によって、銀の輸出減を埋め合わせようとしたのだが、それらの輸出品は、かつての銀ほどの購買力はもちえなかった。長崎以外の3つの口の貿易も、17世紀末ないし18世紀には、それぞれ不振におちいった。それからしばらくして、18世紀末以降に西洋諸国が「開国」を要求した際には、幕府は一時的措置だったはずの鎖国を、変更不可能な幕府の「祖法」であると認識していた。次に述べるように、人口増加のいっぽうで輸入品の自給化などが進み、1640年代以前とくらべると、日本経済の貿易への依存度は劇的に低下していた。そこで、幕府のしくみは対外関係の管理ではなく、国を閉ざしているのだという認識も可能になったのである。

戦国の争乱が終わり平和になった日本列島では、農業生産力の上昇や、課税対象を増やしたい幕府・藩の奨励もあって、親の財産を相続できないためかつては結婚もむずかしかった長男以外の男子が、独立・結婚して開墾をおこなうような事例が増加し、1600年に1700万人程度だった総人口は、18世紀はじめには3000万人を越えた。しかし、農地の不足や、集落に近い里山の森林破壊が深刻化した18世紀には、日本の総人口は完全に横ばいとなった。1783年の浅間山の大噴火⁽⁷⁾を引き金とする気温の低下が東日本に巨大な被害をもたらした「天明の大飢饉」など、災害や伝染病の脅威もあいかわらずだった。

だが「鎖国」時代の日本国内は決して眠り込んでいたわけではなく、多くの新しい動きが見られ、それが明治時代以降の急速な近代化の基礎になった。第一に、中国など外国の商人に支配されない独自の市場経済が発展した。とくに、各藩の蔵屋敷が集まり「天下の台所」と呼ばれた大坂では、全国から集められ

---

(7)1780年代から1810年代の北半球は寒冷な時期で、各地で不作や飢饉がおこった。それは、1783年の浅間山とアイスランドの火山の大噴火(フランス革命の遠因とされる)、1815年のインドネシア・タンボラ火山の大噴火をピークとする1812年以降の多数の火山噴火(ナポレオンの敗北の一因とされる)など、火山灰が長い間大気中を浮遊して、太陽光線をさえぎったための寒冷化が大きな原因とされる。

た年貢米の売買から、世界初の「先物取引」など商業・金融のノウハウが蓄積した。江戸後期には各藩でも、藩の借金の増加に対応する藩政改革と並行した特産物の生産などを軸にして、地域経済の振興が推進されたし、勤勉に働いて富を蓄えることを肯定する思想は、農民の間にも広まった。

　第二に農業・手工業などの技術が発達し、大阪平野の綿の生産など集約農業による商品作物生産や、関東・甲信越の高級生糸[8]、琉球の黒糖や瀬戸内海地方の白砂糖などの砂糖生産に代表される「輸入代替工業化」が進展した。他方で、当時は森林破壊だけでなく、「上方」の京・大坂と江戸の「三都」や各藩の城下町などの都市化の進展によって、ゴミや伝染病、水質汚濁などの環境問題が悪化していた。

　しかし第三の動きとして、上下水道などによる環境維持と資源循環のシステム、それに洪水や津波防止のための堤防などの施設も徐々に整備され、開発・生産や洗練された消費生活と両立する、安全で清潔な国土造りが目ざされた。第四に、武士だけでなく町人・農民を含む、教育の普及や読書・芝居その他の文化の大衆化、各地を結ぶ交通の発達と情報の流通、それらを基盤とする、藩を越えた国家・国民意識の発展などが実現した。そして19世紀前半、人口と経済のゆるやかな成長が再開した。これらの変化は、幕藩制と身分制のもとで、藩や村などが地域ごとに絶対の支配力をもち社会の主体となる、強固な団体型社会の形成と並行しておこった点に、日本の特徴があった。

　こうした日本経済・社会の発展は、17世紀に貿易の利益が縮小したのちの琉球や蝦夷地の社会をも、大きく変容させた。「国内」と「外国」の中間的な扱いをされた琉球では、日本側も「異国風」の文化を望んだし、琉球側も文化面では日本化を避けたい意識があったため、独自の文化が洗練されたが、日本本土に輸出するための砂糖（黒糖）などの生産が強制され、農民の重い負担となった。蝦夷地では、本州から来た商人に毛皮や海産物などの交易拠点の管理を請

(8)江戸時代前半までは上方の経済力は関東を大きく上回っていたが、生糸・絹織物の生産に代表される東日本各地域の経済成長によって、19世紀初頭までに江戸は大坂に負けない経済中心となった。明治時代の自由民権運動が東日本各地で発展したのも、この経済力が背景にあった。

け負わせる「場所請負制」がしかれ、和人による支配が、本来「日本国内」ではなかったはずの北海道や千島列島南部に広がっていった。また本州などで集約農業が発達すると、肥料になるニシンなどの漁業にも、和人の労働者が進出した。この状況を前提として、ロシア帝国に対する海防を固めるために、19世紀に入ると江戸幕府は蝦夷地を直轄化する政策をとった。江戸時代後半の琉球や蝦夷地は、日本の「国内植民地」にされたとも考えられる。

＋α 東アジア各地域の食生活の変化

　18世紀前後には、もともと食に関する宗教的タブーなどが少ない東アジア各国で、現在でもその国を代表する文化として世界で親しまれているような料理や食文化ができあがった。たとえば中国では、遊牧民的な肉や乳の利用、南方との貿易で入手したスパイスなども多用するこってりした味つけ、すぐれた鋳鉄技術を生かした鍋の使用などの、モンゴル時代やそれ以前からの要素に加えて、ナマコのような新しい食材が好まれ、日本列島や東南アジア海域からの輸入が激増したが、それはナマコの舌ざわりが満洲人の好みに合ったためではないかと言われる。トウガラシやサツマイモ、トウモロコシなども、地方ごとに食材として活用された。

　一方、あらゆる材料を使う、火を通さないものは食べないなどの特徴は、中国の人口が増加し清潔さの維持が難しくなったために、清朝時代に一般化したものだろう。こうして、今日見る多彩で華麗な中華料理ができあがった。これに対して、鎖国時代で人口増加が止まり清潔さがかなり維持された日本では、スパイス類は多くが漢方薬としての使用に向けられる一方で、鋼を鍛造する高度な技術による切れ味の鋭い包丁にも助けられて、魚などの素材を生かす薄味の料理が洗練された。江戸時代後半にはすし・天ぷらなど、現在代表的な和食とされるものも、現在のような姿になった。また琉球では、豚の全身を利用するなど中国や東南アジア風の材料を、中国輸出用に蝦夷地から運ばれたコンブと、西日本から運ばれたかつおぶしで味付けする料理のような、ユニークな味覚が成立した。朝鮮半島でも、トウ

ガラシを使ったキムチは、この時期以後に普及したらしい。同じように東南アジアでも、この時期から近代の植民地時代にかけて、中国の麺類や炒め料理、インドのスパイシーな煮込み料理などの影響を受けながら、それぞれの「エスニック料理」ができあがったと考えられる（桃木至朗）。

練習問題

以上のような東アジア・東南アジアの食文化は、肉とミルクを基盤にした欧米、ベジタリアンを生み出した南アジアなどと比べて、どんな特徴をもつだろうか、討論してみよう。
（着眼点） ①材料・調理法　②自然環境、人口　③食べ物ができるまでの太陽エネルギーの消費量

3．東南アジア・インド洋世界の変容

（1）東南アジアの変容

　東南アジア大陸部（インドシナ半島）では、18世紀なかばに大戦乱がおこったが、その後再統一されたビルマ、シャム（タイ）[(9)]、越南の3国では、最後の王朝がそれぞれ、19世紀前半に空前の領域を支配下におさめ、中国の冊封も受けつつ、大陸部全体の覇権を争った。これに対し、カンボジア・ラオスは分裂などによって弱体化した。現在の大陸部各国の領土や国家のまとまり具合は、

---

(9) 1782年にバンコクを都として立てられたラタナコーシン王朝は、現在まで存続している。上座部仏教の信仰のいっぽうで、歴代国王は『ラーマーヤナ』の主人公であるラーマ王子になぞらえられており、現国王はラーマ10世にあたる。

おおむね19世紀前半のそれを反映している。いっぽう、貿易依存度が高かった群島部諸国は、17世紀後半の貿易の衰退で大きな打撃を受けた。18世紀にはこの状況も利用しながら、ヨーロッパ人が面としての植民地支配を拡大したので、歴史上の諸王朝の支配領域と現在の諸国のそれは、ほとんど連続性をもた

図6-4　英領シンガポールを建設したラッフルズの像

ない。オランダ領となったジャワ島や、スペイン領のフィリピンなどで、コーヒー、サトウキビといった商品作物の栽培が強制されるようになって、各地の経済構造も変形されていった。

　18世紀後半になると、インドの支配を固め、中国への進出をねらうイギリス東インド会社が、中継拠点の獲得をねらってマラッカ海峡域への進出を再開し、シンガポールなど3つの港市を獲得して、1826年には「海峡植民地」を設立した。また17世紀なかばの動乱や18世紀の人口増加のため、多数の中国人が東南アジアに移住し、商業活動をおこなうだけでなく、デルタや密林を切り開いて、米・サトウキビなどの農業生産や、金・スズなどの鉱山開発をおこなった。生産物の中には、移住した中国人が現地で消費するだけでなく、中国に輸出されるものも多かった。アラビア半島などから渡来するムスリムの動きも、ふたたび活発化した。こうした外来の人々が主導する経済活動により、群島部の経済はふたたび活性化したが、現地の国家や土着の住民はその利益をあまり手にすることができなかった。

（2）南アジアの「地方の時代」とイギリスの支配権拡大

　南アジアでは、17世紀後半に無理な拡大政策をとったムガル帝国が、18世紀に入ると急速に衰退し、ムガル皇帝の権威は名目化した。その原因は、皇帝家の内紛や、ムスリム側の態度が強圧的になったことに対するヒンドゥー教徒・

シク教徒の反発だけではなかった。地方経済の発展を背景に、各地方の権力者が自分の軍事力や地域支配を強め、それぞれ海外貿易などの活動も展開するようになったことが、より大きな背景だった。そのままいけば、南アジア各地域に、サイズはコンパクトだがよく統合された国家が並び立つ事態もありえたと考えられる。

図 6-5　18 世紀後半のボンベイ

　しかし地方国家が発展するというシナリオは、各地に武装商館を建設し、地方勢力と協力しながら勢力を拡大したヨーロッパの諸勢力によって阻まれ、各地方の支配者も結局は、しだいに貿易への関心を失っていった。なかでも、貿易独占を王権により認められたイギリス東インド会社（EEIC）は、1765 年に徴税権を獲得して領土支配に転じ、地方勢力との合従連衡を通じて、七年戦争（1756〜63 年）の時期に優位を確立した。その後も、あいつぐ戦争でおもな地方勢力をつぎつぎ撃破し、ナポレオン戦争（→ p.180）後にはセイロン島もオランダから奪って、EEIC は、南アジアの大半を支配下におさめた。会社は、地方の小さな政権を「藩王国」として多数存続させた以外は、ベンガル・マドラス・ボンベイの 3 つの「管区」に分けて直接統治をおこなった。EEIC は、インド物産、とりわけキャリコ、モスリンとよばれ世界商品であった高級綿布の輸入会社として存続してきたが、最終的に植民地統治の機関として存続することになる。

（3）西アジアの変動とイスラーム改革運動のはじまり

　西アジアでも、オスマン帝国やサファヴィー朝が、17 世紀後半から海上貿易への関心を失った。1683 年のウィーン包囲の失敗後、オスマン帝国とヨーロッパ諸国の力関係は逆転し、帝国のヨーロッパ側の領土や勢力圏は、オーストリ

ア、ロシアなどにより徐々に奪われてゆく。18世紀前半にはフランスとの交流のもとで文化が栄えたが、地方の名士層の自立化が進んで、帝国の統合は内部から動揺した。そこで、18世紀末には改革の必要性がはっきり認識されるようになり、19世紀初めにかけてヨーロッパ式の常備軍の設立、伝統的な主力軍団だったイェニチェリ（→ p.115）の廃止、ヨーロッパ諸国への留学生派遣や外交官駐在などの政策がつぎつぎ試みられたが、守旧派の反対で大きな成果はあがらなかった。

　これに対し18世紀なかばのアラビア半島では、スーフィズムなどをイスラームの本来の教えからの逸脱と批判し、ムハンマドの時代のように純粋なイスラームの信仰を回復することを主張するワッハーブの運動がおこった。かれの運動は、有力者であるサウード家[10]の支持を受けてアラビア半島の大半を支配しただけでなく、スンナ派のイスラーム世界で現在にいたるまで、幅広い影響を与えている。

4．「大分岐」論の提唱——同時並行的な経済発展

　近世の世界史像を考えるうえで、20世紀末の2000年に、従来の通説に根本的な見直しを迫る新たな見方が提起された。アメリカ・シカゴ大学のK.ポメランツが唱える「大分岐」（the Great Divergence）論がそれである。

　「大分岐」論の論点は、大きく分けて二つある。その一つは、18世紀中葉の1750年頃に至るまで、世界の4つの主要地域（イングランドとオランダを中心とする北西ヨーロッパ、長江下流域の中国、日本の畿内・関東、ベンガルを中心とした北インド）では、同時並行的に「スミス的成長」（商業的農業とプロト工業をベースとした市場経済）が見られ、経済発展の度合いにもほとんど差が

---

(10)このワッハーブ王国は、19世紀初頭にオスマン帝国のエジプト太守ムハンマド・アリーに滅ぼされたが、その後もサウード家の動きは続き、1932年に現在のサウディアラビアが建国された。

なかったとする主張である。世界史像の転換という観点から見ると、この近世から近代への移行期である18世紀中葉まで、近世（early-modern）の経済発展をめぐり非ヨーロッパ諸地域を含めて同時並行的な経済発展が見られ、決して、北西ヨーロッパ（西欧）だけが突出した発展を成し遂げた訳ではないという主張が論争的で、多くの反論や補完・追加の議論を誘発している。

　他方、もう一つの論点は、18世紀後半から世紀転換期にかけて、北西ヨーロッパ（近代の西欧）のみが、石炭と新大陸の資源を活用して生態学的危機を打破して、持続的な経済成長（＝産業革命）を実現し、ヨーロッパと他の諸地域との間で決定的な経済的格差（＝大分岐）が生まれたとする主張である。この第二の論点は、次章で扱う「ヨーロッパの奇跡」の要因を考えることにつながる。

　この「大分岐」論の第一の論点は、本章で取りあげた近世後半のアジアで広域支配をおこないながら共存・共栄したアジアの近世帝国（オスマン帝国、ムガル帝国、中華帝国─清朝）と江戸期日本の経済的な豊かさ（繁栄）や政治的安定を再評価する。「17世紀の全般的危機」を乗り越えた北西ヨーロッパ諸国の経済発展と海外進出の重要性が強調されてきた従来の世界史解釈に、根本的な見直しを迫る問題提起として、グローバル経済史の「大分岐」論は、無視できない重みをもっている。

まとめの課題

この時期にできあがった日中両国の社会・経済や政治・文化の伝統のうち、明治以後の近代日本と、20世紀末からの現代中国のあゆみに影響したことがらを、分担して調べ、まとめてみよう。その際、東アジア以外から見たら日中共通に見える点と、対照的な点に注意すること。

（着眼点）①各国家の対外関係や人の動き
　　　　　②経済と人口・環境や暮らし
　　　　　③家・村など社会の基本的なまとまりのありかたと、身分制
　　　　　　度や国家統制との関係

近世東アジア諸国の共通性と差異

18世紀前後の東アジア諸国の動きには、多くの共通性が見られた。対外関係は国家の統制のもとに置かれ、国家・民族間の交流は限定された。また、近代以前の技術で扶養できる限界まで人口が増加し、土地不足が深刻化したが、そのいっぽうで稲作地帯を中心に、農業生産力はかなり向上していた。そのため、小農民が自立した家族経営をおこなうことが可能になり、地主などの有力者が、自立できない弱小農民を使役して大規模経営をおこなうような古い方法は、使役される農民にインセンティブが働かないため、利益があがらなくなった。こうして、勤勉な小農民を牽引車として、各国で独自の市場経済の形成、生産力の向上、朱子学的な倫理観（仕事仲間にも家族的結びつきを求める発想や官尊民卑などもそれに付随している）の普及、教育・文化の大衆化などが実現するいっぽう、一族や村などにおいては、下からの権威への服従と管理社会づくり、家族・親族や村社会の構造の男性中心化なども進んだ。こうした倫理をもつ人々に公共の仕事を請け負わせるしくみが発達し、行政の安定を助けた。近現代の東アジア諸国の経済成長の基盤になったような積極的な面に着目すれば、これらの動きは、人口密度が比較的低いヨーロッパでおこった労働力を節約し資源を大量に使う「産業革命 Industrial Revolution」とは対照的な、資源を節約し労働力を多く使う「勤勉革命 Industrious Revolution」であった（速水融・杉原薫らの説）と評価される。ただしそれは、状況によっては近代化や利潤（資本）の蓄積がおこらず人口増と労働強化のいたちごっこだけが続く「貧困の共有」におちいるものだった。

また対外交流の制限は、長期の平和を保証したため、各国で軍事力の形骸化が進んだ。同時代のヨーロッパにおける急速な軍備の拡大や、清朝の八旗、江戸幕府の武士などの支配者が元来は軍事の専門家だったことを考えると、近世東アジアの軍事力の形骸化はきわめてユニークなできごとといえるだろう。ただし対外関係の限定は、日本の「鎖国」が——長崎などで世界の情報そのものはよく集めていたにもかかわらず——国際感覚の後退をもたらし、日本独自の価値観を追求する「国学」が独善的な自尊意識につながったような、マイナス面をもっていたことも否定できない。清や朝鮮王朝・ベトナムの「華夷意識」が、19世紀のヨーロッパや日本の攻勢への対応をむずかしくしたことも、言うまでもない。

こうした共通点にもかかわらず、違いも拡大した。中国人は地域や国境をこえるネットワークをどこまでも広げようとした。そこでは、宗族や村、商工業者の業界団体などは、固定したメンバーシップや、メンバー間の紛争を内部だけで解決するシステムももたない、流動的な組織であるのがふつうだった。皇帝は建前上万能で社会のあらゆるところに介入できたが、人口増加と国家の統治機構の相対的縮小が進んだ18世紀以降には、「国家と社会の分離」がおこり、「社会を把握しない（できない）国家」「国家の統制外で、実力とコネを生かしてしたたかに生き抜く中国人」が生まれた。

　これに対して日本や朝鮮、ベトナムは、人やカネの流れを国境の内側に閉じ込めて管理しようと努力した。近代にかけて、華人ネットワークが大きな経済的影響力をもった東南アジア各国の例を見ると、日本や朝鮮が華人を閉め出すことに成功した事実は、ヨーロッパ人を排除したことよりも大きな意味をもっていたといえる。とくに日本がユニークだったのは、幕府が参勤交代制などを通じて、戦国時代以前よりずっと強く大名を支配・統制したことだけではない。支配階級である武士が城下町に集められて農村に居住していないにもかかわらず、農民や農地の状況は他国よりずっときめ細かく把握・管理されていた。町人の管理・治安維持にあたる役人も、ごく少数だったのに町人はよく把握されていた。これは、支配者側の意志だけでなく、「村請制」などのしくみのもとで一定の納税や労役負担の代償に、他者の立ち入りを拒む強い自立性（共同体性）を認められ、そこへの所属によって人の社会的地位や生活が決まるという、中華世界から見ればきわめて特殊なしくみをもつ家や村が、当時の支配体制に下から協力した点が大きな意味をもった。

　また、近世の中国や朝鮮・ベトナムでは、科挙が大部分の男性に門戸を開いた（つまりどんな貧しい出身でも合格すれば高官の地位に上れる）結果、生まれながらの身分制の意味が薄れた一方で、中国・朝鮮では一般に、ジェンダー格差が固定化する。それに対して日本では、職業と結びついた世襲的身分制が固定化し、武術も学識・才能も生かせず豊かにもなれない下級武士が、不満をつのらせる。中国・朝鮮・ベトナムで、男子の均分相続や父子同姓（娘も父の姓を変えることはできない）を原則とする父系の一族集団が下層住民まで巻き込んで発達するいっぽうで、同じ姓の一族内部での結婚や姓の違う人間を養子にすることがむずかしくなったのに対し、日本では家業を世襲する個々の家の独立性が強まり、その内部では長子相続、婿養子など姓の違う養子が許されるといった、儒教の基準から見れば異常なルール（平民まで家ごとに氏〈苗字〉を用いた明治期には夫婦同姓も）が庶民レベルまで一般化したのも、中華世界と日本の決定的な分岐をあらわす。思想や文化の面でも江戸時代の日本は、儒教や漢詩文、芸能など中国の強い影響をうけながらも、その要素を取り込んで、天皇を至上とする国学など、別の思想・文化を作り上げた。

　これらのプラス面やマイナス面をすべて含めて、18 世紀前後の東アジア諸国の安定のもとで成熟した文化や社会の「伝統」は、各国で最近まで大きくは変わらなかった。現在でも、それこそが各国・民族の大昔からの変わらぬ特徴であるかのように認識・主張されることが多い（桃木至朗）。

第7章

ヨーロッパの奇跡

章のあらすじ

　「17世紀の全般的危機」を乗りきった英仏両国は、競って重商主義的植民地帝国の形成に乗り出し、一世紀を越える断続的な、世界経済における主導権（覇権・ヘゲモニー）の争奪戦を展開した。その過程で、イギリスは世界で最初の工業化である「産業革命」を経験し、他方フランスは、「国民国家」の原理を確立する政治的大変革であるフランス革命・ナポレオン戦争を経験した。この政治・経済両面での変革を通じて、近代の西ヨーロッパ諸国は、アジアの諸帝国を凌駕し、環大西洋経済圏を中心として爆発的な経済成長を可能とする「ヨーロッパの奇跡」を達成した。また、後の20世紀のヘゲモニー国家に成長するアメリカ合衆国も誕生し、西半球で影響力を行使し始めた。

Key Question

前章で見たアジアの18世紀と、ヨーロッパの18世紀の動きはどう違っていただろうか。政治・外交・軍事や社会・経済・生活など分野を分け、予想を立てて話し合ってみよう。

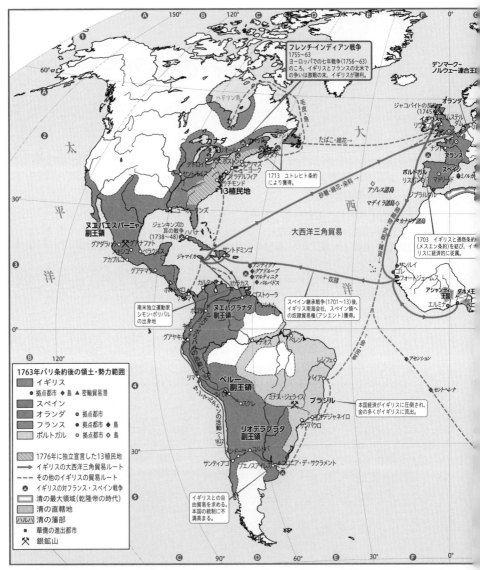

図7-1　18世紀ヨーロッパ諸国の世界（『最新世界史図説　タペストリー』（帝国書院）40-41頁より転載）

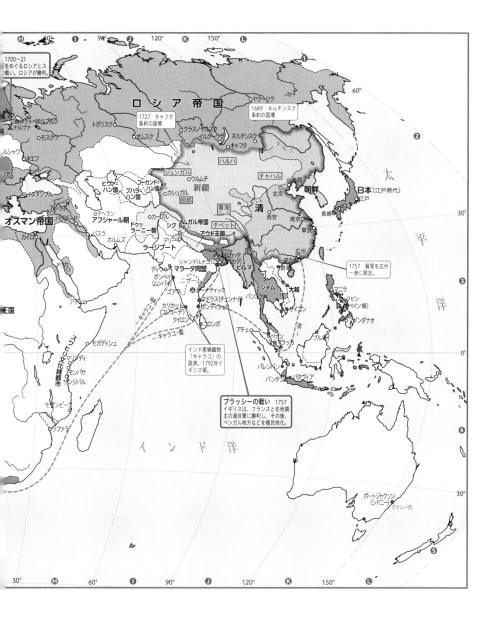

1. 英仏の覇権争奪

(1) 第二次英仏百年戦争と重商主義帝国の形成

　1688 年のイギリス名誉革命から 1815 年のナポレオン戦争の終結にいたるまで、ほぼ一世紀以上にわたって英仏両国は、世界商業と植民地争奪の主導権をめぐり断続的な長期の戦争状態に入った。いわゆる第二次英仏百年戦争の展開である。

　この戦争がなぜ起こり長期にわたって続いたのか、有力な説明として挙げられるのが、ウェストファリア条約以降の「主権国家体制」の下での重商主義政策の追求である。当初は、前述のスペイン帝国のように、貴金属（銀）自体の確保を目的とする重金主義がめざされ、後に貿易黒字の確保のために国内産業を保護する貿易差額主義が採用された。17 世紀後半から 18 世紀のヨーロッパでは、主権国家が戦争を通じて勢力拡張でせめぎ合い、官僚制や常備軍の整備に努める状況が生み出された。英仏両国は、その中で最も有力な国家であり、主要な抗争の舞台は、北米と西インド諸島の環大西洋世界であった。

　17 世紀後半までにフランスは、西インド諸島の砂糖植民地やカナダなどを確保し、先住民との毛皮交易を展開した。他方イギリスは、西インド諸島の砂糖植民地に加えて、北米で 13 植民地を保有した。さらに、1756〜63 年の七年戦争で勝利したイギリスは、広大な第一次イギリス帝国を形成した。

　英仏の抗争はアジアでも展開された。両国はインド洋沿岸の港市に商館を設置して、キャラコ・モスリンなどのインド産綿織物の確保に努めた。当時インド産綿織物は、ヨーロッパだけでなく北米植民地や西アフリカなど、環大西洋世界で圧倒的な人気を持つ世界商品であった。英仏蘭各国の東インド会社は、綿織物の確保とムガル帝国の後継国家であったベンガル太守やマラータ同盟、マイソール王国などへの影響力拡大を競った。南インドの反英派マイソール国王ティプ・スルタンを強力に軍事的に支援したフランスの事例は、その典型である。インド現地の有力者を巻き込んだ抗争では、豊富な軍資金を確保したイギリス東インド会社が勝利を収め、1765 年に同社はベンガル太守などの地税徴

収権を獲得して、貿易会社でありながら植民地統治に乗り出すきっかけをつかんだ。

（2）財政軍事国家と啓蒙専制君主の出現

　イギリスが一連のフランスとの戦争に勝利した要因は、強大な海軍力とそれを支えた強力な財政的基盤にあった。一般的に名誉革命以降のイングランド[1]では、ルイ 14 世治下のフランスと比べて国家権力は地方分権的で弱体であったと言われる。だが実態は、イングランドは、ヨーロッパ最強の海軍力を擁し、環大西洋世界での制海権を確保して国際商業の拡張に努める強力な「財政軍事国家」であった。その要は、戦費を容易に集めることのできる独特な財政制度にあった。17 世紀の国際金融の中心であったアムステルダム金融市場からも、自国経済が停滞するなかで有利な投資先を模索していたオランダ資金が大量にロンドンに流れ、イングランド国債の購入に投資された。イングランド政府は、パブでの飲酒への酒税など国内消費税や関税などの間接税の引き上げで財源を確保したが、植民地からの財政的収奪にも支えられて、重税に対する国民の不満が爆発することはなかった。

　英仏両国が海外植民地獲得競争を展開する間に、中欧と東欧では、啓蒙思想の影響を受けながら中央集権化・近代化など「上からの改革」を進める啓蒙専制君主に率いられたプロイセンとロシアが台頭した。農民の保護、陸軍力の拡張や宗教的寛容をはかったプロイセンのフリードリヒ二世や、オーストリア（ハプスブルク家）のマリア＝テレジアが、啓蒙専制君主の典型であった。

　東方のロシアでは、ロマノフ朝（1613〜1917）のピョートル 1 世が、西欧の科学や技術を導入して近代化政策を進めるとともに、ユーラシア大陸東部（シベリア）への進出を図った。1689 年には、中国・清朝とネルチンスク条約を結

（1）1707 年にイングランドとスコットランド議会が合同して「連合王国 United Kingdom of Great Britain」が成立した。最近の学説では、ブリテン諸島を国制上で包括的に理解するために、「ブリテン」史という用語が使われている。本書では、18 世紀初頭まではイングランド、議会合同以降は慣例に従い「イギリス」の用語を使用する。

国籍概念の誕生と植民地

　国籍は、明確な領域をもち法のもとに平等な国民によって構成される近代国民国家に固有の制度であると考えられている。国民国家の典型とされてきたフランスでは、国民の条件と地位が明文化されたのは革命初期に制定された1791年9月憲法においてであり、国籍を意味する「ナショナリテ」という言葉が最初に用いられたのは19世紀初頭であった。しかし、国籍の原型といえる観念や制度は、中世末期から近世にかけて国王の領域主権の確立とともに「王国の民」の法的地位として誕生していた。当時、「オバン」と呼ばれた外国人は王国内で遺産の相続・被相続の自由を認められなかったため、帰化せずフランス生まれの子孫も残さずに王国で死亡すると、国王の「外国人遺産取得権」によりその遺産は国庫に没収された。そのため、「外国人遺産取得権」の適用を受けない「王国の民」とはいかなる条件にある人々なのかが相続をめぐる裁判の争点となり、結果的に16世紀半ば頃にはフランスでの生まれ（出生地主義）かフランス人の親からの生まれ（血統主義）のどちらかを有し、フランスに居住する者が「王国の民」であり、フランスでの相続・被相続の自由をもつという合意が形成された。身分や特権の異なる臣民をひとつの基準に照らして平準化することを要請するこの原則は、宗教戦争期に王国が分裂の危機に瀕した際にポリティーク派の法学者らによって王国の統合原理として支持され、17・18世紀に法実践のなかに定着した。また、フランス王国がアメリカ大陸やカリブ海諸島に植民地をもつようになると、王権はカトリックに改宗した原住民や、フランスからの入植者とその子らに「王国の民」の地位を認めることで、国王が治める全領域の住民を法的に統合しようとした。アフリカから奴隷として連行されてきた黒人も、奴隷身分からの解放によって「王国の民」の地位を認められた。ただし、18世紀に「有色自由人」が増加すると肌の色による階層化が進展し、様々な差別の対象となった。このように、近世における「王国の民」の観念は、国家成員の平等や政治的権利をともなわなかったが、法的に均質な臣民共同体のモデルを提供したという点において、近代的な国籍を準備した（見瀬悠）。

び国境を画定した。さらにロシアは、「凍らない港」を求めて黒海沿岸で南下政策を進めるとともに、北欧の軍事大国スウェーデンとの北方戦争（1700〜21年）に勝利を収めて、バルト海東岸地域を獲得した。そこに新たな首都サンクトペテルブルクを建設して、「西欧への窓」とした。18世紀後半のエカチェリーナ2世の時代にロシアは、オスマン帝国と数次にわたる戦争をおこない、黒海・バルカン半島へ進出するとともに、東方ではベーリング海峡を越えてアラスカ

テーマ解説　財政軍事国家論

　イギリスの歴史家ジョン＝ブリュアが、1989 年の著作で提起した新たな重商主義国家の概念であり、従来の弱体なイギリス国家像に見直しを迫る問題提起をおこなっている。

　フランスとの断続的な重商主義戦争を遂行する過程で、イギリスは巨大な軍事力、特に王立海軍を整備・拡張したが、その軍事力を維持する戦費を、巨額の国債発行により調達した。イギリス政府の債務は、17 世紀末で 1670 万ポンドであったが、七年戦争とアメリカ独立戦争を経て、1783 年には 2 億 4500 万ポンドという未曽有の金額に達し、1 世紀足らずの間に時価で 15 倍に膨らんだ。戦時国庫収入の 60〜70 パーセントが軍事費に充てられ、平時でも軍事費は 40 パーセント、国債償還利払いが歳入の 40 パーセントを占めた。フランスとの断続的な戦争は、この巨額の資金調達能力により可能になったのである。

　国債発行は、勤勉な徴税官吏による間接税の徴収を中心とした堅実な国家財政管理と、公平な税負担、さらにイングランド銀行や東インド会社など国債引き受け諸機関の整備（＝財政革命）により可能になった。平時に短期の借入金は長期の利付国債に転換され、議会の承認の下で確実な利払いが保証された。こうした財政基盤の確立に失敗したフランスは、財政面で戦争に敗北した。

　この「財政軍事国家」論は、同時代のスウェーデンやプロイセンなどヨーロッパ大陸の新興諸国の台頭だけでなく、ムガル帝国継承国家であるマイソール王国のティプ・スルタンによる富国強兵政策の考察にも適用可能である。国家財政と国債（債務）・財政再建の問題は、現代日本が直面する問題であり、国力、経済力を考察する際に重要な検討課題になる（秋田茂）。

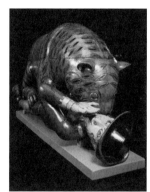

図 7-2　「ティプの虎」
イギリス兵士を襲う虎をイメージした楽器で、イギリスに対抗して独自の財政軍事国家の構築を目ざしたティプ・スルタンの意志を表現する（ロンドン、ヴィクトリア・アンド・アルバート博物館所蔵）

に進出した。こうしたユーラシア大陸規模でのロシア帝国の領土拡張政策も、グローバル化を進める大きな力になった。

（3）科学革命の進展と啓蒙思想

　17～18世紀の近世西ヨーロッパでは、国王や貴族の保護（パトロネジ）を受けて宮廷文化が花開く一方で、重商主義政策のもとでの国際商業の展開にともない、アジアやアメリカ大陸からインド産綿織物や中国茶、砂糖やタバコなどが大量に流入して、上流特権階級を中心に新しい生活文化が生み出された。消費社会の誕生である。

　世界各地の事物についての多様な情報が入ってくるにつれて、科学や思想面でも大きな変化が生まれた。自然科学では、交易やクックに代表される探検航海などを通して、アジアや新大陸の未知の植物・動物・鉱物を知り、それらから得られた豊富なデータを分析して自然の法則を見出そうとする動きが現れた。いわゆる博物学が流行し、世界各地の有用な植物を集めて研究するために、各地に植物園が設置された。イギリス・ロンドンのキュー王立植物園はその典型である。

　17世紀後半には、すべての自然現象を運動として法則的に説明しようとするニュートンが万有引力の法則を見出し、近代科学の基礎が築かれた。生物学や医学も、顕微鏡が発明されたことによって飛躍的な進歩をとげた。このような近世西欧における自然科学の画期的な発展を科学革命とよんでいる。同時期に、科学的知識の振興と普及を目的として、イギリス王立協会やフランス科学アカデミーが創設され、中世のキリスト教的な学説や教義を見直す、合理的で自由な思考を促す舞台として機能した。この時期の科学革命で生まれた経験主義に基づく「有用な知識」が、18世紀末の産業革命を引き起こした各種の機械や生産技術の母体になったと考える学説もある。

　自然科学の発達とともに、国家や社会の考察も進み、人間の理性によってあるべき不変の社会秩序を考察する、自然法の考えが現れた。この自然法の影響のもとで、17～18世紀の西欧で社会契約説が生まれた。これは、王権神授説に対抗して、社会は自由で平等な個人の契約によってつくられたものだと主張する社会思想で、イギリスのジョン・ロックやフランスのルソーらが代表的な思想家である。18世紀のフランスでは、迷信や無知、不公正を批判し、合理的な思考をめざした啓蒙思想が生み出された。モンテスキューは専制政治から個人

の政治的自由を守るために三権分立の必要性を唱え、ルソーは社会契約説をもとに人間の自由・平等や人民主権論を説いた。彼らの主張は、18世紀末の環大西洋革命をイデオロギー的に支える思想となった。

2. イギリスの工業化

(1) イギリス商業革命の展開

　18世紀後半のイギリスは、世界で初めて農業社会から商工業社会へと変化し、社会の構造や人々の生活様式も大きく変化した。この社会経済構造の大きな変化を産業革命とよぶが、ではなぜ、世界で最初の産業革命がイギリスで起こったのであろうか。

　この問いを考える上で、産業革命に先立つイギリスの海外貿易構造の転換（イギリス商業革命）が重要である。18世紀後半のイギリスは、北米・西インド諸島・西アフリカの環大西洋世界で重商主義植民地帝国を築いた。イギリスの海外貿易額は18世紀を通じてほぼ倍増し、貿易相手地域も、新大陸とアジア世界が、全ヨーロッパを凌駕して貿易額の過半を占めるにいたった。貿易商品の構成にも根本的な変化が見られた。輸出では、日常生活に必要な雑多な工業製品（消費財）の輸出が増加し、他方輸入では、新大陸からの砂糖・タバコ・コーヒー、アジアからのインド産綿織物の輸入が激増し、これら舶来物産のヨーロッパ大陸への再輸出も急増した。ロンドン・グラスゴーなどの商業都市では豊かな貿易商人が生まれて、資本が蓄積された。

　イギリス国内では、カブの導入のような新しい農法が広がり、大規模な食糧生産のために、議会の承認を得て土地の第二次囲い込み[2]が行われた。この農業革命の展開によって農業の生産性が高まった。食糧確保と海洋帝国維持のた

---

(2)15世紀末〜17世紀半ばに、毛織物生産の拡大に伴う牧羊のために、地主が開放農地を小作人から取り上げて、生垣や塀で囲いこんだ現象を、「第一次囲い込み」と呼ぶ。多くの農民が土地を失い、トマス・モアは「羊が人間を食う」と批判した。

めの海軍艦船・商船の建造、さらに木炭による鉄の生産のために、国内の森林が伐採されて「森林の枯渇」現象が起こっていた。その対応策として、18世紀初めにコークス製鉄法が開発され、木炭から石炭への燃料の転換が行われていた。イギリス国内での主力炭鉱は、イングランド北東部に位置していたが、沿岸航路や縦横に発達した運河を活用して、大量の石炭を大消費地のロンドンに安価に運搬することが可能であった。このエネルギー革命の展開も、産業革命を可能にした国内的要因として重要である。

これに加えて、イギリス政府が果たした積極的役割も見逃せない。政府は、国内産業の保護と海外市場の確保に積極的であり、対仏戦争に備えた強大な海軍力の整備は、雇用を増やし内需を喚起することで間接的に国内経済を刺激した。植民地物産の輸出入をイングランドの船舶のみに限定して、その独占を図った1651年の航海法はその典型である。強力な財政軍事国家の出現と保護主義政策は、産業革命の始動にとって不可欠であった。

（2）大西洋奴隷貿易

前述のイギリス商業革命を主導したのが、大西洋三角貿易であった。そこでは、西アフリカから西インド諸島への奴隷貿易、西インド諸島における奴隷制プランテーションでの砂糖と綿花栽培、そのイギリス本国への輸出が緊密に結びついていたが、その基軸は大西洋奴隷貿易であった。

ラテンアメリカに広大な植民地を保有しながら、奴隷供給地のアフリカ西海岸に拠点を持たなかったスペイン帝国は、奴隷購入のため、外国商人に奴隷供給の独占権を認めていた。利益が大きかったこの特権は、18世紀の一連の重商主義戦争の原因の一つになった。奴隷貿易を活発におこなったのは、ポルトガル・イギリス・フランスなど西アフリカに貿易拠点を有する国々であった。英仏両国の港からは、火器や綿織物（国産品だけでなく、インド産の再輸出も含む）を積んだ船がベニン王国やダホメー王国など西アフリカの黒人国家に向い、現地で積み荷と奴隷の交換が行われた。事実上強制的に連行されたアフリカ人奴隷の数は、論争はあるものの、16世紀から19世紀後半までに約1250万人と推定されている。

　アフリカから西インド諸島や北米植民地に向かう航路は、「中間航路」と呼ばれたが、すし詰め状態にされた上に劣悪な衛生状態のため死亡率も高かった。奴隷貿易の拡張は、奴隷入手の代価となる貿易商品の安定的供給に大きく左右され。英仏だけでなくポルトガル、オランダ商人の間で奴隷獲得競争が展開された結果、18世紀後半以降、西アフリカ・中央アフリカ諸地域で戦乱・暴力行為が増幅され、現地アフリカの社会経済構造に深刻な悪影響がもたらされた。

　他方、本国イギリスは、奴隷貿易を基軸とする大西洋三角貿易から多大の収益を得た。奴隷貿易商人が稼いだ収益の一部は、リヴァプールの後背地であるランカシャー地方の綿紡績工場の設立に投資された。北米や西インド諸島は、イギリス製品の保護市場や綿花の原料供給地となった。奴隷貿易とイギリスの工業化は緊密に結びついていたのである。

（3）イギリス産業革命

　そもそも、イギリスで産出しない綿花を原料として、18世紀後半に相次いだ技術革新によって綿業部門を中心に展開したのが産業革命であった。それは、イギリス東インド会社がインドから大量に輸入していたキャラコやモスリンなどの綿織物を、イギリスでの生産に切り替えて（国産化）、逆に環大西洋諸地域やアジア諸国に輸出しようとする「輸入代替工業化」の試みであった。

　東インド産の綿織物は、17世紀後半から18世紀初頭にかけて、西欧諸国の庶民の間でも人気が高い世界商品であった。その人気はイギリスの既存の絹・毛織物製造業者の脅威となり、17世紀末から「キャラコ論争」と呼ばれる紛争を引き起こした。1700年と1720年には、キャラコの輸入・使用を禁止する法律が制定されたが、抜け道も多く、輸入綿製品のファッションブームを前にして全く効果がなかった。国内需要に加えて、東インド産綿布は、大西洋三角貿易、特に奴隷貿易において、黒人奴隷を獲得するうえで決定的に重要な再輸出商品であった。

　この東インド産綿布との価格競争に勝つために、紡績・織布の工程を機械化して価格を引き下げることが必要となり、18世紀後半に、ジェニー紡績機、水力紡績機や力織機が発明され技術革新が進展した。さらに西インド諸島や北米

南部植民地から安価な綿花を大量に輸入することで、イギリス産の綿糸・綿布の生産費は大幅に低下した。この結果、イギリスの綿製品は世界市場において国際競争力を持つ商品となり、19世紀になると北米やインドをはじめとする海外の市場に大量に輸出されるようになったのである。

　綿工業の技術革新は、関連する分野の技術革新を誘発した。ワットによる蒸気機関の改良は、炭鉱の排水問題を解決しただけでなく、紡績工場の動力源を水力から蒸気力に代えて、工場の立地を多角化した。鉄と石炭の大量消費は輸送手段の発展を促し、大土地所有者であったジェントルマン資本家（p.190参照）によって有料道路や運河が建設された。初期の技術者は、科学革命以降の「有用な知識」の普及を背景に、現場で経験的に技術を学びその改良に努める

 資本主義と奴隷制

　西インドの歴史家エイリック・ウィリアムズは、その著書『資本主義と奴隷制』（1944）において、大西洋三角貿易に不可欠の環節であった奴隷貿易の綿布需要こそが、イギリスの綿工業が急成長するきっかけになったと主張し、イギリス産業革命の起源を奴隷貿易に求める全く新しい解釈を提起した（ウィリアムズ・テーゼ）。

　当初は無視されたこの解釈の有効性をめぐり、1960年代から賛否両論の論争が展開されてきた。最近では、英米の学界を中心に活躍する黒人史家J.イニコリが、強制的に連行されたアフリカ人労働力の存在が、環大西洋経済圏の形成に大きな貢献をしたと主張している。ウィリアムズ・テーゼは、地球的規模で広がる貿易ネットワークの構築とヒトの移動という、グローバルヒストリーの文脈において依然として有効である。1960年代に出された従属理論（先進国の経済発展と第三世界の低開発を、同じコインの表と裏のように同時並行的に進展した現象ととらえる学説）や、第五章で前述した1970年代の近代世界システム論（→p.129）の先駆的業績として、ウィリアムズの研究は高く評価できる（秋田茂）。

「自助」の人が多く、産業への新規参入は比較的容易であった。1807年には蒸気船が、25年には蒸気機関車が実用化され、鉄道の建設と蒸気船の建造によって鉄工業や機械工業（資本財産業）が発展を始め、イギリス産業革命はさらに広がりをみせた。

3．環大西洋革命の展開

(1) アメリカ独立革命

　イギリスは、七年戦争の勝利により、カナダ（ケベック）とミシシッピ川以東のルイジアナを獲得し、北米大陸からフランス勢力を駆逐することに成功した。パリ講和条約において、占領した仏領西インド諸島をフランスに返還し、その代わりに雪ばかりで不毛の地と見られたカナダを獲得した。

　戦争に勝利したとはいえ、イギリスはその戦費を多額の赤字国債発行によってまかなったため、1億3000万ポンドの巨額の負債を背負うことになった。当時の本国イギリス政府は、重商主義戦争の戦費を、膨大な国債発行（借金）によりまかなう「財政軍事国家」であった。だが、七年戦争による財政赤字と負債の増大があまりに急激であったために、その財政負担の一部を現地の北米植民地に転嫁せざるをえない状況に追い込まれたのである。

　イギリス政府は1765年に、法律・商業関連だけでなく新聞や書籍・印刷物すべてに本国発行の印紙をはることを義務付けた印紙法を導入した。植民地側が「代表なくして課税なし」の論理で同法に激しく反対し、同法は翌1766年に撤廃に追い込まれた。しかし本国政府は、翌1767年に蔵相タウンゼンドが別の形の増税策として、茶や日用品に輸入関税を課した（タウンゼンド諸法）。この新規課税は新たな反発を招き、本国から輸入された非課税品（雑工業品の一部）までが、購入ボイコットの対象となった。

　利害の対立は、1773年の茶法の押し付けによりさらに先鋭化した。財政難に陥ったイギリス東インド会社を救済するために、イギリス政府は、北米植民地への茶の直送と、茶の独占販売権を東インド会社に与える茶法を1773年に制定

　私たちは以下の真理を自明のことと考える。すなわち、すべての人間は平等につくられ、譲ることのできない諸権利を神から与えられている。そのなかには、生命、自由、幸福の追求の権利がある。そして、これらの権利を確保するために、人々の間に政府がつくられ、その公正な権力は被治者の合意によるものとする。また、どのような政府であれ、こうした目的を損なうものとなった場合には、その政府を改め、あるいは廃止して、新しい政府を樹立し、人々の安寧と幸福をもっともよく実現できる原理をその政府の基礎とし、そのような権力を組織しなおすことは、人民の権利である。（原典より中野耕太郎訳）

練習問題

アメリカ合衆国の国家や社会のしくみには、近代ヨーロッパ諸国と比べてどんな共通点と独自性があるか、考えてみよう。共和政の理念（→ p.41、p.121、p.196）、州の意味、武力の所有者などが手がかりになるかもしれない。

した。この法律に対して、アジア（東インド）との茶貿易で収益をあげていた北部マサチューセッツ植民地、特にボストンの商人たちは激しく反発した。同年12月16日、茶法に反対した商人・急進派市民が先住民（インディアン）を装ったうえで、ボストン港に入港していたイギリス東インド会社船を襲い、積荷の茶を海に投棄するボストン茶会事件を引き起こした。この事件が、紅茶に代表されるイギリス商品と生活様式＝「紅茶コンプレクス」を拒絶し、北米植民地の住民の政治的連帯を一気に高めるきっかけになった。

　1775年に勃発したアメリカ独立戦争では、植民地軍の最高司令官にワシント

ンが任命され、76年7月4日には、ジェファソンらが起草した「独立宣言」が採択された。その宣言では、自然法と人民主権論の考え方から政治的独立の正当性が主張された。独立戦争には、イギリスと対立していたフランスやスペインも参戦し、国際世論も植民地側を支持した。1783年のパリ条約で13植民地の独立が承認され、北米におけるイギリス第一次帝国は崩壊した。87年には合衆国憲法が制定され、これによりアメリカは、広い自治権を持つ州が集う連邦国家となり、連邦議会、大統領、連邦裁判所が権力を分有する三権分立の原則が採用され、89年ワシントンが初代大統領に選ばれた。

　アメリカ独立革命は、植民地エリートとなった定住白人＝クレオールによる最初の「クレオール革命」であり、後に続くラテンアメリカ諸国の独立の先例となった。また、アメリカの独立は、フランス革命にも大きな精神的影響を与えた。他方で、独立革命によって解放されたのは白人入植者たちだけで、黒人奴隷やアメリカ先住民（インディアン）の立場はほとんど改善されなかった。

（2）フランス革命とナポレオン戦争

　七年戦争に敗北したフランスは、第一次イギリス帝国に対抗するために、アメリカの独立戦争を積極的に支援して北米では軍事的に優位に立ったが、逆に国家財政の赤字額は膨張して、財政問題は悪化の一途をたどった。

　当時のフランスは「アンシャン・レジーム（旧体制）」と呼ばれ、聖職者と貴族が特権的身分として絶対王政を支える階層社会であった。人口の9割以上を占めた第三身分の農民や都市民衆は徴税請負制の下で重税に喘ぎ、新たに台頭してきた商工業者や大農場経営者などの市民（ブルジョワジー）は、営業の自由を求めて貴族の特権や領主制、絶対王政に反発を強めた。

　国王ルイ16世は、課税の承認を求めて1789年に三部会を招集したが、第三身分の反発を招き、食糧危機に直面したパリの民衆は、7月に圧制の象徴バスティーユ監獄を襲撃して、革命が始まった。8月には、国民議会で自然法にもとづく基本的人権の尊重・国民主権・私有財産権の不可侵などを盛り込んだフランス人権宣言が採択された。だが、その対象は教養と財産をもつ成人男性に限定され、女性の権利は完全に無視されていた。

議会内部では、立憲君主派、革命穏健派や急進派が入り乱れて権力闘争が展開される中で、封建地代の無償廃止など身分制社会の枠組みが撤廃された。共和政が樹立され国王夫妻が処刑されるのを見て、革命の急進化と自国への波及を恐れたイギリスは、1793年から他の列強と共に革命に干渉したが、その対抗措置として徴兵制や革命暦が採用された。革命戦争の過程で軍事的才覚を発揮して台頭したのがナポレオン・ボナパルトである。彼は1804年にナポレオン法典を制定して革命の成果を定着させ、同年国民投票で帝位に就いた。

　翌1805年のトラファルガー沖の海戦でイギリス海軍がフランス海軍を撃破し、ヨーロッパの制海権を維持する一方、ナポレオンは陸戦で優位に立ち、06年には神聖ローマ帝国を消滅させて、ロシア以外のヨーロッパ大陸全域に及ぶナポレオン帝国を樹立した。イギリスが海洋帝国を築いて世界の覇権を握ろうとしたのに対して、彼は大陸帝国を建設してイギリスに対抗したのである。同年に大陸封鎖令を発布し、大陸諸国とイギリスとの通商を禁じたが、産業革命の展開を通じてイギリスとの間で農工分業体制を深めていた大陸諸国は経済的に打撃を受けた。当初は革命の成果をもたらす解放者として迎えられたナポレオンも、やがて各地で征服者・抑圧者として反発を受けるようになった。ナポレオンは、イギリスへの穀物輸出を再開したロシア帝国に対して1812年に遠征を試みたが、極寒の気象条件と諸国民の抵抗で敗退し、一時的に盛り返すことはあったが1815年にワーテルローの戦いに敗れ、その帝国は完全に崩壊した。100年以上におよんだ英仏の覇権争いは、イギリスの勝利で決着したのである。

（3）ラテンアメリカの環大西洋革命とアメリカ

　フランス革命・ナポレオン戦争は、結果的にフランスでは身分制社会を打破して、ブルジョワジーが提唱した経済活動の自由が大幅に認められるようになった。革命派が提唱した「自由・平等・友愛」の理念は当時成人男性に限定されていたが、近代世界の根底をなす人権思想として今日まで生きている。ヨーロッパ大陸の制覇を狙ったナポレオンの支配は、ナポレオン法典などを通じて、フランス革命の原理をヨーロッパ各地に浸透させた。しかし同時に、フランスの支配に対する抵抗運動を引き起こし、各地の国民意識をめざめさせることにも

なった。ナポレオン帝国に対抗する過程で、ヨーロッパ各地で、特定の領域に住む一つの均質・平等な「国民」が一つの「国家」をつくるべきだという「国民国家」の理念が形成され、自国の富国強兵をめざすナショナリズムが勃興した。

練習問題

「国民国家」の理念は、それまでヨーロッパに存在した国家のどんな面を否定しただろうか。国家は「どこ」の、「だれ」のものだったか、住民のどんな面が均質・平等でどんな面がそうでなかったのかなどを考えながら、討論してみよう。

　革命の波はラテンアメリカにも及んだ。革命で本国が混乱すると、1791年8月に仏領西インド諸島の中心サン゠ドマング島で黒人奴隷が蜂起した。イギリス軍の侵攻と「植民地喪失の危機」のなかで、解放奴隷出身のトゥサン・ルーヴェルチュールは、奴隷解放闘争の先頭に立った。後に彼は、ナポレオンの奴隷制および奴隷貿易復活の反動政策に抵抗して捕らえられたが、現地では黒人革命軍が優位に立ち、1804年に最初の黒人国家であるハイチ共和国が成立した。アメリカ合衆国の独立は、現地に定住した白人の本国からの独立に過ぎなかったが、ハイチでの解放奴隷の独立は、イギリスを含めたヨーロッパ諸国に衝撃を与え、同様な革命の余波が植民地に広がるのを回避する妥協策が模索された。

　スペインの植民地では、本国がナポレオンに征服されたことを契機に、クレオールが自治権の拡大を求め、やがて独立戦争に発展した。ナポレオンの大陸封鎖令により貿易でイギリスと結びついた彼らは、イギリスの間接的な支援を得て、シモン・ボリバルやサン・マルティンらの活躍により1830年までに、カリブ海を除くラテンアメリカの大半を独立させた。

　アメリカ大統領モンローは、1823年に、南北アメリカ大陸とヨーロッパの相互不干渉を宣言した。これは孤立主義を基調としながらも、西半球を自国の勢力圏と考える膨張主義の表明であり、現代まで続くアメリカ外交の底流となっ

た。イギリス外相カニングも独立運動を容認したが、その背後には、産業革命後に世界的規模での自由貿易の拡大を目指す経済戦略が隠されていた。こうした一連の「環大西洋革命」は、国民国家の形成と同時並行的に進行し、非公式の経済的影響力を通じた帝国の拡大を伴っていた。その最大の恩恵を享受したのが、19世紀のヘゲモニー国家イギリスである。

まとめの課題

この時代のヨーロッパはきわめて多くの戦争を経験した。それが何を生み出したか、第5章の内容にも注意しながら手分けして調べたうえで、まとめてみよう。

(着眼点)　①国家や国際関係に関するしくみと思想
　　　　　②軍事・経済と科学技術の発展
　　　　　③ヨーロッパ外（アメリカ大陸、アジアなど）との関係

ステップアップ 砂糖と茶が動かした世界史

　今日、世界で生産される茶の約8割は紅茶で、緑茶の生産は日本や中国に限られている。しかし茶は元来、東アジアの飲み物であり、緑茶・紅茶・ウーロン茶は、茶葉の発酵の仕方で異なる種類となった。

　紅茶を世界に広めたのは東アジアの国ではなく、産業革命以降の19世紀に圧倒的な経済力を誇ったイギリスである。当初、イギリス東インド会社は、南アジア産のキャラコ・モスリンなどの高級綿織物の輸入で莫大な収益をあげていたが、19世紀初めから中国産の茶の輸入が主力商品となった。中国から輸入された茶は、西インド諸島で生産された砂糖と共に、「砂糖入り紅茶」として定着した。

　喫茶の風習がヨーロッパで最初に始まったのは、17世紀に繁栄を誇ったオランダである。ヨーロッパ人は東アジアの珍しい風習を茶器と共に模倣し、喫茶は上流特権階級の間で流行した。茶は東インド会社がその貿易を独占していたために、当初非常に高価な奢侈品であり、それをたしなむことは贅沢な文化であった。同様に、ヨーロッパで産しない高価な砂糖を入れて茶を飲むことは、上流階級の地位の象徴であった。支配階層であるジェントルマン階層の生活様式を模倣して上流階級を気取るスノビズムの傾向が強かったイギリス社会では、紅茶を飲むことは、社会的な地位の上昇をめざす中流階級の人々にとって、あこがれの的になった。18世紀にはティー・パーティーが盛んに行われ、喫茶の風習は北米植民地にも広がり、植民地エリートの生活様式の「イギリス化」が進んだ。

　前述のように、砂糖が生産されていた西インド諸島のプランテーションでは、黒人奴隷が不可欠であったため、紅茶と砂糖の消費が増えるほど、西アフリカからの黒人奴隷貿易が活発に行われ、奴隷貿易に支えられた大西洋三角貿易は、イギリスに多大な収益をもたらした。他方で、茶を大量に輸出した中国との貿易は恒常的な赤字で、その赤字は新大陸からの銀で決済されていた。このヨーロッパから中国への銀の流出を削減するため、イギリス東インド会社は代価として、インド産のアヘンを持ち込んだ。これが原因となって、後述（第9章）のようにアヘン戦争が勃発し、中国は欧米列強に対して従属的な地位に転落した。

　19世紀の半ばにインドの植民地化が進む過程で、現地インド政庁は中国に代わる茶の代替供給源を探し求め、アッサム地方で茶樹を発見すると、茶のプランテーションが開発され、インド茶は中国茶に替わってイギリスの主力商品となった。紅茶はこのように、西インド諸島の黒人奴隷、インドの茶園で働く貧しい女性労働者、さらに中国農民の犠牲のうえに、イギリスを中心とするグローバル化が進む過程で世界中に広まったのである。重労働のサトウキビ栽培は男性中心、茶摘みは女性中心におこなわれるなど、それは各地の経済・社会のジェンダー構造も変えることがよくあった。

　ところで、産業革命により都市で生活するようになった工場労働者は、劣悪な住

居と飲料・食物を強いられた。熟練労働者の多い男性に対して、女性は非熟練が多く、技能習得の機会も与えられなかった。男女の間で、労働はその種類や評価をめぐって意図的な差別がなされた。世紀中葉では、中流階級の社会観を反映して、女性の深夜労働や長時間労働は健康やモラルを害すると批判され、女性は保護の対象として過酷な労働は制限されるようになった。19世紀後半になって、インド＝セイロン茶の栽培が本格化して大量に輸入されるようになり、海外の物産（モノ）の輸入を前提とした萌芽的な大衆消費社会化の現象が見られるようになると、茶の値段は非常に安くなり、紅茶の文化は一般庶民の日常生活に完全に定着した。トマス・リプトンのように、チェーン店で紅茶を大量販売する業者も現れた。

　以上の喫茶の例に見られるように、アジアやアメリカからもたらされた茶・砂糖・綿織物・タバコ・コーヒーなどは、イギリス諸都市、とりわけロンドンの一般庶民の生活様式を大きく変えることになった。この変化を「生活革命」と呼ぶ。生活革命は、商業革命以降の植民地帝国と通商ネットワークの拡張があって初めて可能になった。庶民の生活史と近代世界システムの形成・発展は緊密に結びついていたのである。

　同時期の西ヨーロッパには、茶とならんでコーヒーやココアも新奇な飲み物として海外からもたらされた。イギリスでも一時期、コーヒーは広がり、ロンドンには数百軒のコーヒー・ハウスが誕生し、さまざまな情報交換や近代ジャーナリズムが生まれる舞台になった。オランダやフランスなどヨーロッパ大陸の諸国ではコーヒーが主要な飲み物となり、パリに出現したカフェでも、さまざまな情報が行きかう社交の場となった。その中には、政治的な現状に不満を持つ人々が集まり、やがて革命を生み出す温床になったカフェもあった（秋田茂）。

第 8 章

近代化の広がり

章のあらすじ

　ナポレオン戦争の終了とともに、イギリスは圧倒的な経済力と軍事力を背景に、世界的な規模で影響力を行使するヘゲモニー国家となり、その世界体制は「パクス・ブリタニカ」と呼ばれた。パクス・ブリタニカのもとで、モノ・ヒト・カネ・情報の自由な流れを保障する自由貿易体制が確立された。ただし、それは非ヨーロッパ諸地域への帝国主義的な自由貿易の強要をともなう「自由貿易帝国主義」として展開された。

　この圧倒的なイギリスに対抗して、ヨーロッパ大陸諸地域では、国民国家の形成と政府による工業化政策が追求される一方で、ロシア帝国はユーラシア大陸規模での南下政策を推し進めた。アメリカ合衆国は南北戦争を通じて国内市場の統一と工業化を一層進め、中核国家としての基盤を固めた。こうした 19 世紀のヨーロッパとアメリカでの経験と科学技術の発展を背景として、「近代的」な学問・芸術の知の体系も形成されていった。また、影響力は限定的ではあるが、資本主義体制を批判する思想である社会主義思想も形成されてきた。

Key Question

イギリスの唱える自由貿易体制などの自由主義思想に反対・抵抗したのは、すべて頑迷な保守派だったという意見に、あなたはどの程度賛成できるか。自由主義の経済・社会がだれにどんな利益と不利益をもたらすか、国と個人の立場も区別しながら論ぜよ。

図 8-1　19 世紀前半の世界とイギリス帝国（『最新世界史図説　タペストリー』（帝国書院）42-43 頁より転載）

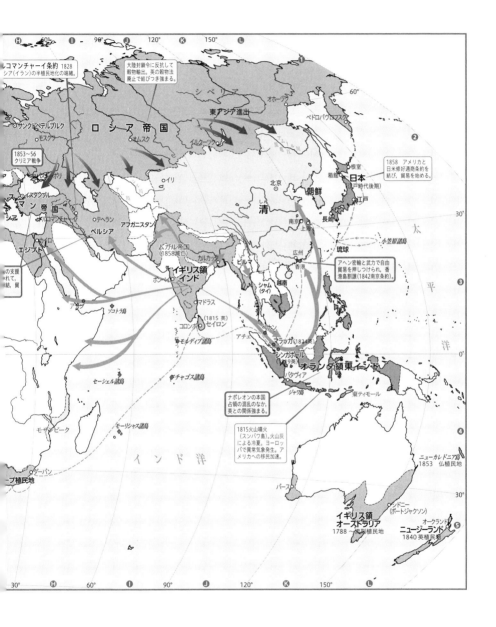

1.「パクス・ブリタニカ」の成立

(1) 世界市場の形成と世界の一体化

19世紀の世界は、世界で最初の産業革命を通じて巨大な経済力を持つにいたったイギリスの影響力が世界全体におよんで、イギリスを中心とした世界的な分業体制が成立した、言いかえれば近代世界システムが新たな段階に進んだ、「パクス・ブリタニカ」の時代である。

中華帝国の清王朝は、19世紀初頭までは独自の貿易圏を維持し、政治的にも東アジア世界において強力な帝国であった。しかし、西アジアのオスマン帝国と同様に、イギリス産業革命が進むにつれて近代世界システムに組み込まれはじめた。やがて両帝国は、政治的には独立しているものの、欧米諸国に工業原料や食糧を輸出する従属国となった。

他方で、18世紀末まで伝統的な綿織物業を誇り、キャラコやモスリンなど高級綿織物の輸出国であったインドは、イギリス東インド会社による植民地支配の拡大によって、イギリスに綿花を輸出する一方で、マンチェスター産の機械織綿製品を大量に輸入するようになり、両国の立場はまったく逆転した。また、19世紀後半からはイギリスから多額の資本が投下されて（資本輸出）、インドではイギリス企業による鉄道建設が進んだ。さらに、イギリス・インド・中国を結ぶ「アジアの三角貿易」も、中国茶への需要の急拡大により世紀前半に成立していた。こうして近代世界システムは、アジア世界を組み込んでグローバルなものとなり、一つにつながった近代世界の構造ができあがった。

この世界の一体化を支えたのが、鉄道・蒸気船・海底電信ケーブルが三位一体になって展開された輸送・情報革命である。すなわち、1869年にスエズ運河とアメリカ大陸横断鉄道が開通して、世界の交通は大きく変わった。ヨーロッパ＝アジア間の航路は約6000キロも短くなり、蒸気船を使って中国の新茶を42日間でロンドンまで運ぶことが可能になった。イギリスの資本輸出によって、鉄道建設も世界中で行われた。フランスの作家ジュール・ヴェルヌがSF小説で描いたように、蒸気船と鉄道を使うと、ヨーロッパからスエズ運河・インド・

日本・アメリカ大陸を経由した「80 日間世界一周」も夢ではなくなった。

　他方、現代のインターネットと同じ働きをしたのが、19 世紀後半の海底電信ケーブルの敷設による、情報面での世界の一体化の進展である。1866 年に大西洋横断ケーブルが、1870 年にはインド海底ケーブルが開通した。イギリスとインドの電信は 5 時間で結ばれ、電信の量は大幅に増えて 1895 年には年間 100 万通に達した。1871 年に香港・上海を経由して日本の長崎も国際電信網につながった。1900 年には、世界の海底電信ケーブルが延べ約 30 万キロにおよび、その大半がイギリス系企業により所有・運営されていた。ロンドンに本拠を置いた国際通信社ロイターは、海底ケーブル網の拡大とともに急成長して、中立的な国際ニュースの報道に加えて、世界各地の株価・商品取引の情報提供や電信送金、民間電信サービスなどを通じて、イギリスの国際的な影響力を強めるのに大きく貢献した。

（2）イギリスの繁栄と自由主義

　こうしたイギリスの繁栄は、自由主義によって支えられていた。通商の分野では、これまでの重商主義政策から、自由貿易政策に転換した。1830 年代には、東インド会社の中国貿易独占権が廃止され、中国との茶貿易が自由化された。また、西インド諸島の高価な砂糖生産を支えていた奴隷制度も廃止され、本国の労働者の食生活を支える「砂糖入り紅茶」の値段が下がった[1]。1846 年には、大土地所有者の利益を保護するためにロシアなどからの安価な輸入穀物に高額の関税を課していた穀物法を廃止した。次いで 40 年代末には、イギリス船舶の貿易活動を他国より有利にしていた航海法も廃止した。こうして自由貿易体制を確立することで、海外からの安い食糧の輸入が可能になったため、企業家は労働者の賃金を低くおさえることができ、イギリス産業の国際競争力は強化された。

---

(1)英領西インド諸島の砂糖プランテーションは、多額の経費がかかる黒人奴隷を抱えていたため生産費が増えたが、保護関税により、安い外国産品（特にフランス植民地産砂糖）との競争を免れていた。奴隷制度に代わる安価なインド人契約移民労働者の導入や、外国産品の流入により、砂糖価格は低下することになる。

この結果イギリスは、世界中から農産物や工業原料を輸入して、工業製品を輸出するようになり、「世界の工場」と呼ばれた。また、海外貿易や海運業の発展は、同時に金融業や保険業などの金融・サービス部門の発展をうながした。ロンドンのシティは、18世紀後半にオランダのアムステルダムにかわって世界の通商・金融・サービス業の中心地になり、繁栄するイギリス経済を支える基盤になった。1851年にロンドンで開かれた世界最初の万国博覧会は、世界中の産物が集まり、イギリスの繁栄を象徴する祭典となった。

　自由主義の波は社会全般におよび、支配階層であるジェントルマン（貴族・地主階級）が中心となって政治や社会の改革が進められた。1832年には、第一次選挙法改正がなされ、有権者がほとんどいない多くの腐敗選挙区が廃止される一方で、産業革命により経済的に豊かになった産業資本家に選挙権が与えられた。また、選挙権が与えられなかった労働者階級は、普通選挙制などを求める人民憲章をかかげて、チャーティスト運動を展開した。この運動は約10年間続いたが、イギリスが経済的に繁栄するにつれて姿を消した。

　第一次選挙法改正をきっかけに、自由党と保守党が交互に政権を交代する典型的な二大政党制が出現した。そのもとでさらに2回の選挙法改正が行われ、国政の選挙権は、都市の男性労働者だけでなく、農村部の農業労働者にも広げられた。イギリスの支配階層ジェントルマンは、政治的に自由主義を採用し、新興の産業資本家や労働者階級の一部を政治に参加させることで、社会の安定をはかろうとした。19世紀を通じてイギリスでは、後に述べるようなヨーロッパ大陸諸国でみられたような諸革命が起こらなかったのは、この漸進主義的な政治社会改革が寄与している。だが、成人でも女性には選挙権は与えられず、イギリスの自由主義にも限界は見られた。

（3）自由貿易と帝国支配の「共存」

　イギリス自由主義の限界は、海外での政策をみるとさらに明らかになる。19世紀の「パクス・ブリタニカ」は、すでに述べた卓越した経済力だけでなく、ナポレオン戦争の過程で確立した圧倒的な海軍力と、世界各地の広大な植民地の存在に支えられていた。植民地帝国の形成と拡大が、他のヨーロッパ諸国と

イギリスとの違いを際立たせる最大の特徴であり、「帝国」イギリスの影は、政治経済面だけでなく、すでに前章で述べた「茶と砂糖の世界史」のように、生活革命など民衆の日常社会にも色濃く反映されていた。

　ところで当時のイギリス帝国は、カナダ、オーストラリア、ニュージーランドのような、イギリス本国の白人が移民・定住して発展した白人定住植民地と、インドや英領マラヤ、ナイジェリアのような非ヨーロッパ地域の異民族を征服して支配権を獲得した従属植民地に二分できる。その中間にあったのが、ブリテン島の対岸にあるアイルランドである。

　17 世紀以降、アイルランド島はイギリスにより征服されて事実上の植民地に転落した。大多数のカトリック系の農民は、プロテスタントの地主の支配に苦しめられていた。フランス革命とナポレオン戦争の過程で、イギリスはアイルランドを正式に併合した。1840 年代には、アイルランドの主食となっていたジャガイモに病気が発生して食糧不足、大飢饉が発生した。餓死するものも多く、イギリス本土やアメリカなど、国外に逃れた者は 100 万人を超えた。このアイルランド飢饉が、前述の穀物法の廃止をうながす大きな要因ともなった。その一方でアイルランドは、併合されて以来イギリス議会に独自の議席をもち、19 世紀後半になると、二大政党制のもとで、本国政治を左右する決定的な影響力を行使するにいたった。また、イギリスの植民地に多くの植民地官僚や軍人を送り出し、本国からの政治的自立を求めながら、同時に、対外的にはインドなどで植民地支配を積極的に支える役割を担っていた。

　しかしこの時期のイギリス帝国の影響力は、以上のような正式の植民地に限定されたわけではない。産業革命による圧倒的な経済力を背景にして、自由貿易政策を確立したイギリスは、19 世紀を通じてこの政策を世界中に輸出する政策を展開した。その典型は、ナポレオン戦争の結果、スペイン・ポルトガル両国の支配から独立したラテンアメリカ諸国や、次章で詳述する東アジアの中国・日本に対する政策に見られる。イギリスは、ラテンアメリカ諸地域が独立すれば、自由に貿易ができ、自国に有利な輸出市場になると考えて、アルゼンチン、ブラジル、メキシコなどのラテンアメリカ諸国の独立運動を事実上容認した。そのため独立後も、ラテンアメリカではコーヒーや小麦など単一作物をつくる

モノカルチャーの傾向がますます進行した。イギリスがこれらの作物の重要な輸出先になるにつれて、これら諸国は事実上、イギリスの非公式で間接的な経済支配のもとにおかれていった。こうした「可能であれば非公式支配による貿易を、必要となれば公式（植民地）支配による貿易を」という、自由貿易の押しつけと強要による影響力の拡張政策を「自由貿易帝国主義」と呼び、その影響下に置かれた地域や諸国は「非公式帝国」と位置づけることができる。

　ラテンアメリカのアルゼンチンやブラジルが、現在でもなおサッカーで圧倒的強さを見せる背景には、自由貿易帝国主義を通じたイギリスの文化的な影響力の行使、サッカーやラグビーなどの近代的スポーツの帝国各地への輸出がある。だが、イギリスの自由主義的改革や自由主義は本国社会に限定され、海外では自由の制限や格差を生む、帝国・植民地支配を同時におこなったことが、「パクス・ブリタニカ」の最大の特徴である。

2．欧米の国民国家建設と工業化

(1) ウィーン体制と 1848 年革命

　ナポレオンの失脚後、ヨーロッパ大陸では革命戦争後の国際秩序を構築するために、ウィーン会議が開かれた。その会議では、ヨーロッパをフランス革命以前の状態に戻すべきだとするフランスの主張が受け入れられる一方で、大国間の勢力均衡と協調をはかり、革命運動や独立運動を抑えこむ保守的な国際秩序であるウィーン体制が築かれた。この体制のもとでヨーロッパ大陸では、自由主義やナショナリズムの運動が弾圧された。

　だが、反動的なウィーン体制は長続きせず、1830 年にフランス・パリで民衆が蜂起した七月革命により大きく動揺した。七月革命後のフランスでは、自由主義政策により工業化が進展し、ブルジョワジーと労働者の数が増大した。だが、政治的権力はごく少数の高額納税者が独占して、大多数の民衆は政治から排除されていた。その反発から 1840 年代には選挙法改正運動が激化し、1848 年 2 月に再度パリで革命がおこり、共和政が樹立された。

テーマ解説 自由貿易帝国主義論

　1953 年に二人のイギリス帝国史家、J. ギャラハーと R. ロビンソンが共同で執筆した 'Imperialism of Free Trade' という画期的な論文を発表した。

　その主要な論点は、次の四点に要約できる。(1)時間的二分法の否定：帝国の領土拡張について、19 世紀中葉と後半の連続性を強調する。世紀中葉におけるニュージーランド、インド周辺部、南アフリカにおける植民地獲得の事実を指摘し、白人定住植民地に自治権を与えた政策の再検討をおこなう。(2)空間的二分法の否定―インド、オーストラリア、シンガポールなど国際法で認められた植民地＝「公式帝国」（formal empire）だけでなく、前節で述べたラテンアメリカ諸国や、中国、オスマン帝国のように、政治的には独立国（主権国家）であっても経済的にイギリスの圧倒的な影響下に置かれた、「非公式帝国」（informal empire）の存在を指摘する。(3)海外膨張をめぐる非経済的・戦略的要因の強調―19 世紀末の「アフリカ分割」に見られたような植民地（公式帝国）獲得の原因を、経済的利益の確保からではなく、イギリス本国の政治家や現地に派遣された植民地行政官ら、「政策担当者」の外交・軍事戦略から説明しようとする。(4)ヨーロッパ中心主義史観批判、すなわち周辺・協調理論、「現地の危機」論―帝国の拡大を、イギリス本国側の要因から説明するのではなく、イギリスは帝国の周辺地域で政争や紛争に予期せぬ形で巻きこまれ、現地植民地社会のエリート層が政治的に協力したことで、イギリス帝国の領土が拡大したと主張する。

　この斬新なイギリス帝国の拡張論である自由貿易帝国主義論は、70 年たった現在でも妥当である。だが、その有効性をめぐり論争が続いている。最大の論争点は、「非公式帝国」という概念をどこまでイギリス帝国の研究に適応できるか、という点であった。従来のように、世界地図で赤く塗られた公式の植民地（公式帝国）だけでなく、主権を有する国家として政治的に独立していてもイギリスの経済的影響下に置かれていた諸地域（非公式帝国）をイギリス帝国研究の対象として容認した場合、イギリス帝国がカバーする地理的範囲は一挙に地球的規模に広がったのである。

　論争では、特に、19 世紀後半のイギリス＝ラテンアメリカ関係が問題になった。ある論者は、砲艦外交を通じたイギリスの非公式帝国の存在を否定し、ブラジル・アルゼンチンなどラテンアメリカ主要国の自立性と、本国の実業界とイギリス政府の両利害の乖離を強調した。さらに非公式帝国に着目することで、20 世紀後半から現代のアメリカ合衆国のグローバルな影響力行使（パクス・アメリカーナ）とイギリス帝国との相互比較も可能になり、研究の射程は、文字通りグローバルな広がりを見せている（秋田茂）。

この二月革命の影響はヨーロッパ各地に広がり、1848年はヨーロッパ全体が革命運動に揺れた年となった。ウィーンとベルリンでは三月革命が起こり、オーストリア支配下のチェコやハンガリー、北イタリアでも独立運動が激化した。運動は翌年にはいると後退したが、オーストリアで農奴制が廃止され、プロイセンで憲法が制定されるなど、ヨーロッパ中央部から西部の諸国では全体として、自由主義ブルジョワジー優位の社会へと近づいた。そのなかでフランスでは、ナポレオンの甥が、強力な政府の登場を期待する民衆の支持を背景にクーデタで独裁権をにぎり、1852年に第二帝政を樹立した。

(2) イタリアとドイツの統一

　1850年代に入ると、ばらばらに分裂していたイタリアやドイツ地域でも、ナショナリズムの高まりを背景としながら、イギリスの経済的優位に対抗するために、国民国家の建設と統一市場の形成が進められた。

　中世から都市国家が分立していたイタリアでは、サルディーニャ王国が産業の近代化に成功し、国家統一を推進した。サルディーニャはフランスの支持を得て、1859年のイタリア統一戦争で、それまで統一をはばんできたオーストリアに勝利を収め、イタリアの中北部を獲得した。1861年には南部イタリアもガリバルディから譲り受けて、立憲君主制のイタリア王国が成立した。その後イタリア王国は、ヴェネツィアとローマ教皇領を併合して一つの国民国家になったが、豊かな北部工業地帯主導の国家統一は、貧しい南部農業地域との経済格差を原因とする差別の問題をひきおこすなど、イタリアの国民統合にとって大きな課題を残した。

　他方ドイツでは、1834年にプロイセンを中心とするドイツ関税同盟が成立していた。この経済的統一を背景に、プロイセン首相のビスマルクが、軍備を強化してオーストリアを排除したドイツ統一を進めた。彼は1866年に戦争でオーストリアを破り、さらに1870年には南ドイツに介入するナポレオン三世に対して勝利を収め、フランスからアルザス・ロレーヌを獲得した。こうして1871年、連邦制のドイツ帝国が成立した。統一後、ビスマルクは社会主義運動をきびしく取り締まる一方で、医療・災害保険などの労働者保護政策を展開し、た

くみに国民統合を進めた。さらに保護貿易政策をとって、自由貿易主義のイギ
リスに対抗して急速に経済を成長させた。プロイセンに大敗したフランスでは
第二帝政が崩壊し、パリの民衆の蜂起（パリ・コミューン）が短期で鎮圧され
たのちに、新たに第三共和政が成立した。

　以上の経緯に見られるように、西ヨーロッパの主要地域においても、国民国
家の形成と確立は意外に遅く 19 世紀の後半にずれこんでおり、日本の明治維新
とさほど時期的な差はなかった。国民のまとまりを高める国民統合は、さらに
遅れて 19 世紀末の「帝国主義の時代」を待たねばならない。

（3）ロシア帝国の拡張とグレート・ゲーム

　ロシア帝国では、西ヨーロッパ諸国のような政治社会改革をめざす動きと、
ロシア独自の社会をめざす二つの動きのなかで、皇帝による専制政治と農奴制
が維持されていた。そのなかでロシア帝国は、黒海から地中海への通路を求め
て南下政策を進め、1853 年に正教徒保護を口実にオスマン帝国に宣戦した（ク
リミア戦争）。しかし、アジアへの通路としてこの地域を重視するイギリスとフ
ランスがオスマン帝国を支援したため、ロシアは敗北し南下政策は失敗に終わっ
た。勢力均衡によって大国間の戦争を防ごうとしたウィーン体制は、このクリ
ミア戦争で最終的に崩壊した。

　敗戦後のロシア帝国では、1861 年に農奴解放令が出されて、自由主義的改革
と工業化への道が開かれた。1870 年代、バルカン半島でスラブ人の独立・団結
をめざす運動がおこると、1877 年にロシアはそれを支援して、再度オスマン帝
国とロシア＝トルコ（露土）戦争を起こした。戦争ではロシアが勝利したが、
イギリスとオーストリアがロシアの勢力拡大に反発したため、ビスマルクの調
停でベルリン会議が開かれた。ロシアの地中海方面への南下政策はまたしても
阻まれ、バルカン半島をめぐるヨーロッパ列強諸国の対立は激しくなった。こ
の複雑な利害の対立は、後に第一次世界大戦の遠因となる。

　バルカン半島での南下を阻まれたロシア帝国は、中央アジア・東アジアへと
南下政策を転換することになる。東アジアでは、中国・清がアロー戦争（後述）
と太平天国の乱の鎮圧に苦しんでいるのに乗じて、黒竜江以北や沿海州を獲得

し、ウラジオストークに軍港を建設した。また1875年に、日本との樺太・千島交換条約で樺太（サハリン）を獲得した。中央アジアでは、1860年代以降、あいついでウズベク人の三つのハン国を支配下に置いた。さらに、アフガニスタンにも外交使節を送り、英領インドの北西国境地帯への圧力を強めた。

　こうしてロシア帝国の領土拡張と南下政策は、バルカン半島・中央アジア・東アジアの三方面でイギリスとの対立を引き起こした。この英露両国のユーラシア大陸規模での勢力拡張競争は「グレート・ゲーム」と呼ばれ、やがて日本をまき込んだ帝国主義戦争である日露戦争を誘発することになる。

（4）アメリカ合衆国の膨張と南北戦争

　19世紀のグローバル化はイギリス主導で進んだが、後の20世紀に世界システムの中核をになうようになるアメリカ合衆国が台頭してくる。

　独立後のアメリカ合衆国は、領土を西方へ拡大し、19世紀なかごろには太平洋岸にまで達して、大西洋から太平洋にいたる大陸国家として着実に発展した。白人の入植者たちは、先住民を圧迫しながら西部開拓をすすめ、開拓の最前線であるフロンティアも西へ移動した。1848年に太平洋岸のカリフォルニアで金鉱が発見されると、ゴールドラッシュが起こり、東部からの移民の流入に拍車がかかった。

　この領土拡張の過程で、連邦政府の権限や奴隷制の存続をめぐって南部と北部は対立するようになった。奴隷制プランテーションによる綿花栽培を基盤とする南部は、自由貿易を主張したのに対して、独自の商工業の発展を求める北部は、高い関税を課す保護貿易と自由労働を主張した。西部に新たな州が生まれるたびに、奴隷制を認めるかどうかが政治の争点となった。1860年の大統領選挙で、奴隷制の拡大反対を唱える北部を基盤とする共和党のリンカンが当選すると、南部諸州は連邦から離脱して南北戦争が始まった。当初北部は劣勢であったが、1863年にリンカンが奴隷解放宣言を発布して国内外の世論を味方につけると、北部は優勢に転じて1865年に南部を降伏させた。

　南北戦争の結果、アメリカは国家の統一を回復し、1869年に最初の大陸横断鉄道が開通して、南部の農業経済は北部に取りこまれ、大陸規模で国内市場が

拡大した。この国内経済再建の過程で、綿工業などの軽工業だけでなく、機械や鉄鋼、石油などの重工業も発展をはじめ、独占企業も形成された。この急速な工業化の労働力として発展を支えたのは、19世紀後半に増大したアイルランドや、南欧・東欧からの新移民であった。また、西部には中国や日本からのアジア系移民が流入し、鉄道建設や農園などの労働力となった。こうした国際的な労働力移動に支えられて、世界的な分業体制である近代世界システムにおいても、アメリカ合衆国は中核国へと歩み始めることになった。

　アメリカ南北戦争の影響は国内だけにとどまらなかった。南部の主力輸出商品であった綿花の対英輸出を阻止するため、北軍は南部の海上封鎖をおこなった。そのため、「世界の工場」イギリスでは、綿工業の主要原料であったアメリカ綿が不足する「綿花飢饉」に直面し工場の操業が止まる騒ぎになった。緊急事態に直面したイギリス実業界は、急遽アメリカ綿に代わる別の綿花供給先を開拓せねばならなかった。そこで改めて注目されたのが、植民地インドで生産された綿花である。もともと、インドとアメリカの綿花は品種が異なり、紡がれた綿糸の品質も異なるため、インド綿花の使用に消極的であったイギリス実業界も、一時的にインド綿花に依存せざるをえなくなったのである。その結果、現地インドでは、綿花価格がはねあがり取引が活況をなす「綿花ブーム」となった。この過程で膨大な収益をあげた現地のインド人綿花商人は、その稼いだ収益を新たにボンベイ（ムンバイ）近郊での機械製紡績業の起業に投資したのである。こうして1860年代末より、ボンベイを中心にインドの綿工業は「復活」することになる。南北戦争が、間接的に植民地インドの工業化のきっかけを創りだしたわけで、ここにも南北戦争の世界史的な連関性を見出すことができる。

3．近代化と大衆社会の萌芽

（1）科学技術の発展と大衆社会の形成

　19世紀後半の欧米では、国民国家の国力を増大させる手段として、従来は別々に行われてきた宇宙や自然の真理探究としての自然科学の研究と、職人層

が担ってきた生産現場での技能訓練が結びついて一体化し、科学技術の開発が進んだ。たとえば、イギリスで発見された電磁誘導の法則は、ドイツでの発電機やモーターの発明、アメリカでの電話の原理の発明などにつながった。また、ドイツでのエンジン（内燃機関）の発明が、鉄道に代わる自動車の発明に結びついて、交通機関の革新をもたらすことになった。

　自然科学の思考を重視する傾向は、イギリスのダーウィンが出版した『種の起源』（1859年）の進化論で、既存の宗教観と社会観にも大きな影響を与えることになった。彼は、生存に有利な変異の蓄積によって進化が起こると唱えた。種の進化を唱え、ヒトも他の動物と同じ種の一つだとするダーウィンの学説は、ヒトは神が自身の姿に似せて全生物を支配させるために創造した不変なものであるという聖書の人間観を、大きくゆるがすことになった。同じくイギリスのスペンサーは、この進化論を人間社会に流用して、「適者生存」論（社会進化論）を唱えた。これが1870年代にはいると、社会的な弱者や、欧米に比べて劣等とみなされた諸民族・人種への迫害・支配を正当化する論理となって、やがて欧米諸国の非ヨーロッパ社会に対する帝国主義支配を支えることになる。

　その一方で、国民国家の内部では、労働者階級や農民層を「国民」として国家に統合し、国家としてのまとまり（凝集力）を高めるために、国家が中心となって初等教育を義務化し推進する政策が推し進められた。工業化を推進するためには、識字能力を有する均質で良質な労働力を大量に必要とし、また、ドイツの国家統一に見られるように、国民国家の創設と発展のためには、強力な国民意識と国家への忠誠心を持つ兵士で構成される国民軍（軍事力）の整備が、不可欠となった。そのため欧米各国は、上からの初等教育の整備に力を入れた。おりからの科学技術の発展は印刷術にもおよび、印刷機の改良により、安価な大衆向け新聞が欧米各国で創刊された。

　こうしたマスメディアの登場と、義務教育による識字率の向上が結びついて、マスコミによる画一的な「世論」が形成される大衆社会が生まれ始めた。この大衆社会化現象は、本章冒頭で述べた世界市場の形成による、日常生活のレベルでのグローバル化の進展と自由貿易の拡張により、非ヨーロッパ世界から大量の安価な消費物資がヨーロッパに流入することで引き起こされた、日常生活

の変容（生活革命）を通じて、消費生活面でも進展した。

（2）近代の文化・芸術と学術

　自由主義やナショナリズムの思想が広まった背景には、19 世紀前半のヨーロッパ文化を特徴づけるロマン主義があった。ロマン主義は、理性を重視する啓蒙思想に反発して、自由な感情や個性を重視した。ウィーン体制による政治運動の抑圧は、自由への激しい情熱を産み出し、その情熱は既存の美意識や道徳を破壊した。当時の芸術家は、そうした醜いもの、恐ろしいものに対する苦悩のなかに「美」を見出し、芸術界に衝撃と批判の嵐を巻き起こした。フランスのドラクロアの「民衆を導く自由の女神」（ルーブル美術館蔵：図版）は、1830 年の七月革命を描いたもので、ロマン主義の代表作である。

　学術にもナショナリズムの影響が反映された。特に、イギリスに遅れて工業化と国家統一に乗り出したドイツでは、ドイツ民族の独自性を強調する観念論哲学や経済学、法学が形成された。歴史学の分野でも科学的考察への志向が強まり、ランケは、史料批判による科学的研究方法を重視して、近代歴史学の基礎を築いた。その一方で、ナショナリズムに批判的なマルクスが唱えた史的唯物論も、歴史学の発展に貢献した。

　科学技術の進歩により工業化が進展すると、文学や芸術の関心も、人間の内面よりも「外のモノ」に向けられ、科学者のように社会や人間を客観的に描こうとする写実主義が台頭した。さらに、写真術と光学の発達は絵画のあり方を変えた。画家たちのなかには、写真のように正確に描くよりも、

図 8-2　ドラクロワ「民衆を導く自由の女神」
1830 年のフランス七月革命を描いたもの。自由の女神がバリケードを乗りこえ、革命の三色旗を掲げて民衆を戦いへと駆り立てる。熱狂や恐怖など、劇的な人間の感情を前面に出すロマン主義の代表作（ルーブル美術館所蔵）。

瞬時に目に写る光の色を描こうとする印象派が現れた。そのための表現法を探るなかで、日本の浮世絵はモネやゴッホなどの画家たちに大きな影響を与えた。また、科学技術の飛躍的な進歩は、SF 小説という新しいジャンルを生み出した。前述のジュール・ヴェルヌの『80 日間世界一周』や『海底二万マイル』などの小説は、単なる空想ではなく、その時代の科学的知識や技術をふまえ、実現可能な近未来の技術を予見して、未知の土地への探検に読者をさそった。こうしたヨーロッパの学芸の変化にも、当時のグローバル化の影が色濃く反映されていた。

　この時期に近代ヨーロッパで形成された近代的な学問と学術の「知の体系」は、その後 20 世紀を経て現代にいたるまで、依然として大きな影響力を持っている。そこでは、18 世紀の啓蒙主義に見られた非ヨーロッパ世界への学問的関心や畏敬の念は消え去り、弱肉強食の生存競争を正当化する社会進化論とともに、ギリシア・ローマ以来の優れたヨーロッパ文明と、対照的に劣り停滞したアジア文明、さらには文明すらもたないアフリカという像が正当化された。今日の人文・社会科学に依然として見られる「ヨーロッパ中心主義」の原型が形成されたのである。

練習問題

> 歴史学や世界史以外の学問、それに中学・高校の授業科目には、それらのネーミングや扱う内容と研究方法などのうち、どんな点に「ヨーロッパ中心主義」や、人種・ジェンダーなどに関する無意識の偏見があらわされているか、自分の学部や専攻を手がかりにして考え、話し合ってみよう。

（3）社会主義の登場

　19 世紀前半には、イギリスに続いてフランス・ドイツでも工業化が進み、豊かな産業資本家と貧しい賃金労働者という二つの社会階級が生まれた。やがて、労働者たちは団結して労働条件の改善を求めるようになった。こうして労働運

「原始共産制」と「母権制」

　社会のはじめには女は男の奴隷であったと考えるのは、18世紀の啓蒙思想からうけつたえられたもっとも不合理な観念のひとつである（中略）普通、女のがわが家を支配した。貯蔵物は共有であった……

　だから、富が増大するのに比例して、その富は、一方では、家族内で男に女より重要な地位をあたえ、他方では、この強化した地位を利用して子の利益のために従来の相続順位をくつがえそうとする衝動をうみだした（中略）この革命――人類の経験したもっとも深刻な革命のひとつ――は、（中略）女系による血統の算定と母かたの相続権とがくつがえされ、男系による血統と父かたの相続権とがうちたてられた……

（エンゲルス著、村井康男・村田陽一訳、『家族・私有財産および国家の起源』
大月書店、1976年［1891年刊の第4版からの訳］、62、70〜71頁）

解説

　マルクスの盟友エンゲルスは、19世紀の社会発展論や民族学を土台にして、私有財産制にもとづき階級対立のある社会より以前に、「原始共産制」社会があったことを主張した。人類社会の最初から男性が女性を支配したと考えるキリスト教や啓蒙思想に反対して、最初は母権制・母系制の社会があったが、生産力の発展による私有財産制度の出現が、父権制・父系制への転換をもたらしたと主張するエンゲルスの説は、フェミニズム（女性解放運動）に大きな刺激をあたえた。ただし現在では、人類学・考古学や歴史学の進歩によって、原始時代を母権制と見る説は崩れ、かわって、男女の地位の差や分業が不明瞭で、系譜の観念が未発達な社会が想定されている（桃木至朗）。

動がはじまると、資本家の営利主義を批判して貧しい労働者を救うための社会改革を主張する人々が現れた。一部の人々のみが利益を得る不平等さを改め、社会全体の幸福のために理想社会をめざす思想と運動は、社会主義とよばれた。

　19世紀半ばには、前述のヨーロッパ諸国における革命のなかで、工場労働者の労働運動も高まった。1848年の二月革命の直前に、マルクスとエンゲルスの『共産党宣言』が出版された。これは、人類の歴史を階級闘争の歴史と考え、経

済構造を土台として社会が段階的に発展するという法則（のちに史的唯物論^{ゆいぶつろん}と呼ばれる）を明らかにして、労働者階級の国際的な団結をよびかけたものである。マルクスは主著『資本論』において、資本主義社会の矛盾を学問的に分析し、経済学の分野でも大きな影響を及ぼした。さらに彼は、新社会は社会革命により誕生すると考え、資本主義社会は労働者階級の主導による社会主義革命で終止符がうたれるはずだと論じた。

19世紀後半は、前述のように大衆社会が誕生し始める一方で、工業化の進展で数を増した労働者が、貧富の差の拡大につれて、階級としての自覚を強めるようになった。1870年代からの世界的不況（大不況）により、労働運動と社会主義運動は拡大していった。こうした労働運動の高まりに直面したヨーロッパ各国の政府は、ある程度の社会福祉政策を実施するようになった。前述のドイツ帝国成立後のビスマルクの政策がその典型である。これは一方で、ヨーロッパの労働運動を分裂させる一因になった。民衆の蜂起などによる社会革命を通じて社会主義の実現をめざすマルクス主義者[2]に対して、19世紀末以降、議会を通じて社会を改良することで社会主義の実現をもとめる「社会民主主義」とよばれる勢力が現れたのである。

また、社会福祉の進展は、国民国家への労働者の帰属心を強め、のちの第一次世界大戦にみられるように、労働者の国際的な連帯意識を弱めることになった。さらに、19世紀の社会主義・労働者運動は、世界システムの中核地域である西ヨーロッパとアメリカにその影響力が限定されていた点でも限界があった。1870年代から本格化するヨーロッパ諸国の海外膨張、植民地帝国建設の動きのなかで、非ヨーロッパ世界の労働者や農民層と連帯・協力して地位の改善を求

---

(2)マルクスらの思想・運動から共産主義という言葉が一般化し、20世紀に入ると、社会民主主義に傾く各国の社会主義政党から分離して、改良でなくあくまで資本主義社会の構造全体を変えようとする共産党が結成された。1917年にロシア革命がおこってソヴィエト連邦が成立すると、一党独裁型の政治をおこなうソ連型の政党や国家が、資本主義国の側から共産主義と呼ばれたが、ソ連側では、資本主義を打倒した社会主義（生産財の私有の廃止、計画経済などを特徴とする）のさらに先にある、未来の理想的な段階を共産主義と呼んだので、用語法の食い違いによる混乱が生じた。

めようとする意識はほとんどなかった。海外の植民地では、黒人奴隷制にかわる不自由・低賃金労働力である中国系やインド系の労働者によって第一次産品（綿花・砂糖・天然ゴムなど）が生産され、それらは冒頭に述べた輸送・情報革命の結果、安価な消費物資として大量に欧米諸国に輸入され、労働者を含めた大衆社会化を支えることになった。

まとめの課題

18〜19世紀のヨーロッパ・アメリカで創り出され、現在まで「近代国家」「近代社会」のモデルとなっているしくみはどんなものか。政治と国家の形態、経済と暮らしや家族のしくみについて、近代以前の状況も思い浮かべながら、整理して説明せよ。

（着眼点）①国家はどんな国家で建前上だれのものか。何が国家の基本
　　　　　　ルールになるか。どんな機構や組織、チャンネルを通じて
　　　　　　政治は動かされるか。
　　　　　②人々が生活に必要とする品物は何のためにどこで生産され、
　　　　　　人々はそれをどうやって入手するか。経済活動を動かすメ
　　　　　　カニズムは何か。
　　　　　③労働の場と生活の場の関係、そこでの家族・ジェンダーの
　　　　　　ありかたなどは、どのようなものか。

近代家族

　18 世紀末以降にヨーロッパで出現した家族のあり方を、近代以降に特徴的であるとして「近代家族」と呼ぶことが歴史学・社会学・法律学などの分野で定着している。「近代家族」は、核家族、仕事の場と居住の場の分離、男は外で仕事・女は家で家事という男女の役割分業、子ども中心主義、家族の情緒的つながりなどをその指標とする。もっとも、夫婦と子供からなる家族や、職住の分離、男女の役割分業、子供に対する愛情、家族間の情愛といった個々の要素が、近代になって初めて出

図 8-3　ヨーロッパの近代家族

現したわけではない。重要なのは、これらが複合的に絡み合った家族のかたちが、あるべき家族像とみなされたところにある。

　その特徴の 1 点目は、夫が経済的基盤として外で働き、妻が良妻賢母として消費と再生産の場としての家を取りしきるという役割分業が規範とされたことである。「主婦」が誕生し、「母性」が強調されるようになった。

　生産から分離され私的領域に特化していたことも、近代家族の特徴である。前近代の家は、生産の場であり、一種の経営体であった。手工業であれ農場であれ、生業を営む世帯には住み込みの奉公人が雇われており、彼らは寝起き・食事など生活全般にわたって雇い主の家族と一緒に過ごしていた。雇い主の子供も雇われている若い者も同じベッドで寝、食事も大きなテーブルを囲んで同じものを食べ、あたかも一つの家族のようにして生活したのである。ところが中世末から徐々に、家族だけの生活が好まれるようになる。その際家族をまとめる象徴として浮上してきたのが「子供」である。ルネサンス以降の絵画で、家族や「子供」の肖像画が好んでとりあげられるようになるのも、こうした変化を背景にしている。家族の生活領域を血縁関係にない者から切り離したり、子供部屋を設けたりするようになったのも、このころのことであった。王侯貴族など社会の上層からはじまったこの変化は、その後弁護士・医師・教師・官僚など専門職の市民層の出現とともに、社会全体に広がっていくことになった。

　新たに出現してきた市民層にとって、階級にふさわしい教養と立ち居振る舞いを身につけ家事使用人を監督する「主婦」の存在は、一種のステータスであった。じっさいには家庭内にこもって良妻賢母に徹することができたのは、ごく一部の女性に限られていた。農家の妻は近代になってもあいかわらず農作業の要員であったし、労働者の家庭は妻子の収入をあてにしなくてはならなかった。それにもかかわらず、「近代家族」のありかたは、それを実現しえない家族にとっても、理想的なかたちとして受け入れられ、また近代化につれてヨーロッパ以外の世界にも広がっていったのである（栗原麻子）。

第9章

アジア諸地域の動揺と諸改革

章のあらすじ

　18世紀にはアジア諸地域の社会・文化はゆるやかに成熟しつつあったが（第6章）、同じ時期のヨーロッパの爆発的発展（第7章）の結果、19世紀に入ると、17世紀までのアジア中心の世界の構図は完全に逆転していた。イギリスを筆頭に「自由貿易」を掲げて迫るヨーロッパ勢力（第8章）に、アジア諸国が対抗することは軍事的にも経済的にも困難で、南アジアや東南アジアはほぼ全域が植民地支配下に置かれた。西アジアや東アジアでは改革と近代化の努力が行われたが、自立した近代国家を作るこころみは、日本以外ではなかなか成果をあげなかった。ヨーロッパを中心とする経済分業システムに組み込まれたアジア各地の経済構造は、資源や農産物の輸出を軸とするものに改造されていった。ただしアジア域内の貿易が活性化し工業化も始まるなど、他の従属地域とは違った独特の動きも広がった。

Key Question

19世紀末にかけて進んだ世界の一体化と、現代のグローバル化にはどんな共通点があるだろうか。現代のグローバル化に関する中学・高校の既習事項を思い出しながら、予想を立てて話し合ってみよう。

図 9-1　19 世紀末のアジア間貿易（『世界史 A』（第一学習社）165 頁「19 世紀末のアジア間貿易」より転載）

イギリス領
フランス領
オランダ領
アメリカ領

北京

清

神戸　東京
大阪

日本

ボンベイと大阪
から中国市場へ

綿糸
綿布
茶

日本からの帰り荷

生活雑貨品
綿糸
綿布

香港

台湾

フランス領

フィリピン

ボール

ボルネオ

オランダ領東インド

ジャワ　砂糖

ボンベイ航路に就役した
日本郵船の三池丸

207

1. イスラーム世界の苦悩

(1) ヨーロッパ型近代化の試みと経済的従属

　かつてはヨーロッパをしのぐ繁栄を誇ったオスマン帝国は、18世紀になると軍事的に弱体化して、近代的国家建設を進めるヨーロッパとの間で、力関係が逆転するようになった。オーストリアや、南下政策を取るロシア帝国にバルカン半島や黒海沿岸の領土を奪われ、帝国内のギリシア正教徒の保護権もロシアが獲得した。1798〜99年には、フランス革命とナポレオン戦争の過程で、ナポレオン指揮下のフランス遠征軍が、イギリスとインドの連絡路を絶つ目的でエジプトを一時的に占領した。1829年には、英仏などの支援を受けて、ギリシアがオスマン帝国から独立した。

　こうした危機に直面したオスマン帝国は、1839年、タンジマート（恩恵改革）に着手した。それは日本の明治維新よりも早く、中央集権的な官僚機構、近代的な軍隊、法の支配などヨーロッパ型の近代化をめざした行政改革であり、一定の成果をあげた。しかし経済面での改革は行われず、オスマン帝国はイギリスを中心とする世界経済（近代世界システム）に従属的に組み込まれていった。

　1838年にオスマン帝国はイギリスとの間で通商条約を結んだが、この条約はイギリス商人の権利だけを保障する不平等条約であり、関税の自主的な決定権も欠如していた。その結果、イギリスを中心とする外国製品が帝国内に流入し、帝国内部の伝統的な手工業は大きな打撃をうけた。さらにオスマン帝国は、たび重なる対外戦争の軍費の確保で外債に依存するようになり、最大の債権国であるイギリスからの借金が増大した。クリミア戦争ではロシアに勝利したもののその戦費負担は大きく、国家財政は破綻状態に陥りイギリスによる財政管理下に置かれて、オスマン帝国は事実上のイギリスの「非公式帝国」に転落した。

　こうした危機的状況のなかでオスマン帝国の知識人たちは、立憲政治を求めるようになり、1876年に宰相ミドハト＝パシャが、アジアで最初の憲法であるオスマン帝国憲法を発布した。この憲法は、宗教を問わずに帝国内部の諸民族を平等に扱い、翌年には二院制の議会も発足した。しかし、ロシア＝トルコ戦

争の勃発を理由に憲法は停止され、皇帝による専制政治が復活して憲政は短命に終わった。戦争に敗北したオスマン帝国は、バルカン半島の大半の領土を失い、ヨーロッパ列強の圧力はますます強まった。

　ナポレオンのエジプト遠征後の混乱のなかで、エジプトでは事実上の独立王朝が成立し、近代化に乗り出した。その立役者ムハンマド＝アリーは、富国強兵・殖産興業の近代化政策に着手し、国民国家としてのエジプトの地位確立をめざした。対外的には、南のスーダンの征服など領土拡張策をとったが、その過程でヨーロッパ列強との対立を生じた。通商面では、オスマン帝国と同様な不平等条約を押しつけられ、関税自主権を失い、列強の治外法権（領事裁判権）を認めることになった。

　19世紀半ば以降、ナイル河デルタ地帯で綿花栽培が広がり、1860年代前半のアメリカ南北戦争の余波を受けてその栽培はさらに広がった。1869年には、フランスの支援によりスエズ運河が完成し、地中海とインド洋が結ばれてエジプトの戦略的な重要性がさらに増大した。しかし、急激な近代化と運河の建設でエジプトは財政難に陥り、オスマン帝国と同様に外債に大きく依存するようになった。財政難によりエジプトは1875年に、所有していたスエズ運河会社の株式をイギリスに売却し、スエズ運河の実質的な支配権はイギリスが握るようになった。翌年にはついに財政破綻に陥り、エジプトはイギリス・フランスによる国際的な財政管理のもとに置かれた。

　こうした列強の経済的支配に反発して、1881年にオラービー革命とよばれる国民的な抵抗運動が起こった。立憲議会の設立と外国人支配からの解放をもとめたこの革命運動は、イギリス軍によって鎮圧され、エジプトは実質的にイギリスの保護国になった。

　東のイランでは、カージャール朝が1796年に国土を統一したが、南下政策をおしすすめるロシアと戦って敗れた。1828年には不平等なトルコマンチャーイ条約を結び、アルメニアの割譲やロシア人の治外法権を認めた。

（2）パン・イスラーム主義の高揚

　イスラーム世界では、オスマン帝国を中心にさまざまな民族や宗教が共存し

ていたが、ヨーロッパ列強の圧力を受けるなかで、どのような形で近代的な国家をつくるべきか、さまざまな模索がなされた。そのなかで、「宗教」としてのイスラームを優先し、再び「宗教」によるつながりを強めて近代的なイスラーム国家を創ろうとする考え方が、パン＝イスラーム主義である。

　イラン生まれのアフガーニーは、列強とくにイギリスによる支配の脅威についてイスラーム世界で警鐘を鳴らした。彼は、イスラーム世界の復興のために、各国における専制から立憲制への改革を訴えるとともに、パン＝イスラーム主義によるイスラーム統一とアジアの連帯を唱えた。彼は多くの弟子を育てるとともに、各地を回ってその思想を広めた。19世紀後半になると、蒸気船による海上交通が発達したため、メッカへの巡礼者が増大したが、こうした巡礼者の増加も、各地にパン＝イスラーム主義を広める役割を果たした。

2. 南アジアの植民地化

(1) インド大反乱とインド帝国

　1765年にベンガルなどの徴税権を獲得したイギリス東インド会社は、それ以降、領土支配の機構を急速に整えていき、本来の貿易会社から、地税や関税を徴収してイギリス本国に送金する行政機関に変化していった。

　東インド会社は19世紀の前半に、インド社会を「近代化」（西欧化）するために、現地社会の制度改変をめざした積極的な介入政策を展開した。そのなかでも、近代的な税制の導入は社会を大きく変動させた[1]。またイギリスは、現地の「野蛮な風習」を排するとして、サティー（寡婦の殉死）の禁止など「啓蒙主義的」な改革政策を導入したが、「伝統」の破壊として多くのインド人の反発を招いた。

---

(1)土地の所有権をただ一人にしか認めない西欧的な地税制度が導入されると、農民が伝統的にもっていた重層的な権利・慣習は奪われ、村の共同体的な人間関係も崩れた。地税の金納化の強制は、高利貸しなどに対する農民の借金を増やし、売買を通して富裕者への土地の集積も進んだ。

　こうした急進的な改革政策への反感は、1857年のインド人傭兵シパーヒーの反乱をきっかけに爆発した。反乱はまたたくまに北インド各地に広がり、重税に苦しむ農民や綿織物業者、旧支配層などの幅広い階層が加わり、イギリスのインド支配を大きく揺さぶった。最初の民族運動であるインド大反乱の勃発である。反乱軍はデリーを占拠し、ムガル皇帝を擁立した。しかし、イギリスは本国から大軍を送り、現地社会の分裂を利用して反乱をかろうじて鎮圧し、ムガル皇帝は廃位された。

　この大反乱を機にイギリスは、1858年に東インド会社を解散して、インドを本国政府の直接統治下におき、1877年にはイギリスのヴィクトリア女王を皇帝とするインド帝国を成立させた。大反乱後のイギリスは、帝国統治の安定を最優先してインド社会の「伝統」を温存する政策を採用するとともに、カースト間、宗教間での相違・対立を前提とする「分割統治」の方針を打ち出していった。

（2）南アジア経済・社会の変容

　19世紀前半にイギリス本国の工業化は急速に進むなかで、イギリスとインドの経済関係も大きく変容した。

　それまでヨーロッパだけでなく、北米や西アフリカなど世界中に輸出されていたインド産の綿布は、徐々に機械製のイギリス綿布に市場を奪われて、1810年代には輸出入が逆転した。1813年には東インド会社のインド貿易独占権が廃止され、イギリス政府は本国の自由貿易政策をインドにおしつけた。この過程においてインドの対欧米貿易関係は、綿布に代わって、綿花や茶などが主要輸出品となり、全体として農産物などの第一次産品を欧米に大量に輸出して、イギリスから工業製品を輸入する立場に転換した。そうしたなかで、19世紀後半には内陸部で栽培される綿花などを、ボンベイ・マドラスなどの港市に運搬するために、イギリス資本により鉄道建設が進められた。前述のように、アメリカ南北戦争による綿花飢饉のもとで、インドの「商業的開発」をめざした鉄道建設はさらに進んだ。

　自由貿易体制のもとで、インドは第一次産品の輸出を通じて、多額の貿易黒

字を獲得した。その貿易黒字は、現地のインド政庁が毎年イギリス本国に送金した多額の「本国費」をまかなう重要な財源になった。この本国費とは、鉄道建設の本国からの投資に対する配当金や、インドに派遣されたイギリス人高級官僚の高額の給与や年金、大反乱以降に増強された軍事力を維持するための軍事費などであり、現地のインド財政から自動的に差し引かれて本国に送金された。この金額は、インド財政全体の約3割に達していた。19世紀のイギリス本国の貿易収支は常に赤字であり、イギリスはその赤字を、海運業・保険業などロンドンのシティのサービス部門が稼ぎ出す黒字によって埋め合わせ、全体の国際（経常）収支は黒字であった。インドからの本国送金は、この本国の国際収支黒字額を増やすことに大いに貢献していた。

　軍事面でも、インドのイギリス帝国への貢献は大きかった。東インド会社の時代から、イギリスはインド人傭兵で構成されるインド軍を使って、その勢力を拡張した。インド軍は国内だけでなく、中国でのアヘン戦争（後述）や隣国のアフガニスタン、ビルマとの戦争、1882年のエジプト占領など、アジア・アフリカ地域でイギリス帝国を拡張する際にも活用された。その費用はすべて現地のインド財政から支出されたため、インド軍は本国にとっては非常に安上がりの軍事力であり、帝国軍の主力として重宝された。

　イギリスは、英語を公用語として、官僚を担い手とする近代的な行政・司法制度を導入し、さらにその末端の担い手として現地人エリートを養成するために各地に英語で教育をおこなう大学を設立した。その英語教育を通じて、下級官吏や弁護士などの現地人エリート層が形成された。イギリスの植民地支配を維持するためには、こうした英語教育を受けたエリート層だけでなく、民族資本家や富裕な地主など現地の「協力者」が不可欠であった。だが、19世紀後半に頻発した飢饉や、自由貿易の押しつけを前にして、こうした協力者のなかから、本国費を「インドからの富の流出である」として厳しく批判する勢力が現れた。

3．東南アジアの植民地時代

（1）全域の植民地化

　18世紀後半から中国貿易に乗り出したイギリスは、インドと結ぶ中継基地を求め、シンガポールなどの港市を獲得した。ついでマレー半島のスズ生産に目をつけ、半島の小国をつぎつぎ保護国にして、1909年までに英領マラヤ（マレー）を完成させた。1888年にはボルネオ（カリマンタン）島北部も保護領とした。

　ナポレオン戦争後のオランダは、ジャワ島やその他の島々の征服・開発を進め、20世紀初めには、ポルトガル領の東ティモールを除くインドネシア群島全域が、オランダ領東インドに統合された。

　東南アジア大陸部の国々も、自由貿易と中国への通路を求めるヨーロッパ諸国の、「開港」要求にさらされた。ビルマ（ミャンマー）は1820年代から、イギリスとの三度の戦争に敗れ、1886年に英領インド帝国の一部とされた。フランスも三度ベトナムを攻め、南部を直轄領、中部・北部は保護国とした。清朝とも戦ってベトナムに対する宗主権を放棄させ、1887年にベトナムとカンボジアを併せてフランス領インドシナ連邦を形成、のちにラオスもこれに編入した。これに対しシャム（タイ）は、欧米諸国と不平等条約を結んで開国したが、英仏の緩衝地帯として独立を維持し、チュラロンコン（ラーマ5世。在位1868〜1910）など王室を先頭に、近代化を進めた。他方、スペイン領だったフィリピンは、1898年の米西戦争の結果、アメリカに譲渡された。

（2）開発と社会変容

　群島部では18世紀から、オランダやスペインが、貿易を支配するそれまでの政策にかわり、領土を拡大して農民に輸出用作物を生産させる政策を実施していた。ナポレオン戦争などで財政難におちいったオランダは、1830年からジャワ島で強制栽培制度をしき、村ごとに割り当てて栽培させたコーヒー・サトウ

＋α　シャムの王室主導による近代化

　1896 年に英仏がシャムをどちらかの領土にはしないという協定を結んだ
ことにより、シャムの独立は維持された。ただしその背景には、シャムの
歴代国王が、欧米諸国と不平等条約を結び、ラオスやマレー半島の勢力圏
をフランス・イギリスに譲るなどの柔軟な外交の一方で、近代的な地方行
政制度や軍隊を作って現在の領土内での支配を固めた事実があった。19 世
紀後半のシャムは中国への朝貢を自主的に取りやめイギリスに従属したが、
1930 年代には日本に接近し、第二次世界大戦後はアメリカの「反共の砦」と
なる、1970 年代以後は中国にも接近するなど、時代の流れを見きわめた外
交戦略が光る。またチュラロンコン時代の前後には、王政－仏教－タイ族
の三位一体を核とする国家の原理、雲南省に住んでいたタイ人がモンゴル
の攻撃で南下してスコータイ王国を建て、その王権がアユタヤ朝－バンコ
ク朝に継承されたという単線的なタイ人の歴史などが、王室主導で創り出
された。このため、タイ国内だけでなく世界の学界や教育界でも、王室も
含む華人の影響や、中国南部〜インドシナ半島のタイ系諸民族の多様な文
化（タイ族のふるさととして、現在の学界では広東〜広西地域がむしろ重
視されている）と多数の政権の歴史は軽視されることになった（桃木至朗）。

キビ・藍などを独占的に輸出して、莫大な利益をあげたが⁽²⁾、のちに強制的な住
民の使役に批判が強まり、この制度は 1870 年から段階的に廃止された。
　人口がきわめて少なかったマレー・スマトラ・ボルネオなどの熱帯雨林地帯
でも急激に開発が進み、20 世紀にはいるとアメリカの自動車産業向けのゴム・
石油のような、新しい輸出品も登場した。プランテーションや鉱山・都市など

――――――――――――――
(2)のちにジャワ島以外にも広がった。栽培から収穫物の運搬・引き渡しまで全部が
　住民の責任とされ、住民に支給された栽培手当は不十分だった。強制栽培制度によっ
　て開発が進んだ地域もあったが、サトウキビや藍は水田で栽培されたため、米の生
　産が減少して飢饉がおこった地域もある。

の労働力需要の多くは、インド・中国・日本などの人口過剰地域からの出稼ぎ労働者や移民によってまかなわれ[3]、各地で人口構成が大きく変化した。また、大陸部のデルタでは水田開発が進み、群島部のほかインド・中国などにある、モノカルチャーで輸出品生産をおこなう地域や人口過剰地域に、米が輸出された。各植民地の経済は、一対一で宗主国と結びついたのではなかった。おもに群島部のプランテーションや鉱山で世界市場向けの輸出品が生産され、そこに向けた重工業製品はインフラ技術、資本はイギリスを中心としたヨーロッパから、衣料品などの軽工業製品と労働力は中国・インドや日本などアジア各地から、食料は大陸部から供給される、それらすべてのハブとしてイギリス領シンガポールが繁栄する、といった構造が、東南アジアのほぼ全域をおおっていた。

　植民地支配は、東南アジアに急速な輸出と人口の増加をもたらした。ただし、北部ベトナムなど輸出品ができず開発効率が低い地域は開発から取り残され、低賃金の出稼ぎ労働者などの供給源となることも多かった。圧倒的少数のヨーロッパ人による支配を維持するために、インド人や中国人（華僑・華人[4]）を経済面で優遇したり、特定の民族や宗教の信者ばかり官吏・軍人に採用するなどの方法によって、現地の住民は分断された。もっとも近代文明の流入は、西洋崇拝につながる一方で、新しい民族文化やナショナリズムを生み出した。近代的な教育は一部でしか普及しなかったが、それでも20世紀に入るころには、現状を批判したり伝統文化の価値を再発見したりする知識人が出現し、労働運動やデモ・ストライキの方法も伝わった。汽船など交通・通信の発達は、中国系・インド系の労働者を急増させただけでなく、メッカ巡礼者の増加によりムスリムの自覚が高まる基盤ともなった。

---

(3)1880年〜1914年の統計では、インドから1700万、中国から1400万の出稼ぎ労働者や移民が東南アジアに入った。また、そうした労働者に単身の男性が多かったこともあり、売春業が広がった。そこでは、日本の女性（からゆきさん）も多数が働いた。

(4)外国に在住する中国系住民全体を「華僑」と呼ぶこともあるが、厳密には中国国籍を維持している人を「華僑」、滞在地の国籍を取った人を「華人」と呼んで区別する。華僑にならって、海外在住インド人を「印僑」と呼ぶことがある。

新しい民族文化

　植民地でもマスコミやショービジネスが成立したことや、支配国での東洋趣味や海外旅行ブームなどに刺激されて、芸術・料理・ファッションなどさまざまな流行が生まれ、定着したものが、各地の民族文化となった。

1930年代に、地元の芸術好きの貴族と、ドイツからやってきた音楽家の協力によって創作され、パリの「植民地博覧会」やニューヨークのブロードウェイに紹介され大ヒットしたバリ島の舞踊・音楽も、その例である（桃木至朗）。

図9-2　バリ島の舞踊

練習問題

植民地以外でも、近代に新しい文化が創造され、それが民族意識に結びつくことは珍しくなかった。明治以後の日本で生まれ、現在では「伝統の○○」と見なされたり、その精神が「外国人にはなかなか理解できない」とされている文化・芸術や芸能・スポーツにどんなものがあるか、例をあげて話し合ってみよう。

４．東アジアの衝撃と模索

（1）ゆらぐ清とアヘン戦争

　18世紀の清朝では、平和が続く中で人口が爆発的に増えて３億人を超え、国

内で移住の大きな流れが生じた。しかし、入植により生態系が破壊された周辺の山間部では、社会の緊張が高まっていた。清朝は 1757 年、海上貿易を広州一港に限り、公行という特許商人の組合のみにまかせていた。18 世紀末にイギリスは、貿易の自由化をもとめて使節団を派遣したが、清朝はその要求を拒否した[5]。

　他方イギリスでは、東インド会社による中国からの茶の輸入が増加していたが、それに見合うだけの輸出品がなく、銀が中国に流出し続けた。そのためインドからアヘンを中国に密輸し、茶を輸入する三角貿易を成立させた。この密輸により銀の流れは逆転し、中国から大量の銀が流出してさまざまな経済問題が発生した。そこで清朝は、林則徐を広州に派遣して、アヘンの取引を取り締まらせた。

　イギリスは対抗措置として、軍艦を派遣してアヘン戦争を引き起こした。軍艦による沿海諸都市への攻撃で敗れた清は、1842 年に南京条約を結んだ。その結果、上海など 5 港が開港され、公行が廃止されて自由貿易の原則が導入され、香港島がイギリスに割譲された。翌年には、領事裁判権を認め、関税自主権を事実上失う不平等な通商条約を締結した。その条約により、清朝が別の国に対して与えた有利な条項を自国にも自動的に適用する「最恵国待遇」が一方的に押しつけられた。だが、当初の貿易は、イギリスが期待したほどには利益が上がらなかった。

　そこでイギリスは、1856 年、フランスと共同出兵しアロー戦争（第二次アヘン戦争）を引き起こした。この戦争でも軍事的に敗北した清は、1858 年に天津条約、1860 年に北京条約を結んだ。これによって清は、外国使節の北京駐在、天津など 11 港の開港、キリスト教布教の自由、外国人の内地旅行権を認め、ア

---

(5)清朝は、王権間の接触や直接の外交交渉を避けて、政権の外側に位置した民間商人による商業的交易を、統制と課税のもとにおこなう「互市」という名の「統制された辺境貿易」（regulated border trade）を広げた。西洋諸国を対象とした広州貿易だけでなく、長崎や東南アジア諸地域と中国南部の諸港とを往来する「唐船」貿易は、この意図にもとづいて制度化された。清朝の互市では、参入の自由が保証されており、アメリカ船も北太平洋貿易の一環として広州に寄港した。清代にも、朝鮮・琉球・シャムなどの朝貢国があり、免税特権のもとに「朝貢貿易」をおこなったが、その規模は互市の数十分の一であった。

ヘン貿易も公認された。またイギリスに香港対岸の九竜半島南部を割譲した。西洋諸国との外交の重要性を認識した清朝は、1861年、従来の朝貢と区別した外交事務を担当する総理各国事務衙門（外務省）を設け、イギリスなど列強との協調を模索していった。

　イギリスとの関係を安定化させた清朝にとって、北からの南下政策をとるロシア帝国の拡張政策は脅威となった。アヘン戦争の混乱に乗じて、ロシア帝国は前述のように、1858年に黒竜江北岸を、1860年には沿海州を手にいれていた。ウラジオストーク港の開港は、20世紀後半におけるアジア太平洋国家としてのロシアの登場を意味した。

（2）太平天国から洋務運動へ

　アヘン戦争後、銀の流出などにより国内の銀価格が上昇し、銀を基準に徴税が行われていた清朝では、民衆の生活が圧迫された。香港は、キリスト教宣教師の拠点ともなった。キリスト教の影響を受けて拝上帝会を創設した洪秀全は、土地の均分などを主張して民衆のなかに勢力を拡大し1851年に反乱を起こした。彼らが建てた太平天国は、清朝打倒をめざし、1853年には南京を占領して都とした。

　太平天国に応じるように、各地で反乱が連鎖的に起きた。その背景には、前述の人口急増による周辺地域での生態系破壊による社会的不安定、開港後の銀流出による物価高など、社会経済的な要因があった。この清朝の危機に対して、反乱の鎮圧にあたったのは、地元の有力者・郷紳が自衛のために組織した民間の義勇軍（郷勇）であった。内部対立と清の軍事的攻勢によって、太平天国の勢力はしだいに衰え、1864年にはほぼ鎮圧された。

　郷勇を率いて太平天国ら一連の反乱を鎮圧し、同治中興とよばれる清の復興を実現したのは、曾国藩・李鴻章らの漢人の地方官僚であった。彼らが推進した「洋務運動」は、イギリスやフランスなどから軍事・技術を導入して強国化をめざした試みである。兵器工場の設立から、民間資本も導入した汽船運輸会社などの創設へと拡大した洋務運動は、中国における最初の近代化の試みであった。だが、地域社会の再建を担った郷紳は、中国の伝統的な儒教的価値を重ん

じていたため、「中体西用」といわれるように、西洋的な施策は軍備や産業面に限られ、政治制度などは中国（清）の伝統が維持された。

（3）明治維新と開港場体制

　19 世紀後半の日本の開国と政変も、東アジア世界の国際秩序に大きな影響を及ぼすことになる。日本は開国をめぐる混乱を短期間におさめ、急速に近代国家の建設を進めた。

　1853 年、ペリーの率いるアメリカ艦隊が日本に来航して開港を迫った。江戸幕府は翌 1854 年、日米和親条約を結び、1858 年には日米修好通商条約を結んで 5 港を開き、同様な条約をオランダ・イギリス・フランス・ロシアとも結んだ。これらの条約は、中国の場合と同様な不平等条約であったが、アヘン貿易の禁止事項が含まれ、外国人の内地居留権が開港場に限定されるなど、一定の独自性も確保していた。日本の開港は、ヘゲモニー国家イギリスが世界中で展開した自由貿易帝国主義政策の一環であり、東アジアの沿海部でイギリスが構築した「開港場体制」（不平等条約を前提にした居留地・租界[6]での通商）の一部を構成した。だが同時期のイギリスは、インド大反乱の鎮圧や中国での第二次アヘン戦争のため、軍事的に余裕がなく、日本の「開国」では、新興のアジア太平洋国家をめざすアメリカが主導権を発揮した点が特徴的である。

　日本国内では、条約・開港への反対運動（攘夷）が激しくなり、ついに薩摩・長州など地方勢力が中心となって江戸幕府を倒した（明治維新）。この政変の過程で、攘夷派も西洋諸国の強さを認識し、西洋化・近代化をめざす方針に急転換していた。1868 年に成立した明治政府は、天皇を中心とする中央集権的体制の整備と「上からの近代化」政策による富国強兵策に着手した。1889 年には新興のドイツ帝国をモデルとする大日本帝国憲法を発布し、翌 1890 年には二院制の議会を開設した。同時に明治政府は、殖産興業政策によって工業化を進めた。

---

(6)南京条約後に開港場に設置された外国人の居留地。1845 年にイギリスが上海に初めて設置し、治外法権の適用により中国の主権が及ばない地域となった。その後、天津や広州などの沿海部だけでなく、漢口や九江など内陸部にも設置された。

対外的には、欧米諸国との不平等条約の改正をめざし、また東アジアでの勢力拡大をはかった。

　1860年代以降、開国の圧力は朝鮮にもおよんだが、その引き金をひいたのは日本である。日本は1875年に軍艦を朝鮮近海に派遣して圧力をかけ、翌年に日鮮修好条規を押し付けた。この条約は、朝鮮を「自主」の国であるとし、また日本の領事裁判権など不平等な関係を規定し、釜山など3港の開港を認める不平等条約であった。不平等条約の改正を欧米列強に求めた日本自身が、隣国朝鮮に同様な条約を押し付けて開国を強要した点が、後の日本の対アジア政策の方向性を示唆している。この日本の動きに対して清は、宗主国としての立場から朝鮮への統制を強め、日本と清の間で緊張が高まった。この対立の影響も受けて、朝鮮国内では2度の政変が起こり、政情は不安定になった。

　近代国家の確立をめざす日本にとって、国内の諸制度の整備とともに重要な課題になったのが、領土と国境の画定であった。北方の樺太については、1875年に樺太・千島交換条約をロシアと結び、国境の画定をおこなった。南方の琉球に対しては、1879年に警察と軍隊を琉球に派遣して、清の反対を押し切り沖縄県を設置した（琉球処分）。

（4）日清戦争と東アジアの構造変動

　朝鮮半島では、1894年に農民を中心とする大反乱がおこり、朝鮮の要請に応じて清が出兵すると、それに対抗して日本も出兵し、日清戦争が勃発した。富国強兵策が成果をあげた日本は戦争に勝利をおさめ、1895年の下関条約において、朝鮮の独立、遼東半島や台湾・澎湖諸島の割譲、賠償金2億両の支払いを認めさせた。また、日本人が中国の開港場で工場を営むことも認められ、中国への経済的進出の道も開いた。しかし、東アジアでの南下政策をねらうロシアは、フランス・ドイツとともに遼東半島の清朝への返還を日本に要求したため（三国干渉）、日本は妥協を余儀なくされたが、台湾の領有は東アジアにおける植民地帝国建設への第一歩となった。

　日清戦争に先立ち清朝は、1884年の清仏戦争でベトナム、1885年の第3次イギリス・ビルマ戦争でビルマなど、伝統的な冊封国を失っていた。朝鮮を近代

テーマ解説　近代化をめぐるアジア諸地域の比較 （日本、中国、オスマン帝国、シャム）

　欧米列強の圧力にさらされた二つの帝国や主権国家が試みた諸改革には、それぞれの国内の社会・民族構成や地政学的位置の相違が反映されていた。

　複合的な多民族で構成され、長期にわたり独自の帝国支配の伝統を持つ西アジアのオスマン帝国と東アジアの中華帝国・清朝では、一部の開明的な官僚や地方有力者が中心となって軍制改革や憲政の樹立に着手したが、旧来の体制維持を図る保守派勢力の抵抗で近代化改革は挫折した。ヨーロッパに近接し多くのキリスト教徒を抱えたオスマン帝国は、19世紀後半に少数民族のナショナリズム（民族主義）が高揚するなかで、イスラームの複合民族帝国原理に代わる新たなアイデンティティ（凝集力）を生み出せず、帝国体制は崩壊した。対照的に清朝は、日清戦争後「中国分割」の危機にさらされながらも、主権国家として領土の一体性が維持された。中国への経済的進出を競う列強間で「門戸開放/機会均等」の原則が守られ、勢力均衡状態の中で地方エリート主体の改革が展開された。三民主義を掲げた辛亥革命後には、旧来の領域を維持したまま帝国から国民国家（中華民国）に移行した。

　他方、中規模の人口と君主制を維持してきた東アジアの日本と東南アジアのシャム（タイ）では、近代化改革の担い手（日本は下級士族、タイは国王自身）は異なるものの、「上からの改革」が政府主導で強力に遂行された。改革派の官僚やエリート層は、帝国主義時代の国際情勢を的確に把握し、自国の近代化に役立つ有益な諸制度・知識や資本・技術を、競合する列強から自主的で巧みに導入した。天皇制や王制という君主制原理を中心とした国家アイデンティティを掲げ、ナショナリズム（国民主義）の高揚を通じて、欧米流の国民国家の建設に成功した。両国にとって、欧米列強間での勢力均衡状態の国際秩序と、強力な経済力による「非公式帝国」（informal empire）（→ p.193）の維持に不可欠な現地人協力者階層（コラボレーター）を求める覇権国イギリスの存在は、精力的な近代化政策の遂行にとって好都合であった。

　私たちは、こうした国内要因と対外的な諸要因との相互作用、ダイナミズムの過程で、アジア諸地域での改革の成否とその帰結を考えるべきであろう（秋田茂）。

的な西洋の論理により属国にしようとする努力も日清戦争の敗北で挫折し、こうして、冊封・朝貢関係にもとづく、東アジアの伝統的な国際秩序は崩れていった。同時に日清戦争に敗北した清は、日本への巨額賠償金の調達も含めて、国家財政を支えるために外債発行に依存せざるをえなくなった。列強は清朝の弱体化につけこみ、鉄道敷設権や鉱山採掘権を得て、それぞれ排他的な勢力範囲を設定した。これに対してアメリカは、1899年に中国の門戸開放・機会均等を、1900年には中国の領土保全を宣言して、列強の中国分割の動きを牽制した。

　この列強による中国分割の動きに、清朝の改革派の知識人は強い危機感をいだいた。康有為や梁啓超は政治改革を求める変法運動をおこしたが、1898年に、保守派の政変によりこの試みは失敗した。同時期に山東省では、キリスト教の排斥をめざす農民中心の義和団の運動も起こった。「扶清滅洋」を掲げるこの排外運動に乗じて、清は列強に宣戦したが、列強は日本軍を中核とする8か国連合軍を組織して天津・北京を攻め、清は敗北した。1901年、清は義和団事件に関する北京議定書に調印し、巨額の賠償金の支払いと外国軍の北京駐留などを認めた。ここでも、日本は中国分割の先兵の役割を果たし、満洲（東北地方）の支配を狙うロシアとの対立を深めることになる。

5．「アジア間貿易」とアジアの工業化

(1) ボンベイと大阪の競争——近代紡績業

　日清戦争直前の1893年に、日本郵船会社（NYK）は、神戸港とインドのボンベイを結ぶ航路を、日本で最初の国際定期航路として開設した。このボンベイ航路の最大の積荷は、インドで栽培された綿花であり、それは大阪を中心に発展しつつあった近代的な日本の紡績業の原料として輸入された。当時インドはイギリスの公式植民地であったが、前述のようにアメリカ南北戦争の前後から、近代的で機械化された綿紡績業が現地の資本家により展開されていた。日本郵船のボンベイ航路の開設に協力したのは、ボンベイに本拠を置く現地の綿花商タタ商会であり、その当主であったジャムセドジー・タタは日本を訪れて、

イギリスの汽船会社が独占していた東アジアへの綿花輸出航路に共同で参入し、運賃を大幅に引き下げて日本向け輸出の拡大を図ろうとしたのである。

　インド現地では、1810年代に英印間での綿製品の輸出入関係は逆転し、世界市場向けに輸出されていた中・高級品の綿布市場では、機械製のイギリス製品が大量に輸入されて支配的立場を確保した。しかし、一般の庶民が使う低級の日常品の生産では、安価な綿花と労働力を活用した労働集約的な在来の産業として、伝統的な綿織物業も存続した。

　機械によって紡がれた綿糸は中国へ輸出された。中国では、伝統的な手紡糸（しゅぼうし）が支配的であったが、輸入された外国産の綿糸も、手織機（ておりばた）で織布（しょくふ）に仕上げられて広大な国内市場で販売された。1890年代末から、ボンベイと大阪で紡がれた綿糸が、アジア最大の中国市場で輸入綿糸の売り込みをめぐり競争を展開していた。世界で最初の産業革命を支えたはずのイギリスのマンチェスター産の綿糸は、こうしたアジア内部での競争（アジア間競争）に耐えられず、いち早く脱落した。

　この大阪とボンベイにおける綿紡績業の発展を背景として、19世紀末には、日本・中国を含む東アジア、シンガポールやオランダ領東インド、シャム（タイ）を含む東南アジア諸地域、さらにインド・ビルマを含む南アジアを相互に結ぶ、アジア独自の地域間貿易が形成された。このアジア間貿易は、帝国主義時代にありながら、欧米列強の諸植民地と日本・中国・シャムを経済的に結びつけ、成長率では対欧米向け貿易を上回った。

（2）アジアの商人が担ったアジアの近代的商品

　ボンベイ航路で運ばれたのは、インド綿花だけではなかった。帰り荷として神戸港から、大阪の下町や神戸周辺で製造された、マッチ、石鹸（せっけん）、洋傘、ランプなど日用の生活雑貨品が、香港、東南アジア諸地域やインドに向けて大量に輸出された。それらは、アジア現地の伝統的な嗜好（しこう）にうまく合うように機械で作られたアジア独自の近代的商品であり、欧米産の同じような製品と比べると非常に安価で、価格面で競争力があった。特に日本製のマッチは、東南アジアや南アジア現地の風土や文化を描いたラベルで、小口で販売され、高価な欧米

産のマッチを購入できない庶民の間で人気を博した。

　それらの商品の輸出入を手がけたのが、東南アジア諸地域を中心に独自の通商ネットワークを張り巡らしていた中国南部出身の中国系商人（華僑）や、インド商人（印僑）らのアジア商人であった。華僑や印僑は、イギリスが19世紀後半にアジアで構築した自由貿易体制をフルに活用して、横浜・神戸だけでなく、東南アジア各地の港市に進出した。後に、大阪の商人もアジア間貿易に参入して、大きな利益をあげた。

　東南アジアの現地において、大阪・神戸から輸入された生活雑貨品は、貧しい庶民（農民や移民労働者）の生活を支えるために不可欠であった。たとえば、英領マラヤでは、19世紀末から、工業原料として欧米諸国向けの天然ゴムや錫の輸出が増大した。その過程で、現地のプランテーションや鉱山で生産に従事した中国系やインド系の移民・出稼ぎ労働者たちは一定の収入を得て、彼らが消費する生活雑貨品（綿のシャツやマッチなど）の需要も増えた。食糧としての米は、小農が中心となって生産したビルマやタイから輸入され、ジャワからの砂糖に加えて、大阪・神戸からの綿製品やマッチなどの安価な生活雑貨品の輸入も同時に増える、という密接な経済的つながりが形成された。

　以上述べたように、地域間貿易としてのアジア間貿易の形成と発展は、19世紀後半以降の非ヨーロッパ世界においては、ラテンアメリカやアフリカ諸国では見られなかった、きわめてユニークな現象である。このアジア間貿易の発展は、グローバルに展開する世界経済の発展と緊密に結びついており、そのなかで一定の自立性を維持していた。この貿易ネットワークは、20世紀の二回の世界大戦を経ても存続し、現代の東アジア諸国の経済的繁栄と躍進を支える基盤の一つとなった。

まとめの課題

　アジア間貿易の活性化とアジア工業化が、アジアの独自性を示した面と、ヨーロッパ中心の経済システムを補強した面の両方を述べよ。産業の分野ごとの違い、イギリス帝国と英領インド政庁など西洋諸国の利害（支配と開発のコストも含む）が、参考になるかもしれない。

ステップアップ　植民地支配の諸類型

　大航海時代から20世紀なかばまで続いた植民地支配には、時期や地域によって
さまざまな形式があり、「先住民に対する暴力的な支配と搾取」というイメージだ
けでは、その全容を理解できない。

　まず16世紀〜18世紀には、支配国（宗主国）が行政機構を作って直接統治をお
こなうことはまれで、多くの場合、支配国側の有力者や商人、もしくは東インド会
社のような特許会社に、土地の管理と住民の支配を任せる方法がとられた。19世紀
には特許会社が姿を消し、直接統治をおこなう植民地が増加した。そこでは、統治
機構が整備されただけでなく、近代的な教育・医療・福祉などの体制もある程度は
築かれたが、その一方で、植民地支配にかかる軍事・行政などのコストを考えて、
直轄植民地は最重要地域だけにとどめ、その他の地域では、外交・軍事などの権限
を奪ったうえで現地の行政組織や王朝を存続させる「保護国」「保護領」などの形
式も広がった。いずれの場合でも、支配者と被支配者の立場は平等ではありえない
のだが、ヨーロッパ人などの支配者は、被支配側と条約を結び、その規定に従って
支配をするのが普通だった。また、ヨーロッパで近代国家のしくみが確立したのち
の植民地は、宗主国とは別の法体系によって統治されねばならなかった。宗主国の
国民に保証された「法の下の平等」を、植民地住民に及ぼすわけにはいかなかった
からである。日本帝国でも、台湾や朝鮮は「総督令」という独自の法令によって統
治した。「イギリス女王がインド皇帝を兼ねた」例に見られるように、各植民地は
「宗主国とは別の国」として扱われる場合も多かった。

　植民地支配のありかたは、宗主国との距離、宗主国側から植民地に渡航する人数、
被支配側の社会・国家の構造などによって異なる。たとえばアメリカ大陸のスペイ
ン・ポルトガルの植民地では、武力の差などのため、まさに「好き勝手」な支配が
可能になり、先住民は急激に減少して、現地生まれの白人（クリオーリョ）や混血
住民、先住民の代わりの奴隷労働力として輸入されたアフリカ系の黒人などが多数
を占める社会が形成された。これに対して北アメリカのイギリス植民地の北部や、
オーストラリア・ニュージーランドでも、輸出向けの大農園などの発展は遅れたが、
ヨーロッパ系の移民が圧倒的な力をもち、先住民の社会や文化は衰退させられた。
支配したヨーロッパ系住民は、宗主国に対して一定の自治権をもつことが多く、大
半の場合、独立もその人々を中心として実現された。アメリカ先住民（インディオ、
インディアン）やオーストラリアのアボリジナルなど、先住民の声が国際的に注目
されるようになったのは、かなり最近のことだった。

　アメリカ大陸やオーストラリアでは、ヨーロッパ人の移民やその子孫が完全に主
導する（宗主国の思い通りとは限らない）植民地社会が形成されたのに対し、アジ
アの植民地では、植民地化以前にかなり強力な国家が存在した地域が多いうえに、
ごく少数で多数の住民を支配しなければならなかった。たとえば1936年のフラン

ス領インドシナでは、2300万人の総人口に対して、フランス人以外を含む「ヨーロッパ人」は5万人に満たなかった。そこで、保護国や保護領の形式にして元々の支配者の力を利用する以外にも、下級管理・軍人としての現地エリートの養成・利用が不可欠になったが、その人々が大きな力をもたないように、宗教や民族、南アジアならカーストの壁を強調するなど Divide and Rule（分割統治）のための様々な方策が採用された。東南アジアで徴税や専売を請け負った中国人、各地のイギリス領に派遣されたインド兵やフランス領に派遣されたアフリカ兵など、外来の集団が利用されることも多かった。どの場合でも、被支配住民の憎しみは、トップにいる白人でなく現場にいる「植民地協力者」や「支配の手先」に向かうケースが多かったのである。これは、独立後の人種・民族や宗教をめぐる紛争の遠因になった場合も多い。

　同じアジアでも、日本による植民地支配はこれらと違っていた。つまり、被支配側の数が多く、朝鮮のように強い国家意識をもつ植民地も含まれた点は南アジアや東南アジアと似ているのだが、シベリアや中央アジアにおけるロシアの支配と同様、本国と近接した地域の支配であり、宗主国から多数の軍隊や官吏・移民が乗り込んだ点が、南アジアや東南アジアとは決定的に違っていた。朝鮮の場合、1910年の併合時に1300万ほどの人口をもっていたところに、最大70万人の日本人が渡航した。そのため日本の植民地では、南アジア・東南アジアのヨーロッパ系植民地であまりできなかった、徹底的な開発政策や文化的な同化政策が施行された。旧宗主国側が「開発してやった」と主張するのに対し、旧植民地が「暴虐な支配を受けた」と非難する対立はどこでも見られるが、韓国が日本の支配を激しく批判するのに対し、戦後の国民党支配への違和感をもつ台湾では、日本支配下の「植民地近代化」がある程度評価されるような、評価の差が生じる背景の一つは、日本のこうした徹底した現地社会への介入政策であった。

　19世紀以降に植民地化したアフリカや太平洋の諸地域では、もともと強力な国家が少なかったこと、圧倒的な力関係の差などの点ではアメリカ大陸やオーストラリアに近かったが、白人による支配の期間が長かった南アフリカなど一部を除き、白人を主体とする独立につながることは少なかった（桃木至朗）。

帝国主義とアジアのナショナリズム

章のあらすじ

19世紀末から20世紀初頭にかけて、石油と電気の利用や重化学工業の発達などの「第二次産業革命」および、多角的決済機構の成立を背景として、世界の一体化がほぼ完成したが、それは列強の帝国主義政策による「世界分割競争」をともなうものだった。帝国主義国の衝突として1914年には第一次世界大戦が発生し、「総力戦」が展開された。その結果、革命がおこり社会主義政権が樹立されたロシアを筆頭に、社会のありかたが大きく変化した。戦後に築かれた新しい国際秩序のもとでは、民族自決権が主張されたこともあって、アジア各地域でもナショナリズムが高まったが、「どこ」の「だれ」が独立し国民国家を形成すべきかをめぐっては、さまざまな模索と対立が避けられなかった。

Key Question

第一次世界大戦は、世界とヨーロッパの構図をどう変えたのだろうか。消えたしくみや勢力、新たに出現・台頭したしくみや勢力、組織について整理してみよう。また、その変化の中で、現在への影響がもっとも大きいとあなたが考える分野は何か、根拠を挙げて説明せよ。

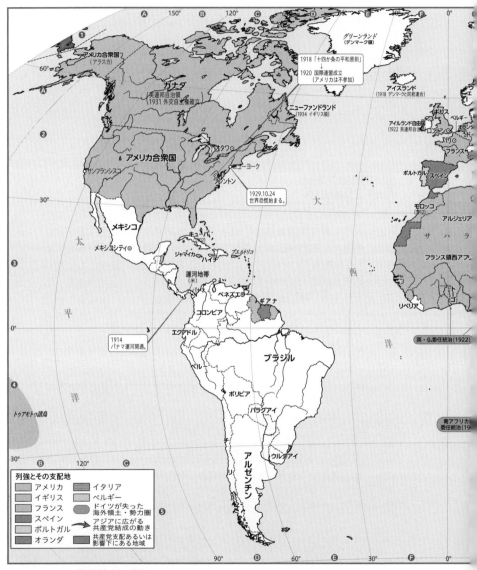

図 10-1　20 世紀前半の世界（『最新世界史図説　タペストリー』（帝国書院）46-47 頁より転載）

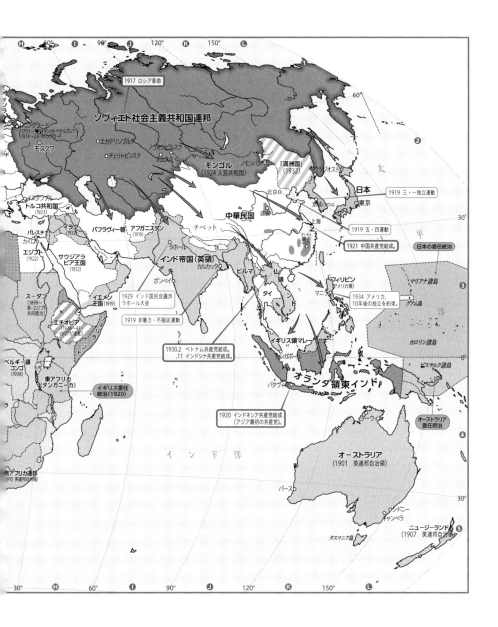

1. 帝国主義と第一次世界大戦

(1) 世界経済の変容——多角的決済機構の成立

　19世紀末の欧米諸国では、科学技術の発達を背景に、石炭・蒸気機関と綿工業（消費財）が産業の発展を支えた段階から、鉄鋼・石油・電力などの重化学工業（生産財）を中心とする新しい産業が主力となる段階に移行した（第二次産業革命）。この新産業の創出をリードしたのは、南北戦争後の国内再建の過程で、同一業種の複数企業が単一の巨大資本のもとで吸収・合併されてトラストが成立したアメリカ合衆国と、国家統一後に、異なる業種・企業が単一の巨大資本のもとで支配されるコンツェルンが形成されたドイツであった。新産業は巨額の設備投資を必要としたので、産業資本と銀行資本が結びついた金融資本の役割が増大した。

　ところで、「世界の工場」であったイギリスは、交通・運輸革命を通じた非ヨーロッパ世界からの大量の食糧・工業原料の輸入（第8章）のため、19世紀を通じて常に貿易赤字（輸入超過）の状態にあった。その赤字は、海運業や保険業の黒字でカバーされていた。19世紀末には、イギリスに代わって、アメリカとドイツの第一次産品生産諸国に対する食糧・原料の需要が、世界経済の再編を左右するようになり、両国とも、第一次産品生産諸国、特に英領インドに対して貿易赤字を出した。他方、インドなどの第一次産品生産諸国は、米独から獲得した貿易黒字で、イギリスから綿製品をはじめとする消費財を輸入した。いまやイギリスは、ヨーロッパと北米大陸で工業製品の輸出市場を失い、インド・中近東・東アジアなどに綿製品を中心とする消費財の輸出を集中した。このように第二次産業革命の過程で変容した世界経済のもとでも、貿易の決済は依然としてポンド（スターリング）手形で行われ、イギリスの通貨ポンドが世界中を循環するしくみ、イギリスを中心国とする多角的決済機構が20世紀初めに確立された。この機構を維持するためには、イギリスが開放的な自由輸入体制を維持することと、インドが欧米諸国から稼ぐ膨大な貿易黒字を吸い上げることが是非とも必要であった。

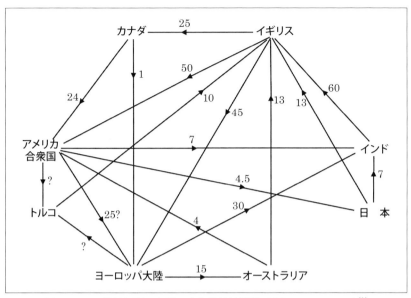

図10-2　20世紀初頭における多角的決済機構（単位は100万ポンド）[1]

　19世紀末には、運輸・交通革命の結果、イギリスから海外諸地域への投資（資本輸出）が急増した。投資先は、インド・オーストラリア・アルゼンチンなどの第一次産品生産地域とアメリカに集中し、公共事業や鉄道建設に関わる証券投資が中心であった。海外投資の総額は、20世紀初頭には約30億ポンドに達し、その利子・配当金収入だけで貿易赤字を埋め合わせるようになった。国際収支（経常収支）全体の構造を見ると、イギリスは、アメリカやヨーロッパ諸国との間で生じた膨大な赤字を、インドからの巨額の黒字とオーストラリア・東アジア諸国・オスマン帝国からの黒字で埋め合わせて収支の均衡を維持した。こうして20世紀初頭のイギリスは、「世界の工場」（工業製品の輸出国）から「世界の銀行家」「世界の手形交換所」（金融・サーヴィスの中心地）へと経済活

（1）イギリスからアメリカとヨーロッパ諸国流出した賃金（貿易赤字・資本輸出）が、工業化の進展により、第一次産品国（インド・オーストラリア）を経由して、最終的にロンドンに戻ってくるポンドの世界循環体制。この体制では、二国間の貿易不均衡（貿易摩擦）は問題とされず、世界全体での自由貿易の継続が最も重要であった。

動の重心を移しながら、多角的決済機構の中心国、国際金融の基軸国として世界経済の中心地としての地位を維持できたのであり、ロンドンのシティはその象徴であった。

（2）帝国主義と世界分割

　大企業が発展した欧米諸国は、1870年代半ばから20世紀はじめにかけて、海外に工業製品の市場や原料供給地、または資本（カネ）の輸出先（資本投資）を求め、アジア太平洋地域やアフリカで武力を行使して植民地や勢力範囲を急速に拡大した。この時期の最大の特徴は、複数の諸国がそれぞれのナショナリズムを背景として競い合いながら、経済的あるいは戦略的に必要かどうか疑わしい諸地域までも領土的分割の対象とした点にあった。そうした海外への進出は、国内の労働者たちの不満を抑えて、政治を安定させるためでもあった。

　こうした膨張主義を帝国主義とよび、その対外政策を世界政策とよんでいる。世界は欧米列強により次々と分割され、アジア太平洋地域やアフリカは、列強に支配される植民地や勢力範囲として、世界経済に従属的に組み込まれた。

　帝国主義時代のイギリスにとって最も重要な植民地はインドであり、カルカッタ＝カイロ＝ケープタウンを結ぶ環インド洋地域の支配をめざす3C政策を展開した。1882年のエジプト占領は、列強によるアフリカ分割競争の契機となった。世紀末の1899〜1902年には、金鉱とダイヤモンドの支配をねらって南アフリカ戦争を引き起こし、オランダ系移民が立てた二つの共和国を併合した。

　19世紀初めにアルジェリアを植民地化したフランスは、第三共和政の初期に北アフリカやインドシナを植民地とし、90年代にはサハラ砂漠より南の広大な西・中央アフリカ（サブ・サハラ）地域を植民地として獲得した。英仏両国は、アフリカ分割をめぐり1898年ファショダ事件を引き起こしたが、その後両国は1904年に英仏協商を結び、イギリスのエジプト、フランスのモロッコにおける優越権を相互に認めあった。

　ドイツでは、1890年代に皇帝ヴィルヘルム2世がイギリスに対抗して世界政策を唱え、積極的に海外進出をはかったため、列強と衝突した。特に、オスマン帝国のアナトリアからペルシア湾へバグダード鉄道を建設して中近東への進

出をはかる 3B 政策は、イギリスの 3C 政策やロシアの南下政策と激しく対立した。アフリカでは、南西アフリカと東アフリカを領有したのちモロッコへの進出を企てたが、英仏に阻止された。こうしてアフリカは、20 世紀はじめまでに、エチオピア帝国とリベリアを除いて、全域がヨーロッパ列強の植民地となった。

　世界分割の波はアジア太平洋地域にもおよんだ。1890 年代にフロンティアが消滅したアメリカでは、海外進出の機運が高まった。1898 年にはアメリカ＝スペイン（米西）戦争を起こし、プエルトリコとグアムを獲得し、カリブ海のキューバを事実上の保護国とした。同時にスペインに対するフィリピンの独立戦争に介入して、フィリピンを植民地化するとともに、1898 年にハワイも併合した。1903 年には、パナマをコロンビアから独立させて、運河の建設権と永久使用権を得た。1914 年のパナマ運河の開通で、アメリカはアジア太平洋地域での影響力をますます強めていった。

（3）世界戦争としての日露戦争

　帝国主義による世界分割競争の行方を大きく左右したのが、1904〜05 年の日露戦争である。ロシア帝国では、フランス資本の導入により、1880 年代に工業化が進んだ。1891 年に建設が始まったシベリア鉄道は、広大な国内の開発だけでなく東アジアへの進出の手段となった。8 章 2 節で見たように、ロシアの領土拡張と南下政策は、バルカン半島・中央アジア・東アジアにおよぶユーラシア大陸全域で、イギリスとの対立「グレート・ゲーム」を引き起こした。

　他方、日清戦争で台湾を領有し植民地帝国建設の手がかりをつかんだ日本は、朝鮮半島と中国東北地域での影響力拡大をめざした。1897 年に金本位制を採用した日本は、1902 年には、南アフリカ戦争での国際的孤立の打開を図るイギリスと日英同盟を締結し、ヘゲモニー国家イギリスの従属的な同盟国として、工業化の推進とロシアへの対抗を図った。

　ロシアもフランス・ドイツの支援を得て対抗し、1904 年に日露戦争が勃発した。日本は戦費調達のため、日銀副総裁の高橋是清をロンドンに派遣し、シティのユダヤ系銀行家の協力を得て、戦時外債（約 1 億 700 万ポンド）の発行に成功した。戦争の分岐点となった日本海海戦でロシアのバルチック艦隊を破った

のも、イギリスで建造され輸入された最新鋭の軍艦であった。同盟関係を背景に、日本はイギリスの間接的な支援を得て戦ったが、長期戦に耐えるには経済力に限界があった。一方のロシア側も、第一次ロシア革命の勃発という国内不安があり、アメリカの調停で両国は、1905年にポーツマス条約を結んだ。

　この結果、ロシアは日本に対して、遼東半島南部の租借権、東清鉄道支線（後の南満洲鉄道）の利権譲渡と、北緯50度以南の樺太（サハリン）の割譲を認めた。さらに日本は、韓国[(2)]に対する指導・監督権をロシアに認めさせた。1905年には第二次日韓協約により、統監を漢城（現ソウル）に置き、韓国の外交権を握った。1907年の第三次日韓協約で韓国内政への干渉を強化すると、韓国各地で反日義兵闘争が拡大した。日本は軍事力で反日運動を弾圧しつつ、1910年に韓国併合をおこなった。他方で、日露戦争でのアジアの新興国日本の勝利は、欧米列強の圧迫を受けるオスマン帝国や、イギリスの植民地支配下にあったインドの民族主義（ナショナリズム）など、近代化・立憲政治をめざすさまざまな運動に大きな刺激を与え、アジア各地で帝国主義に対抗して民族自決を主張する動きが生まれた[(3)]。

（4）総力戦としての第一次世界大戦

　ヨーロッパ列強は、19世紀末から植民地と勢力範囲の拡大をめぐって争い、同盟関係を結んだ。ドイツ・オーストリア陣営を包囲するように、イギリス・フランス・ロシアが1907年に三国協商を結成して対立した。特に英独間では、海軍力の拡張競争（建艦競争）をはじめ、帝国主義的領土拡張をめぐり厳しい対立が生じた。オスマン帝国の衰退とともにバルカン半島は、民族的対立が深刻となり「ヨーロッパの火薬庫」と呼ばれた。1914年6月、サライェヴォでオーストリアの皇位継承者夫妻がセルビア人青年に暗殺された。これを契機に

---

(2)1897年に朝鮮は、清との朝貢関係を断絶させ、国号を大韓帝国と改めて、国王は皇帝を名のり、内政改革と独立の維持をめざしていた。

(3)ベトナムでは、日露戦争での日本の勝利に刺激されたファン＝ボイ＝チャウらの提唱により、日本への留学を呼びかけるドンズー（東遊）運動が起こった。

二大陣営の列強が戦う、第一次世界大戦が勃発した[4]。

　戦争は当初の予想に反して長期化していった。各国では、労働組合や社会主義政党も戦争協力に転じ、全国民が軍需物資の生産に動員される戦時体制がとられた。植民地の住民も兵士や労働者として動員され、第一次世界大戦は、国民のあらゆる力と技術を投入する総力戦となった。この戦争では、戦車・飛行機・潜水艦・機関銃などの近代兵器や毒ガス（化学兵器）が使われ、膨大な戦死者がでた。また、出征した成年男子にかわり女性が工場などで働くようになり、この女性の社会進出に伴って、女性参政権を求める声が強くなった。戦争の長期化と海上封鎖による生活物資の不足から、ドイツ・ロシアでは民衆の不満が高まっていった。

　1917 年 3 月、ロシアの首都ペトログラード（現サンクトペテルブルグ）で戦争の重圧に耐えかねた労働者の大規模なストライキが起こり、兵士も巻きこんで各地で労働者と兵士のソヴィエト（評議会）が組織された。皇帝は退位し帝政が崩壊して、臨時政府が成立した（三月革命）。政治的混乱のなかで、レーニンが指導するボリシェヴィキは、戦争の即時停止と「全ての権力をソヴィエトへ」と訴えかけた。11 月、ボリシェヴィキは武装蜂起して臨時政府を倒し、ソヴィエト政権を樹立した（十一月革命）。新政権は、無併合・無償金・民族自決を原則とする講和を提示するとともに、地主の土地没収と土地私有権の廃止を宣言した。レーニンは 1918 年 1 月に武力で議会を解散し、ボリシェヴィキ（18 年 3 月ロシア共産党と改称）の一党独裁を実現した。この世界で最初の社会主義革命であるロシア革命の勃発と社会主義政権の成立により、ロシアは大戦から離脱するとともに、国内の反革命や英仏・日本などの干渉戦争に対抗するため赤軍を組織した。

　大戦自体は、中立を維持してきたアメリカ合衆国が、1917 年 4 月にドイツの

───────────────

（4）ドイツ・オーストリアと 1882 年に三国同盟を結んでいたイタリアは、領土問題をめぐってオーストリアと対立するようになり、1902 年以降、三国同盟は事実上解体した。1915 年になり協商国側は、戦後の領土分配を約束する秘密外交を展開して局面の打開を図った。イタリアは、南ティロルやトリエステなどの譲渡を保証され、1915 年 5 月に協商国側について参戦した。

無制限潜水艦作戦を理由に協商国側について参戦することで、協商国側に有利に展開した。アメリカの巨大な生産力が戦争の行方を左右する重要な要因になった。1918 年 1 月に、アメリカのウィルソン大統領は 14 か条の平和原則を発表し、ロシアのソヴィエト政権に対抗して、秘密外交の廃止、軍備縮小、民族自決など改めて戦争目的と戦後構想を提示した。18 年に同盟国は相次いで降伏し、ドイツでも反戦の声が高まり、キール軍港での水兵の反乱を機に革命が起こり、帝政が崩壊して 18 年 11 月に第一次世界大戦は終わりを迎えた。

　第一次世界大戦は、19 世紀から続いてきたヨーロッパ列強中心の国際秩序を大きく変容させた。ロシア、オーストリア＝ハンガリー、ドイツ、オスマンの四つの帝国が崩壊し、「帝国の時代」は終焉を迎えた。代わって、世界最初の社会主義革命によりソヴィエト政権が樹立され、同時にアメリカ合衆国が大国として国際政治の舞台に登場した。1919 年にパリ講和会議では、ウィルソンの 14 か条を基盤として、植民地体制の堅持や社会主義でなく、自由主義経済にもとづく国際秩序の再構築が議論された。

　会議は紛糾したが、敗戦国ごとに条約が結ばれ、ヴェルサイユ体制と呼ばれる新しい国際秩序が生まれた。そこでは、民族自決の原理がヨーロッパ内部では認められ多くの独立国が誕生した。また、集団安全保障という新理念にもとづく平和維持機構である国際連盟（本部：ジュネーヴ）も設立された。戦勝国の利害が優先されて、民族自決の原理がアジア・アフリカの列強植民地には適用されず、アメリカも戦後の孤立主義的世論のため国際連盟に加盟せず、ソヴィエト政権も排除されていた点など多くの課題を抱えたものの、ヴェルサイユ体制の成立は、帝国主義世界体制の再編を促し、アジア諸地域においてナショナリズムの勃興を加速した点で、大きな歴史的意義が認められる。アジア太平洋地域では、アメリカの主導で 1921〜22 年にワシントン会議が開催され、海軍軍縮や中国の主権尊重・門戸開放・機会均等などが合意された。こうして形成された国際秩序を、ヴェルサイユ＝ワシントン体制とよび、「戦間期」の世界を大きく規定することになった。

＋α　平和に関する布告（1917 年 11 月 8 日）

　10 月 24〜25 日（グレゴリオ暦 11 月 6〜7 日）の革命によってつくりだされ、労働者・兵士・農民代表ソヴィエトに立脚する労農政府は、すべての交戦諸民族とその政府に対して、公正で民主的な講和についての交渉を即時に開始することを提議する。

　公正な、また民主的な講和は、戦争で疲れ果て苦しみぬいている全ての交戦諸国の労働者階級と勤労者階級の圧倒的多数が待ち望んでいるものであり、ツァーリ君主制の打倒後にロシアの労働者と農民が最もきっぱりと根気よく要求してきたものであるが、政府がこのような講和とみなしているものは、無併合（すなわち、他国の土地を略奪することも他の諸国民を強制的に統合することもない）、無賠償の即時の講和である。

　ロシア政府はこのような講和を即時に締結することを全ての交戦諸国民に提議し、全ての国と全ての国民の人民代表が全権を持つ会議によってこのような講和の全ての条件が最終的に確認されるにいたるまで、いささかのためらいもなくあらゆる断固たる行動をただちにとる用意があることを表明する。

（中略）

　政府は秘密外交を廃止し、自ら全ての交渉を全人民の前で、完全に公然と行う確固たる意向を表明し、1917 年 2 月から 10 月 25 日までに地主と資本家の政府によって確認または締結された秘密条約の、完全な公開にただちに着手する。

（歴史学研究会編『世界史史料 10　20 世紀の世界 I　ふたつの世界大戦』岩波書店、2006 年、53〜54 頁）

練習問題

あなたは「戦争に勝ったら何をしてもよい、負けたら何をされてもしかたがない」という考え方にどこまで賛成か、この宣言も読みながら考えを述べよ。

2. アジアのナショナリズム

(1) 西アジア・北アフリカの近代国家形成とパレスチナ問題の起源

　オスマン帝国では、1876年に始まった立憲制が、わずか2年で停止された。その後、スルタン[5]はパン・イスラーム主義を訴えて、国外ではイスラーム諸民族から大きな支持と期待を受けたが、国内では各民族の離反が進んだ。1908年には立憲制を唱える知識人・軍人などによる「青年トルコ革命」が成功した。かれらの政権は、「オスマン主義」をうたい、民族・宗教を問わない帝国臣民全体の一体化を追求したが、のちにむしろ、急速な中央集権化のために、トルコ民族主義を強めていった。これに対応して、アラブ人地域ではアラブ民族主義が成長した。

　帝国のまとまりを強めようというこれらの模索も空しく、オスマン帝国は第一次世界大戦に敗れた。帝国はほとんど、英仏やイタリア、ギリシアによって分割された。その危機を救った軍人ムスタファ・ケマルは、1922年にスルタン制を廃止し（カリフ制も24年に廃止）、23年に列強とローザンヌ条約を結んで、新たな国境の画定、治外法権の廃止や関税自主権の回復を実現した。ケマルが初代大統領となったトルコ共和国は、政教分離（脱イスラーム化）や西洋型の近代国家建設[6]を進めた。

　オスマン帝国支配下でアラブ人が多かった地域は、第一次世界大戦後、英仏によって分割された。多くの部分はのちに独立したが、イギリスが「国際連盟の委任統治領」という名目で支配したパレスチナでは、大戦中のイギリスの三枚舌外交によって、大きな矛盾が生じた。イギリスはアラブ人に対しては、フサイン・マクマホン協定で戦後の独立を約束し、オスマン帝国への反乱をうな

---

(5)オスマン帝国のスルタンは、アッバース朝の権威を引き継ぐカリフ（イスラーム信者の共同体「ウンマ」の長）でもあるという「スルタン＝カリフ」の説が18世紀後半から説かれて、帝国外部の信者の間でも大きな影響力をもった。

(6)トルコ語を表記する文字をアラビア文字からラテン文字に切り替えたことや、女性参政権を認めたことなどがよく知られている。

がしたが、他方フランスとのサイクス・ピコ協定で中東の分割を秘密に取り決め、世界のユダヤ人[7]向けにはバルフォア宣言でパレスチナにおけるユダヤ人国家の建設に好意的な姿勢を示したのである。オスマン帝国時代に共存していたこの地域のムスリム、キリスト教徒、ユダヤ教徒は、ムスリムとキリスト教徒が「アラブ人」、ユダヤ教徒が「ユダヤ人」という別々の民族として、対立しはじめた。

　このほか、北アフリカや西アジアでは、第一次世界大戦後に、エジプト、イラク、サウジアラビア、アフガニスタンなど今日存在する国々が、つぎつぎ建国・独立するが、列強の影響力は依然として強かった。1905年の立憲革命が失敗に終わったイランでは、イギリス・ロシアへの従属状態が続いたまま、1925年にパフレヴィー朝が成立した。

（2）インド・ナショナリズムの形成と発展

　イギリス領インドでは、1885年にインド人の諮問機関としてインド国民会議が結成された。西洋式教育を受けた官僚や、弁護士・ジャーナリストといった専門職の出現、それにインド人資本家の登場などが、その背景にあった。国民会議はイギリス統治への協力を目的に作られたが、やがて急進的なナショナリストがあらわれ、反英姿勢が強まった。かれらはヒンドゥー教徒が多かったため、ムスリムとの関係も緊張した。イギリスは1905年に、重要な支配拠点でありながら反英運動の中心になったベンガル州を、ムスリム多数の東部と、ヒンドゥー教徒が多い西部に分けようとする（1911年撤回）など、ヒンドゥーとムスリムの反目を利用した分割統治につとめた。第一次世界大戦でインドから大量の兵員・物資を供給させたにもかかわらず、約束した自治をほとんど与えなかったため、大戦後、ガンディーが指導する国民会議派の抗議運動が急速に広がった。近代教育を受けた弁護士でありながら、ガンディーはヒンドゥー教に

（7）近代ヨーロッパでのユダヤ系住民への迫害に対抗して、19世紀末からパレスチナにユダヤ人の祖国を建設しようとする「シオニズム」運動が始まった。1930〜40年代にナチス・ドイツなどヨーロッパ諸国での迫害が激化したため、ユダヤ人のパレスチナ移住が本格化し、1947年にイスラエルの建国が強行される。

もとづいて近代文明が人々を駆り立てる状況を批判し、非暴力・不服従という
かたちでイギリスに抵抗した。かれの清潔な人柄や博愛主義は、民族・宗教・
言語を越えて南アジアの人々に支持された。

　しかし運動に押されてイギリスが約束した自治では満足できないネルーら、
国民会議派内部の若手急進派は、1920年代末以後、完全独立に向けて走り出す。
民衆が暴徒となって、「非暴力」の原則が崩れる事態もおこった。またガンディー
の運動が宗教的な要素を含んでいたことから、自分の宗教を絶対とするコミュ
ナリズムがめばえ、運動内部の宗教対立が生じて、ジンナーらの全インド・ム
スリム連盟などムスリム勢力は、国民会議派から離れてゆく。自治をめぐる英
印円卓会議も成功せず、ヒンドゥー教徒とムスリムの分離独立という考えが強
まっていった。

（3）東南アジアのナショナリズム

　民族構成や宗教分布が複雑でしかも流動的な東南アジアでも、1900年前後か
ら、近代的な国民国家をめざすナショナリズムの運動が始まったが、「どこ」の
「だれ」がその主体となるべきかをめぐっては、多くの模索と対立が避けられな
かった。

　19世紀末、ホセ・リサールらの啓蒙運動や、民衆の土着化したカトリック信
仰が結びついて、南部イスラーム地域を除けば独自の国家をもったことのない
フィリピンに、史上初めて「フィリピン人」意識が生まれた。独立戦争がおこ
り、アギナルドらを中心に1899年にフィリピン共和国が発足した（フィリピン
革命）。しかし米西戦争でフィリピン統治権をえたアメリカが攻め込み、共和国
は崩壊した[8]。

　オランダ領東インドでは、20世紀初頭に近代的な民族意識がめばえ、さまざ
まな模索のなかから、地域・民族や階級・宗教の違いをこえた一つの国民国家

---

(8)アメリカは英語教育などを通じてアメリカ的価値観を普及させたが、自由主義的
　思想や、フィリピン産の安い農産物の流入に反対する国内農家の反発などの影響で、
　植民地支配にはこだわらず、1934年には10年後の独立を約束した。

✛α　インドネシアの模索と苦悩

　オランダ領東インドでは、強制栽培制度への批判を受けて、オランダが教育や福祉を重視する政策をとった 20 世紀初頭から、多数派であるジャワ人だけの運動、ユーラシアン（ヨーロッパ人とアジア人の混血児）の東インド全体での運動など知識人の運動が始まり、その後、1910 年代に華僑・華人の商業活動に対抗して結成されたイスラーム同盟、それに 1920 年にアジア最初の共産党として誕生したインドネシア共産党の運動など、大衆的な運動も発展した。さまざまなまとまりを単位とするこれらの運動を、スカルノらが「インドネシア民族運動」としてまとめあげた。その際、多数派のジャワ語ではなく、商業用の国際語（大半の使用者にとって第二言語）として広く使われていたマレー語を将来の国語（インドネシア語）に選ぶなど、多くの集団の融和をはかるしくみが考えられたことは興味深い。

　「多様性の中の統一」を国是とした独立後のインドネシアは、しかしその多様さゆえに揺れつづける。ジャワの伝統や中立路線の理念を強調する華麗な演説で国民を魅了しつづけた「独立の父」スカルノは、軍と共産党など異質な勢力のバランスにうえに絶対的な権力を築こうとしたが、自前の組織がないうえに、アメリカとの対立などが響いて失脚した。かわって 1965 年に権力を握ったスハルトは、第二次世界大戦中に日本軍の訓練を受けた軍人で、反対派をきびしく弾圧する一方、日本の大政翼賛会に似た「ゴルカル」という組織を通じて各業界に開発の利益をばらまくという、日本の戦時体制によく似た「アメとムチ」によって、国民をまとめあげようとしたが、1997 年のアジア通貨・金融危機によって、その長期独裁政権も瓦解した。民主化が進んだ今日でも、地域間、宗教間などの対立はくすぶっており、国民統合はなお未完の課題である（桃木至朗）。

としての独立をめざす意識が現れた。スカルノがリーダーとなって、この意識を発展させた。一方英領マラヤでは、それぞれの母国と結びついた中国系・インド系の運動がおこった。ベトナムでは、フランスが民族運動に対して弾圧一点張りの態度をとったので、1930年代には、ホー・チ・ミンの指導下で出現した共産主義勢力（インドシナ共産党[9]）以外に、有力な独立運動の担い手がなくなった。シャム（1939年タイと改称）やビルマ（1937年インドから分離）では、上座仏教を核とする民族意識が強まり、華僑や印僑が排斥された。タイは不平等条約を徐々に撤廃し、1932年には若手の軍人・官僚が立憲革命をおこして、絶対王政を廃止した。タイ政府やアウンサンらのビルマ独立勢力は、1930年代末に日本と接近した。

（4）辛亥革命と中華民国

　清朝は義和団事件後、科挙制度を廃止するなどの改革をおこない、立憲国家に移行する方針を決めた。1908年には憲法大綱を示し、9年後に国会を開設することを公約した。しかし他方では、清朝打倒をめざす革命運動が始まっていた。孫文は、1905年に東京で中国同盟会を結成して各地の革命派を統一し、民族の独立、民権の伸張、民生の安定の「三民主義」を唱えた。中国国内での武装蜂起は失敗続きだったが、孫文は屈せず闘争を続け、海外でも清朝のもとでの立憲制を支持する梁啓超らと、華僑・華人の支持を争った。

　当時、列強は中国に多くの利権をもっていたが、清朝がさらに、列強からの借款による鉄道建設などを進めようとしたため、各地方の反発が強まった。1911年には長江中流の武昌で、軍隊が蜂起し清朝からの独立を宣言、各省がこれに

---

(9) コミンテルン（p.252）の指示で、カンボジア・ラオスも含めたインドシナ共産党として1930年に発足したが、オランダ領東インドのように植民地全体が一つの国民国家を目ざすことにはならず、1951年に3国別々の共産党に分離した。しかし、インドシナ共産党がベトナム人中心に運営されたことは、近世以来のベトナム王朝の圧迫、植民地時代に下級官吏や商人として多くのベトナム人が入ってきたこととならんで、カンボジア人の間に反ベトナム意識を強める原因となり、ベトナム戦争後の両国の対立の伏線となった。

ならうという事態になった（辛亥革命）。孫文は帰国し、1912 年 1 月、共和政の中華民国⁽¹⁰⁾の成立を宣言した。ただし巻き返しに出た清朝が起用した袁世凱との取り引きが行われ、袁が清朝の宣統帝（溥儀）を退位させるいっぽうで、臨時大総統の座を孫文から譲り受けた。袁世凱はその後、自ら皇帝になろうとして失敗し死んだが、各地の軍事指導者が事実上自立し（軍閥）、政情は安定しなかった。

　第一次世界大戦で日本は、日英同盟にしたがってドイツに宣戦布告し、中国のドイツ租借地やドイツ領太平洋諸島を占領した。さらに 1915 年、日本は袁世凱政権に「21 か条要求」を突きつけて多くの利権を獲得したので、中国の世論は反発した。大戦では中国も連合国側に立って参戦したが、パリ講和会議で日本が山東省のドイツ権益の継承を発表したので、1919 年 5 月 4 日に、学生を中心とする激しい抗議行動が北京でおこった（五・四運動）。この背景には、近代教育を受けた学生・青年たちの思想・文学などの新しい運動があった（新文化運動）。この状況を見た孫文は 1919 年に中国国民党を結成、21 年にはロシア革命の影響を受けて中国共産党も結成された。孫文は広州に政権を作り、ソ連の支援を受けつつ、共産党員も国民党に取り込みながら、国内統一を進めようとした。25 年、孫文が死ぬと、国民党の軍事指導者だった蔣介石は北伐を決行、各地の軍閥を降伏させて、27 年に南京に国民政府を立て主席となった。28 年には蔣介石軍が北京をおさえ、北伐はいちおう完了したが、前年のクーデタで政権を追放されていた共産党は各地で武装蜂起した。国民政府はその討伐を急ぐいっぽう、国際的な地位向上につとめ、関税自主権の回復や貨幣制度の統一（幣制改革）に成功、国内産業を保護したので上海の綿工業などが発展した。

---

(10)「民国」は共和国（英語の republic）、「総統」は大統領（英語の president）に相
　　当する漢語である。

中華民国の民族政策と国民党の政治体制

　孫文はもともと満洲人を倒して漢民族と中華を復興させることを主張していたが、辛亥革命後、外モンゴルがソ連の影響下に独立したのに対し、中華民国はそれ以外の清朝の領域を継承したため、漢・満・蒙・回（ムスリム）・蔵（チベット）の「五族共和」を唱えた。しかし建設しようとした国家は、清朝のように、支配者が各集団に対してそれぞれ別の顔を使い分けて支配をおこなう帝国ではなく、漢族を主体とした近代国民国家だったから、他の民族の漢族への同化が公然と主張された。1931年に、日本がうしろだてとなって満洲国が建国された際には、こうした漢族中心主義に対する、満洲人や蒙古人の民族自決権を掲げていた。

　また孫文は、中国の民衆が砂のようにまとまりがないことを嘆いた。かれの死後の国民政府は、こうした民衆に議会制民主主義はなじまず「憲政」もすぐには実現できないとして、国民党が国民を指導する「訓政」を掲げた。蒋介石は日本びいきとして知られたが、子供たちはソ連に留学させており、こうした一部エリートが民衆を指導する体制は、儒教の伝統に合致するだけでなく、中国共産党がソ連から学んだ「前衛党」の理念（共産党が労働者や農民を代表し引っ張る）ともよく似たものだった。そのため、少数民族の独立や漢族と対等な立場での自治と同様に、漢族社会内部で出された省ごとの自治にもとづく連邦制の構想なども、認めるわけにはいかなかった（実態は軍閥の連合だったのだが）。第二次世界大戦後、国民政府を内戦で破って成立した、共産党が指導する中華人民共和国も、こうした一党支配と、地方自治を認めない中央集権制、それに漢族中心のしくみ（55の民族からなる多民族国家という建前だが、少数民族に独立の権利はなく、最近ではすべてを含む「中華民族」という理念が強調されている）などを受け継いだ（桃木至朗）。

練習問題

　辛亥革命後の中国が、革命前に孫文が唱えていたような漢民族だけの国家にも、各民族や地方の連邦国家にもならなかった（なれなかった）のはなぜだろうか。以下の点に着眼しながら説明せよ。①漢民族と少数民族のそれぞれの立場、②独立の維持と安全保障、③中華帝国・清朝の国家体制や政治思想の影響。

まとめの課題

この時代のアジア各国のゆくえを決めたのは、リーダーの個性や能力と、世界の動きや各国の社会構造のどちらだとあなたは考えるか。政治リーダーのタイプ分けにも注意しながら、話し合ってみよう。

ステップアップ　20 世紀の戦争、21 世紀の戦争

　帝国主義の時代は、重化学工業の急速な発展を背景に、列強が競争で軍備拡張をおこなった時代だった。1906 年にイギリスで、それまでの戦艦とまったくレベルの違う「ドレッドノート級戦艦」が出現したのちの海軍の建艦競争が、その象徴としてしばしば語られる。アメリカの海軍戦略家マハンが、アジア大陸から離れた多くの国家が抗争しているため、「極東で軍事力を行使しようとすれば、必然的にシーパワーに頼らざるをえない」と述べたように、アジア太平洋海域での海軍軍拡競争がその典型的な例であり、そのなかで日露戦争後には、日米がお互いを仮想敵とする状況も生まれた。

　際限ない軍備拡張競争と、各国のナショナリズムとの結びつきは、列強にとって戦略的・経済的に必要かどうかわからない地域まで世界分割競争に巻き込み、第一次世界大戦を、軍事力（武器性能や指揮官・兵士の能力）だけでは勝敗が決まらず、経済力や社会・文化のすべての資源を動員する「総力戦」とした。他方、第一次世界大戦のあまりの被害の大きさから、主権国家はそれぞれ戦争遂行の権利を持つという 19 世紀の国際法の概念を変え、戦争を違法化する動きが生まれた。各国の「自衛権」を無条件で認めた（侵略の定義が明確でないため、「自衛」の名目で何でも可能であった）こと、制裁措置が決められていないことなど不十分な点があったとはいえ、国際連盟やパリ不戦条約などが目ざした集団的安全保障体制は、その具体的なあらわれだった。関連して帝国主義時代にも、捕虜の人道的な扱いや戦場での毒ガスの使用の禁止などを定めたハーグ陸戦法規（1907 年）のように、戦闘行為に制限を加える国際条約が作られており、「勝者は何をしても許される」という考え方は過去のものになりつつあった。

　第二次世界大戦は、次章で見るように、帝国主義戦争、民主主義と全体主義の戦争、植民地解放戦争など多面的な性格が複合した戦争だった（第一次世界大戦により「帝国」の多くが消滅・解体されたとしても、帝国主義的な領土分割が影をひそめたわけではない）。主要国にとってそれは、第一次世界大戦につづく総力戦で、1930 年代から総動員体制を築きつつあった日本で、38 年に全国民が加入できる国民健康保険制度が発足したように、国民に一定の権利を保障することと抱き合わせ

でなければ、戦争の遂行は不可能だった。しかし、戦争の技術は大きく変化した。第一次世界大戦が、独仏間の「塹壕戦」（ざんごう）に代表される、固定した戦線での陸軍同士の長期の対峙を特徴としたのに対し、空軍力をはじめとする機動力が長足の進歩をとげた第二次世界大戦では、太平洋など海上の戦争でも「大艦巨砲主義」の時代は終わり、航空母艦と飛行機を主役とする戦闘が一般化した。第二次世界大戦でも、日米間のガダルカナル島攻防戦や独ソ間のスターリングラード攻防戦のように壮絶な長期間の地上戦・市街戦はあったものの、戦線が急速に移動する例が増え、前線以外での一般市民を巻き込む被害が急増した。最強の空軍力をもっていたアメリカは、大戦末期にドイツや日本の都市への戦略爆撃、広島・長崎への原爆投下などによって巨大な被害をもたらした。

　他方、第二次世界大戦ではアジア各地での抗日ゲリラ戦、ヨーロッパでのナチス・ドイツに対するパルチザンなど、小規模なゲリラ型の闘争も発展し、20世紀後半以降の戦争に影響をあたえた。

　第二次世界大戦後の、国際連合を中心とするより強力な集団的安全保障体制と、米ソ両陣営による核兵器を中心とした「恐怖の均衡」による冷戦は、世界大戦のような大国の全面的対決を困難にしたかわりに、植民地の独立運動や発展途上国の民族紛争と結びついた、両陣営の「代理戦争」をしばしば引き起こした（第12章参照）。東アジアにおける中国の内戦と朝鮮戦争、インドシナ半島でのベトナム戦争は、それが大規模な熱戦に結びついた例であった。とくにベトナム戦争で、民族の独立と統一を掲げる北ベトナム・ベトナム南部解放民族戦線側がくりひろげたゲリラ戦は、かつてドイツや日本を粉砕したアメリカの「物量戦」（ベトナムでも、第二次世界大戦の総使用量を上回る砲爆弾を使用し、多種の新型爆弾や枯葉剤なども用いた）にも屈服しなかった点で、戦争の質の変化を象徴していた。

　東西冷戦が終結した1990年代以後も、戦争のあり方は変わり続けている（第13章参照）。問題は、イスラエルやイラン、北朝鮮への核兵器製造技術の拡散、中国の海軍力増強など、従来型の軍備拡大だけではない。2001年のイラク戦争で、アメリカを中心とする多国籍軍がイラクに圧勝したように、アメリカと正面から戦って勝てる国はどこにも存在しないが、世界各地でのテロ活動やアフリカ北東部沿岸での海賊の横行にも見られるように、技術の発展や冷戦終結により使い道のなくなった武器の拡散などによって、小規模なテロや軍事行動はかえって容易になっていることは見逃せない。サイバー攻撃の脅威もしばしば現実化している。ベトナム戦争の時期と違い、国民国家の建設が無条件の正義でない状況下で、また、多国籍企業や宗教組織が国際的な行動主体として前面に出てくるにしたがい、「戦争の主体は国家」という常識のあてはまらないケースや、国連軍の派遣によっても事態がうまくおさまらないケースが増加している。これに対し、地雷（1993年に対人地雷全面禁止条約締結）、化学兵器（1997年に化学兵器禁止機関が発足）など、国際的な武器の取り締まり・廃棄のための活動も進められている（桃木至朗）。

第11章

第二次世界大戦とアジア太平洋戦争

章のあらすじ

　第一次世界大戦後、世界経済の中心となったアメリカでは大量生産・大量消費を土台とする大衆社会が発展した。またヨーロッパやソ連でも、それぞれ復興や平和維持の努力が行われ、アジアでは国民国家形成の動きが強まった。しかし 1929 年に世界恐慌が発生すると、それらの大半が困難におちいり、ドイツや日本など多くの植民地をもたない国は、国内では全体主義をかかげ、対外的にはそれまでの国際秩序に公然と挑戦した。ドイツは 1939 年に第二次世界大戦を開始し、1930 年代から中国への侵略を拡大した日本も、1941 年にアジア太平洋での全面戦争に突入した。第一次世界大戦をはるかに上回る膨大な犠牲と被害を出した大戦は、1945 年に米英・ソ連や中国などの連合国側の勝利をもって終結し、戦後に国際連合などを中心とする新しい国際秩序が目ざされた。

Key Question

戦争はどちらかが勝って、占領や降伏によって戦闘行為が終了した瞬間に終わるものだろうか。また、戦後の世界や各国の状況は、戦争の勝敗だけによって決まるだろうか。二つの世界大戦の例をもとに、話し合ってみよう。

図 11-1　第二次世界大戦初期のヨーロッパ戦線（1939〜42 年）
（『最新世界史図説　タペストリー』（帝国書院）254 頁より転載）

1.「戦間期」の繁栄と世界恐慌

(1) アメリカの繁栄と大衆社会の到来

　第一次世界大戦は、国際関係の大きな転機となった。大戦中に協商国側に借款（資金）を提供したために、大戦後のアメリカは債務国から債権国にかわり、ニューヨークがロンドンと並ぶ国際金融市場になった。世界最大の工業力に加えて、金融力にぬきんでる経済大国としてのアメリカの出現で、世界経済における大西洋経済圏の比重はさらに高まった。

　アメリカは、その巨大な経済力に応じる新しい生活様式も生み出した。大量生産と大量消費にもとづく「アメリカ的生活様式」である。ヘンリー・フォードが考案したベルトコンベアは、流れ作業による画一的で安価な自動車（Ｔ型フォード）の大量生産を可能にした。生産技術の革新が大量生産と製品価格の低下を可能にし、それが大量販売につながり莫大な企業収益を生み、独占企業を生み出した。利益の配分は労働者にもおよび、賃金が上昇し、大衆の購買力の増大はいっそうの販売増加につながった。プラスの経済連関の形成である。

　こうして、富裕層だけでなく労働者の多くも、自動車や、ラジオ・冷蔵庫・洗濯機などの家電製品（耐久消費財）を購入できるようになった。クレジット・ローン販売の普及も、工業製品の売れ行きをさらに拡大することになった。また、映画・ジャズ・プロスポーツ（野球）など、大衆文化とよばれる新しい消費文化も誕生した。大量の複製が可能なフィルム・レコードと、マスメディア（大量伝達手段）であるラジオを通じて、だれもがこの大衆文化を楽しめるようになった。1920年には女性選挙権が認められて大衆の政治参加も進み、大衆の動向が政治・経済・文化に大きな影響を及ぼす大衆社会が出現した。

　だが、1920年代のアメリカは、空前の経済的な繁栄を謳歌する一方で、多くの社会問題をかかえていた。南欧・東欧・アジアからの新移民や、南部の農村から都市に移住した黒人に対して、WASP（白人でアングロ＝サクソン系のプロテスタント）を中心とした中産階級による差別や迫害が強まった。1919年の禁酒法や、日本人・中国人などのアジア系移民を事実上排除する1924年移民法

＋α　アメリカの大衆社会

　1920 年代の終わりまでに、「普通のアメリカ人」は多様な工業製品の入手が可能になった。1925 年には自動車保有数 1700 万台、ラジオ 250 万台が普及し、固定電話は 7 人に一台となった。都市のデパートに加えて、通信販売や雑貨・食料品のチェーンストアも基盤を確立し、現代につながる大量販売体制が整えられた。プロ野球では、ベイブ・ルースが活躍して人気を博し、ハリウッド映画を通じて、積極的に美しさと若さを追求する「新しい女性」像が提起され、大衆消費社会を支える主力になった（秋田茂）。

の制定は、アメリカ社会の保守化を反映しており、一般国民はアメリカ大陸外への政治的関与に消極的な「孤立主義」の伝統に回帰した。

（2）ヨーロッパの再建とソ連社会主義の展開

　大戦後の西ヨーロッパ諸国は経済不振のなかで、「ヨーロッパの没落」を食い止めるために、女性参政権の容認をはじめとする幅広い国民の政治参加や、帝国体制の再編、ヴェルサイユ体制のもとでの協調外交の展開などの再建策を進めた。

　イギリスでは、1924 年に最初の労働党内閣が成立した。この内閣は短命に終わったが、1929 年の総選挙で労働党が第一党になり、労働党と保守党による二大政党制が始まった。またイギリスは、第一次世界大戦によるナショナリズムの高まりを受けて帝国の再編にも取り組み、北アイルランドを除くアイルランドを、1922 年に帝国内の自治領として承認した（アイルランド自由国）。1926 年には、すべての白人自治領を本国と対等の国家と位置づけた。1931 年のウェストミンスター憲章で、これらを含むコモンウェルス体制が成立した。

　大戦後のドイツ（ヴァイマル共和国）では、社会民主党の主導で、社会権を容認する、当時世界で最も民主的な憲法による共和政がめざされた。だが、多

額の賠償金を課された上、フランスとベルギーによるルール地方占領により、猛烈なインフレと通貨暴落が起こり、経済は破滅的状況に陥った。この苦境に対して、アメリカ民間資本のドイツ投資を促すことでヨーロッパ全体の経済復興が図られた。1920年代半ばからは、独仏両国が中心となって協調外交を進め、ロカルノ条約や不戦条約により、国境の現状維持や戦争を国際紛争の解決手段としないことが約束された。

　ヴェルサイユ体制から排除されていたロシアの社会主義政権は、当初、内外で革命の防衛に努めた。1919年、レーニンはモスクワで、各国の共産主義政党の国際組織であるコミンテルン（〜1943年）を組織して世界革命をめざした。1921年には、資本主義の部分的復活を認める新経済政策を採用し、経済の安定化に成功した。翌22年にはソヴィエト社会主義共和国連邦（ソ連）が結成され、新社会建設への取り組みが本格的に始まった。

　だが、1924年のレーニン死後、指導者間で権力闘争がおこり、一国社会主義を主張するスターリンが、世界革命を主張するトロツキーを追放して権力を握った。スターリンは1928年から重工業中心の第一次五ヵ年計画に着手したが、消費物資が不足して国民は耐乏生活を強いられた。農業については集団化が強行され、それに抵抗した比較的豊かな自営農民は、処刑されたり強制収容所に送られたりした。ソ連は第二次五ヵ年計画を経て、1930年代後半にアメリカに次ぐ工業大国になったが、一方でこの時期は、粛清によって、政府高官から一般市民にいたるまで多くの人々が犠牲となった。こうしてスターリンは、36年に独自の憲法を制定して、独裁体制を固めた。

（3）世界恐慌と全体主義の台頭

　ドイツ経済の復興により安定化した世界経済に大打撃を与えたのが、1929年10月のニューヨーク証券取引所での株価の暴落である。これをきっかけにアメリカ経済は恐慌に陥った。恐慌の原因は、農産物や工業製品の過剰生産、アメリカの保護貿易主義による国際貿易の低迷、投機熱など、さまざまな分野で需給のバランスが崩壊する構造的なものであったため、恐慌は長期にわたった。工業生産は激減し、約6千の銀行をはじめとする多数の企業が倒産し、失業者

は 1932 年に 1200 万人を超え、労働者の 4 人に 1 人が失業する状況になった。

　世界経済の中心であったアメリカ経済の破綻は、世界中に深刻な影響を及ぼした。アメリカ市場に依存した輸出産業が大打撃を受けただけでなく、苦境に陥ったアメリカ金融界が投資資金を各国から引き揚げたため、恐慌の影響は他の資本主義諸国にもおよぶ世界恐慌となった。世界経済から孤立して計画経済政策を進めていたソ連のみが、打撃を免れた。

　アメリカでは、1933 年に民主党のフランクリン・ローズヴェルトが大統領に就任し、ニューディールとよばれる新政策を導入した。それは、農民を救済するための農産物価格の引き上げ、政府による企業統制の強化、公共投資による失業救済など、国家が経済に積極的に介入して景気回復をめざす政策であった。ニューディールは、結果的に、イギリスの経済学者ケインズが提唱していた政府による有効需要創出をめざす経済介入政策の実験となった。

　他方、アメリカと並んで世界の基軸通貨国であったイギリスは、1931 年に国際金本位制から離脱するとともに、1932 年にオタワで連邦経済会議を開き、帝国連邦内の関税を相互に優遇する帝国特恵関税を導入し、通商の決済をポンドでおこなうスターリング圏を形成した。このイギリスの動きは、フランス（フラン）やアメリカ（ドル）、日本（円）のブロック経済化を誘発し、主要各国が輸出の拡大をめざして自国通貨（為替レート）を切り下げる通貨切り下げ競争を生み出した。

　世界恐慌の衝撃と経済危機は、過大な賠償金支払いなど、敗戦国責任を前提とするヴェルサイユ体制に国民が不満をいだいていたドイツにおいて、政変を引き起こした。恐慌でアメリカ資本が撤収して経済が深刻な不況に陥ると、その不満はさらに高まり、ヴェルサイユ体制と議会制民主主義を批判してきた共産党とナチ党が、勢力を伸ばしていった。

　ヒトラーが率いたナチ党は、社会主義と資本主義の双方を批判し、経済的苦境の中間層を中心に支持を拡大した。ナチ党はマスメディアを巧みに利用し、1932 年の選挙で第 1 党に躍進した。翌年、首相に就任したヒトラーは、国会議事堂放火事件を利用して共産党を弾圧し、政府に立法権を与える全権委任法を成立させ、一党独裁体制をつくりあげた。ヒトラーは、1922 年にイタリアで政

＋α　1930年代国際経済秩序と日本の経済外交

　通説では、1930年代に形成されたとされる保護主義的なブロック経済体制が、国際協調政策を通じた世界恐慌の克服を困難にしたとされる。だがその一方で、イギリスの基軸通貨ポンドは依然として国際決済で重視され、日本や中国の通貨はポンドに連動して運用された。その意味で、日本や中国は、事実上スターリング圏に為替レートを切り下げたまま加入し、通貨の安定と輸出の拡大を図ったといえる。

　また、1933年に日本は、イギリスを抜いて世界最大の綿製品輸出国になったが、原料として大量の綿花を英領インドから輸入していた。自由貿易原理に基づく日本と英領インドの貿易は、イギリス帝国にとっても基軸通貨ポンドの価値を維持し、インドからの「本国費」を通じた金融的収奪を可能にするために不可欠であった。1930年代に日本が直面した貿易摩擦に関して行われた日印会商や日蘭会商では、工業製品・第一次産品の輸出入や金融決済面での、日本と欧米の植民地、さらに欧米本国との間での経済的な相互依存性が強調された。国際貿易全体が縮小する中で、1930年代の「アジア間貿易」は縮小が小幅にとどまり、世界経済における比重はむしろ増大する傾向にあった（秋田茂）。

権を掌握したムッソリーニが率いるファシスト党を見ならい、議会主義と共産・社会主義に反対し、個人の自由などの人権と少数派意見を無視し、国家の利益を最優先して国家による強力な社会統制をめざした。

　ナチ党政権は、高速自動車道路網（アウトバーン）を建設するなど、公共事業と軍備拡大の軍需生産により失業者を減らし、ある程度の経済復興を実現した。その一方で、親衛隊や秘密国家警察（ゲシュタポ）によって反対派とユダヤ人を弾圧するなど、全体主義国家をつくりあげた。独裁制を基調とする全体主義の典型は、イタリアのファシズム、ドイツのナチズム、日本の軍部主導の軍国主義だが、同時期に形成されたソ連のスターリン体制も全体主義の一つの

> **テーマ解説** **全体主義国の共通点と差異**
>
> 　上記の諸国以外にも 1930 年代には、第二次世界大戦では中立を守ったスペイン（フランコ政権）やポルトガルなど、全体主義を掲げる政権がつぎつぎに出現した。一般には、イタリアのファシスト党、ドイツのナチ党、またソ連共産党などの政党が、明確な国家・社会改造のプログラムを掲げて強力な指導者を支える政治形態をとったが、軍部が前面に出た日本の場合は、明確なプログラムやカリスマ的なリーダーが存在しなかった。他方、全体主義下では「国民」への一定の福祉が重視されたが、イタリアやソ連、日本などの国家は、業界や社会階層（農民、青年、女性その他）ごとの団体の集合体という性格をもち、政府や支配政党はそれらを通じて国民を統制するとともに、社会福祉・社会保障を提供した。このしくみは、第二次世界大戦後の日本や、ソ連型社会主義をとった諸国などにも強く影響した（桃木至朗）。

形態と見なされる。やがて全体主義政権は、国民の不満を外にそらすために、軍備拡張を通じた領土拡張政策、軍事的侵略に乗り出すことになる。

2．日中「15 年戦争」

（1）日本の民主主義と軍国主義

　大正時代（1912〜26 年）の日本社会では、政党政治が定着し、1925 年に男子普通選挙が認められるなど、民主主義や新しい文化・思想の前進が見られた（大正デモクラシー）。また台湾や、1919 年の三・一独立運動を鎮圧したのちの朝鮮でも、力による支配から経済・文化などを重視する路線への転換がはかられた。しかし、1923 年の関東大震災は社会に大きな傷跡を残した。昭和時代（1926〜1989）に入ると、第一次世界大戦中からの好景気が終わり、深刻な不況の中で政党や財界への不信感が高まった。テロが横行するなかで、1932 年の五・一五事件で軍人が首相を暗殺して政党内閣を崩壊させ、1936 年の二・二六事件では一部の部隊が武装蜂起して重臣・閣僚を殺すなど、軍が政治の実権を

握るようになった。政争にうんざりし、貧困と格差にあえいでいた多くの国民
のあいだでは、こうした軍の動きや、次に見るような強硬な対中国政策への反
対の声は弱かった。

（2）満洲事変から日中戦争へ

日露戦争後、日本は関東軍を満洲（中国東北地区）に駐屯させていたが、中
国側の奉天軍閥との対立などがあった。1931 年 9 月、関東軍は独断で鉄道爆破
事件をおこし、これを中国側の謀略として満洲全域を占領した（満洲事変）。日
本は清朝最後の皇帝だった宣統帝溥儀をかつぎだして 32 年に満洲国[1]を建てた
が、中国側の提訴を受けて行われた国際連盟の調査報告で非難され、それが総
会でも認められたため、日本は国際連盟を脱退した。満洲事変から 1945 年の日
本の敗北まで、足かけ 15 年にわたって日中間では戦争状態が続いたと見て、「日
中 15 年戦争」と呼ぶことがある。

南京の国民政府は、日本への抵抗より共産党討伐を先決としたが、共産党は
包囲・追及を逃れて「長征」をおこない、その後延安を拠点とした[2]。共産党側
でコミンテルンが反ファシズム人民戦線を世界に広げようとしたこと、かつて
父を日本軍に殺された奉天軍閥の張学良が、蔣介石に抗日を迫ったことなどか
ら、1936 年には抗日民族統一戦線の結成が合意された。ところが 1937 年 7 月、
北京の郊外の盧溝橋で発生した軍事衝突をきっかけに、日中両国は宣戦布告の
ないままに全面戦争状態（日中戦争）に突入した。日本軍は上海から南京[3]へ
と進撃したが、四川省の重慶に逃げ込んだ国民政府は、英米やソ連の支援を受
けて、抵抗を続けた[4]。日本軍は多くの主要都市と交通路も占領したが、広大な
農村部を支配することはできず、戦局はしだいに泥沼化した。日本は 38 年に国

---

(1)日・朝・満・蒙・漢の主要 5 民族や、ロシア革命を逃れた「白系ロシア人」など
　多くの民族の協力がうたわれ、不況にあえぐ日本の農村からは、大量の移民が「開
　拓団」として送り込まれた。
(2)大長征の途中で毛沢東が実権を握っていた。
(3)南京を占領した際に、捕虜・市民など多数の虐殺をおこなったことが、第二次世
　界大戦後、戦争犯罪として国際的な非難を浴びた。
(4)1940 年に南京で親日政府が立てられたが、支持は広がらなかった。

家総動員法を制定して、議会の同意なしに政府がすべての設備・物資や人間を戦争に徴用できるしくみを作ったが、貨幣制度の統一など蒋介石政権下で進んだ近代化や、共産党などの抗日運動の力は、軽視されていた。

　重慶を攻めあぐねた日本陸軍は、東南アジア大陸部の英仏植民地から重慶へ伸びる支援ルートを遮断する必要性をさとり、また海軍や産業界は東南アジア群島部の石油などの資源にも着目したので、政府も南進論に傾いていった。いっぽう日本軍は、1939 年に満洲国とモンゴルの国境でソ連・モンゴル連合軍と戦って惨敗し（ノモンハン事件もしくはハルハ河戦役）、北方への拡大を重視する伝統的な考え（北進論）は後退した。

3．第二次世界大戦とアジア太平洋戦争

（1）宥和政策とスペイン内戦

　ドイツのナチ党政権は、ヴェルサイユ体制の打破をめざした[5]。イタリアも、1935 年にエチオピア侵略を開始し、翌年併合した。国際連盟は経済制裁を加えたが、石油の禁輸措置をとらなかったので全く効果はなかった。これに対して英仏両国は、ドイツとイタリアの現状打破を事実上黙認する宥和政策をとった。

　他方、ファシズムの台頭に危機感をもった左翼勢力は、コミンテルンが中心となって、ファシズムと戦争に反対する全ての勢力と組織を結集する人民戦線の結成をめざした。1936 年にフランスとスペインで相次いで人民戦線政府が成立した。だがスペインでは、保守層に支持された軍部が、フランコを中心に植民地のモロッコで反乱を起こし内戦が勃発した[6]。内戦は 39 年に反乱軍が勝利

---

(5) 1933 年に国際連盟を脱退し、35 年には徴兵制を復活させて再軍備を宣言した。36 年にはロカルノ条約を破棄して、非武装地帯のラインラントに進駐した。

(6) 英仏両国は不干渉政策をとったが、政府軍には世界各国の知識人や労働者が国際義勇軍を編成して参加し、ソ連は政府側を支援した。ドイツとイタリアが反乱軍を公然と支持し武器援助をおこなったため、スペイン内戦はファシズムと反ファシズムの国際紛争となった。内戦中、フランコを支持するドイツが 1937 年、スペイン北部のゲルニカに無差別爆撃をおこない、多数の住民が死傷した。ピカソは、戦争へ

し、フランコ独裁体制が樹立された。内戦への軍事援助で連携を強めた独伊に日本が加わり、1937年に日独伊防共協定が成立した。ファシズム三国は、広大な植民地・勢力圏をもつ英仏や米に対して不利な立場におかれた「持たざる国」と称して、対外的膨張政策のために提携を強めた。

ドイツは、1938年にオーストリアを併合し、さらにチェコスロバキアに対してズデーテン地方の割譲を要求した。英仏両国は、ドイツとイタリアを交えた4国首脳によるミュンヘン会談を開き、戦争を避けるために宥和政策をとり、チェコの意思を無視してドイツの要求を認めた。1935年から続くこうした一連の宥和政策の背後には、大国アメリカに対抗するとともに、ドイツの膨張政策を社会主義国ソ連に向けさせて独ソ両国の弱体化を画策する、広大な植民地帝国を有する「持てる国」としての英仏両国の、現状維持戦略があった。

しかし、ヒトラーはミュンヘンでの約束を破り、1939年3月にチェコスロバキアを解体し、8月にはソ連と独ソ不可侵条約を締結して、互いに勢力範囲を取り決めた。9月にドイツ軍がポーランドに侵攻すると、英仏両国はドイツに宣戦して、第二次世界大戦が勃発した。

(2) 第二次世界大戦の展開

大戦の序盤は、「枢軸国」と呼ばれる独伊側が優位に立った。ポーランドは、ドイツ軍に加えてソ連軍からも侵攻され、両国により分割占領された。ソ連は、バルト三国にも進駐し、11月にはフィンランドにも宣戦した。ドイツ軍は1940年に西欧で電撃戦を展開して、中立国を占領してフランスに侵攻、6月にフランス政府は降伏し、イタリアはドイツ側で参戦した。

ドイツ軍はイギリス侵攻もねらったが、イギリスは首相チャーチルのもとに結束し、海峡の制空権を確保しドイツ軍の上陸を阻止した。ドイツ軍は翌1941年6月、不可侵条約を破り突如ソ連に侵攻して、独ソ戦が始まった。大戦の拡大を受けて8月、アメリカのローズヴェルトとチャーチルは大西洋上で会談し

の憎しみと怒りをこめた「ゲルニカ」(現・ピカソ美樹館所蔵)を1937年のパリ万博に出品し抗議した。

て、大西洋憲章を発表してファシズム打倒の戦争目的を明確化し、戦後国際秩序の構想を明らかにした。アメリカは、41 年 3 月に武器貸与法を制定してイギリスへの軍需物資の援助を開始していたが、徐々に戦時協力を拡大した。41 年12 月の日本軍の真珠湾攻撃で、米英ソを中心とする連合国が形成され、アメリカの圧倒的な工業生産力と金融力が戦局を決定的に左右するようになった。

　アメリカの参戦で戦争は全世界に広がり、文字通り世界大戦となったが、それは次の三つの特徴を備えていた。第一に、大西洋憲章でファシズムの打倒が戦争目的とされたように、第二次世界大戦は、民主主義とファシズム（全体主義）の対立、独ソ戦の結果形成されたソ連を含む連合国による反ファシズム「大同盟」の勝利、戦後のアメリカを中心とする国際秩序形成の原点と位置付けられる。ドイツによる、アウシュヴィッツ収容所などでのユダヤ人絶滅政策（ホロコースト）は、ファシズムの蛮行の象徴と見なされた。

　第二に、第二次世界大戦は第一次世界大戦と同様に、帝国主義列強による「世界再分割」であった。1931 年の満洲事変と満洲国の建国、35 年のイタリアのエチオピア侵略、1938 年以降のドイツの中東欧支配は、「持たざる国」としての枢軸国による領土再分割であった。大戦直前の英仏による枢軸国への宥和政策は、広大な植民地帝国を有する列強の自己防衛的対応であった。

　第三に、第二次世界大戦は、列強の帝国主義・植民地主義と、非ヨーロッパ世界、特にアジアのナショナリズム・民族解放運動が対立する舞台となった。次節でふれる満洲事変以降の日中戦争の展開はその典型である。民主主義の擁護を掲げたイギリスの場合、チャーチルは、大西洋憲章で謳われた「民族自決」の原理はイギリス帝国には適用されないと、憲章発表直後に議会で明言している。英領インドは、39 年 9 月の本国の対独宣戦布告により自動的に戦争に巻き込まれたが、現地インドでは、翌 40 年から国民会議派を中心に戦争非協力・植民地支配批判のクイット・インディア闘争が展開され、イギリスはその対応に追われた。後に東南アジアで日本軍と協力したチャンドラ・ボースのインド国民軍の活動は、欧米の民主主義とアジア・ナショナリズムの対立と矛盾、日本によるその利己的利用を示す典型である。

＋α スバース・（チャンドラ・）ボースとインド国民軍

　チャンドラ・ボース（1897～1945）は、現在でもガンディーと並んで人気を博す、数奇の運命をたどったインドのナショナリスト（独立運動家）である。

　インド国民会議派の左派（急進派）として台頭し、1938～39年に会議派議長に選ばれたが、ガンディーの非暴力不服従運動に反対して指導部の不興をかった。第二次世界大戦の勃発をインド独立の好機ととらえ、武装闘争の準備をおこなったが、1940年7月に大衆デモを煽動した容疑でイギリス官憲に逮捕・投獄された。ハンガー・ストライキによる衰弱を理由に仮釈放中の1940年12月、インドを脱出して、イタリア当局の協力により陸路アフガニスタン経由でドイツに向かい、1941年4月初めベルリンに到着した。反英闘争でムッソリーニやヒトラーとの連携を模索したが相手にされず、次第に枢軸国として極東の日本に着目するようになった。

　日本軍は、1942年2月のシンガポール陥落により降伏した英帝国軍主力のインド兵部隊をインド国民軍（Indian National Army：INA）に再編した。日本軍との協力でインドの早期独立を目指すINAにとって、人気のある政治家ボースを指導者として迎えることは好都合で、日本軍にも彼の利用価値は大いにあった。だが戦況の悪化により日独間の移動は危険をともなったため、1943年2～5月にボースは、日独両海軍の潜水艦（Uボートと伊号）をインド洋のマダガスカル沖で乗り継いで、スマトラ島からは空路で1943年5月に東京に到着した。

　東条英機首相の信任を得たボースは、1943年10月に自由インド仮政府首班に就任し、日本軍占領下の東南アジア各地で国民軍の募兵と反英闘争の継続を訴えた。11月には東京で開催された大東亜会議にオブザーバーとして出席し、「大東亜共栄圏」の建設とインド独立への支援を世界に向けて幅広く訴えた。1944年に日本軍がおこなったインパール作戦にもINAは参加し、英領インド（アッサム州）に進軍した唯一のインド軍となった。同作戦の失敗により、INAはその後ビルマで連合国軍と戦った。

　1945年8月15日の日本の敗戦により、INAが軍事的にインド独立を達成することは不可能となり、ボースはソ連軍が占領した満洲国に向かいソ

連との接触を求めた。日本軍から提供された飛行機で大連に向かう途上、台湾台北の飛行場での事故で重傷を負い、インド独立を見届ける事なく同地で死去した。

　このボースの経歴は、民族解放運動、独立闘争としての第二次世界大戦の性格、独立という大義のために利用可能なものは最大限利用する「協力者」のリアリズム、欧米民主主義の二重基準と矛盾を明確に示している。戦後インドの英当局は、INA の将校・兵士を反逆罪として軍法会議にかけようとしたが、インド民衆の反発により裁判を断念せざるをえなかった。植民地支配を維持する最後の拠り所としてのインド軍に対する統制力を喪失したイギリスにとって、1947 年 8 月のインド独立は目前に迫っていた（秋田茂）。

練習問題

外国からの侵攻や植民地支配に対する「協力者」は、単に恐怖や私利私欲のために協力したのだろうか。ボースをはじめ、アジア太平洋戦争で日本軍に協力したリーダーたちの、自国の政治運動での位置を調べたうえで、かれらの戦略と選択について話し合ってみよう。

　戦局は、アメリカの巨大な経済力に支えられて、1942 年から連合国に有利に展開した。連合国は反撃に転じ、43 年のスターリングラードの戦いでソ連軍がドイツ軍に大打撃を与えた。連合国軍は、43 年 7 月にイタリアに上陸してムッソリーニを失脚させ、9 月イタリアは無条件降伏した。また、44 年 6 月にノルマンディーに上陸した後、8 月にパリを解放した。その後連合国軍は東西からドイツを攻める一方、45 年 2 月に米英ソ首脳がヤルタ会談を開催し、戦後処理について協議した。連合国軍は 45 年 5 月ベルリンを占領してドイツを無条件降伏させ、ヨーロッパでの戦闘は連合国の勝利で終結した。

（3）アジア太平洋戦争

　ドイツ・イタリアとの連携を強めていた日本は、ヨーロッパで大戦が始まり、フランスがドイツに降伏したのを見て、40年7月に、武力南進の方針を正式決定した。日本は、9月に日独伊三国同盟、翌年4月に日ソ中立条約を結ぶのと並行して、2回に分けてフランス領インドシナに軍事進駐した。これに対し、米英などの経済制裁が発動されたが、日本はこれをABCD包囲網[7]による日本いじめとして反発し、その後の日米交渉も成功しなかった。

　1941年12月8日、日本軍は英領マレーに上陸、ハワイの真珠湾にも奇襲攻撃をかけて、アジア太平洋戦争が始まった。三国同盟により、ドイツ・イタリアも英米に宣戦したので、ヨーロッパとアジア太平洋の戦争はひとつに結びつき、連合国側ではアメリカがその中心となった。

　日本軍は最初の半年は快進撃し、東南アジアの大半を占領[8]、太平洋にも進出した。「大東亜共栄圏」の建設をうたう日本は、各地を軍が統治するかたわらで、各国のナショナリストにも補助的な行政組織や軍隊を作らせた。ただし、戦争で輸出品が売れなくなり、日本にそれをすべて買い取る能力もなかったため、東南アジアの経済はマヒした。また、捕虜や労働者の虐待などの粗暴な行動、東西に長い占領地に時差を認めなかったことが象徴する画一的な日本式の押しつけなどが、当初の歓迎ムードを冷え込ませた。朝鮮や台湾では「皇民化政策」が強められ、多くの兵士が戦場に送られ、また日本国内の労働力不足を補うため、朝鮮や中国の労働者が連行された。

　太平洋の戦場では、1942年6月のミッドウェー海戦で海軍が、43年にかけてのガダルカナル島攻防戦では陸軍が、それぞれの組織的欠点を露呈する惨敗を喫し[9]、日本軍は守勢に回った。日本は支持者を増やそうとして、1943年にビ

---

　(7) A＝アメリカ、B＝イギリス（Britain）、C＝中国（China）、D＝オランダ（Dutch）の意味。

　(8) 独立を保っていたタイも、日本軍の進駐を受け入れ、英米に宣戦布告した。

　(9) 日本海軍は、日露戦争以来の戦術を忘れられず、大型戦艦の建造を続け、航空母艦の建造が遅れた。またレーダーの開発や暗号技術などでもアメリカに劣っていた。ミッドウェー海戦では、真珠湾で沈められなかったアメリカ航空母艦群の発見が遅れ、そこから飛び立った飛行機に先に襲われて、主力の航空母艦の大半を失った。

ルマ、フィリピンの独立を認め（もちろん日本軍の駐屯は続く）、45 年 3 月には、「日仏共同統治」のもとにあったベトナム、カンボジア、ラオスでも、フランス人を追放して独立を認めた。43 年にいったんマレー・インドネシアは日本の領土と決定していたが、45 年にはインドネシアの「独立準備」も認めた[10]。しかし、これらの政策の効果は薄く、ベトナムやフィリピン、マレーで抗日ゲリラの活動が広がったばかりか、タイやビルマの親日政権の内部でも、秘密に連合国と連絡し、情報を流す勢力があらわれた[11]。

　1944 年後半に、グアム島・サイパン島などが奪われ、日本本土はアメリカ空軍による激しい爆撃にさらされた。45 年に入るとフィリピン・ビルマも連合軍が奪回し、6 月には、凄惨な地上戦の末、沖縄がアメリカ軍に占領された。爆撃を受けた日本本土の都市で、地上戦が行われた各地域で、多くの住民が犠牲になった。5 月にドイツが降伏したのち、連合国はポツダム宣言で日本に降伏を要求していたが、国体（天皇を中心とする体制）の維持が保証されていないことなどから、日本はこれを無視して戦争を続けた。そこでアメリカは、8 月6 日に広島、9 日に長崎に原子爆弾を投下し、ソ連も 8 日に中立条約を破棄して日本に宣戦布告、満洲・朝鮮や樺太南部・千島列島に侵攻した。中国に駐屯していた日本の精鋭部隊は、大戦末期の南方への転用などで空洞化しており、もろくも敗走する日本軍や行政組織から置き去りにされた多くの日本人が、死亡

　　いっぽうガダルカナル島攻防戦では、数や武器でまさるアメリカ軍に対して、戦闘力の強さを過信した陸軍は、不十分な兵力を何度も投入して、そのたびに大きな被害を出したが、撤退の決断もできず、いたずらに情勢を悪化させた。
(10)このほか、インド国民会議派の一部などを抱き込んで、「自由インド仮政府」を作らせた（→ p.260）。
(11)1945 年 8 月 14〜15 日に日本が降伏すると、16 日にタイの摂政が「日本に脅されて」行った米英への宣戦布告は無効と宣言、イギリスは怒ったが戦後のタイを抱き込もうと考えていたアメリカがこれを認め、タイは敗戦国扱いを回避した。17 日にはインドネシアで「独立準備」をおこなっていたスカルノらが、一部日本軍人の立ち会いのもとで独立宣言をおこなった。ベトナムでは共産党を中心とする抗日ゲリラ組織が 19 日から武装蜂起、日本の監督下で独立した政権を解体させ、9 月 2 日にホー・チ・ミンが独立宣言を読み上げた。戦時中からのそれぞれの活動と、連合国との秘密連絡が、こうした素早い動きを可能にしたのである。

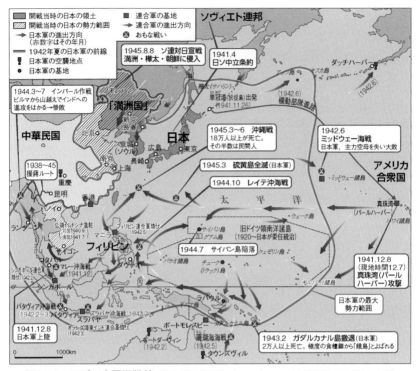

図 11-2　アジア太平洋戦線（『最新世界史図説　タペストリー』（帝国書院）255 頁より転載）

したりシベリアに連行・抑留され、また「残留孤児」となった。日本政府は 8
月 14 日にポツダム宣言の無条件受諾、すなわち降伏を決定して連合国に申し入
れ、15 日には昭和天皇（在位 1926～89 年）がラジオ放送で、受諾を公表して
軍と国民に停戦を命じた。こうしてアジアに 2000 万、日本の軍人・民間人に
310 万人の犠牲者を出したとされるアジア太平洋戦争は終わった。

（4）平和の回復と新たな対立

　連合国は、捕虜虐待などそれまでも「戦争犯罪」とされていた行為に加え、
ドイツ・日本の「平和に対する罪」「人道に対する罪」を裁くことを決め、国際

264

軍事裁判所を設置した[12]。第二次世界大戦の終了直前には、国際連合が設立された。国際連盟が大戦を防げなかった反省から、より強力な集団安全保障を実現するために、総会に優越する権限をもつ安全保障理事会が設けられた[13]。また、ブロック経済が大戦につながったと考えるアメリカの主導により、自由貿易を推進するための、いわゆるブレトン・ウッズ体制が築かれた[14]。そこではポンドに変わってドルが基軸通貨となり、英米間の覇権の移行がはっきり示された。

　しかし、第一次世界大戦より進んだ戦後処理と平和維持のしくみも、完璧ではなかった。ヨーロッパにおける戦争が連合国側の勝利のうちに終結するめどがついたころから、今や超大国となった米ソの間で、戦後の国際政治秩序の再構築をめぐり対立が生じていた。アメリカは、ソ連がドイツから解放した東欧諸国を勢力圏としたことに不信感をいだいたが、ソ連も、アメリカが原爆を独占したことや、日本を実質的に単独で占領したことに不満だった。

　戦後ドイツは、米・英・仏・ソによって分割占領され、首都ベルリンも 4 か国の共同管理下に置かれた[15]。1949 年にドイツ連邦共和国（西ドイツ）とドイツ民主共和国（東ドイツ）がそれぞれ成立し、ドイツは分裂した。日本の敗北により植民地支配から解放された朝鮮半島も、北緯 38 度線を境に二分され、北はソ連、南はアメリカの占領下におかれた。48 年に、北の朝鮮民主主義人民共和国（北朝鮮）と南の大韓民国（韓国）の二つの分裂国家として独立した。他方、日本は、アメリカ軍を主力とする連合国軍がまとめて占領した。連合国軍最高司令官（SCAP）マッカーサーのもとで民主化が進められ、ソ連陣営などを除く諸国とサンフランシスコ平和条約を結んで、52 年に独立を回復した。

---

(12) 他方、第一次世界大戦でドイツに課した過大な賠償金がナチスの台頭を招いた反省などから、枢軸国への賠償請求は抑制された。

(13) 米英仏ソ中の 5 大国が、拒否権をもつ常任理事国となった。

(14) IMF（国際通貨基金）、国際復興開発銀行（世界銀行）が、終戦前後に相次いで設立され、GATT（関税と貿易に関する一般協定）が調印された。

(15) 1948 年に米・英・仏の西側 3 か国とソ連がベルリンの管理をめぐって対立し、東西の対立は決定的なものとなった。

日本がアジア太平洋戦争で「アジア諸国・諸民族に負けた」側面を示すできごとを、以下の着眼点にしたがって3つ以上あげよ。

（着眼点）①日本軍と戦う動き
②日本軍に協力していた政権の動き
③連合軍にゲリラ的に抵抗しようとした日本軍兵士たちの運命

ステップアップ ## 日本にとっての第二次世界大戦

戦争の呼び名　欧米列強を排除した「大東亜共栄圏」の建設をかかげた日本は、米英と始めた戦争を「大東亜戦争」と呼んだ。しかし敗戦後、GHQ（連合軍総司令部）は、日本軍国主義を正当化するものとしてこの呼び名を禁止し、太平洋戦争と呼ぶよう指示したため、現在のマスコミや教科書も、太平洋戦争と呼ぶのが普通である。しかし1990年代から、日本がアメリカと戦いアメリカに負けたことだけが強調される「太平洋戦争」の呼び名を批判し、中国や東南アジアの戦いを重視して「アジア太平洋戦争」と呼ぶのがよいという意見が出された。この本もそれに従っている。

日本軍が残したもの　日本軍は東南アジア各地で、日本語教育をおこなういっぽうで、インドネシア語など現地語の教育の普及を助けたケースもある。隣組が独立後のインドネシアの都市でも作られるなど、日本式の社会組織も影響を残した。また日本兵の中に、日本の敗戦後に帰国せず、インドネシアやベトナムの独立戦争に参加・貢献した人々がいた。しかし、タイ・ビルマ国境での鉄道建設（泰緬鉄道）の建設で、使役された連合軍の捕虜や東南アジア各地から集められた労働者に多数の死者が出るなど、日本軍の行動は多くの傷跡を残した。ムスリムに「天皇陛下万歳」を叫ばせるなど、無神経な行動も少なくなかった。戦争末期には、多くの日本兵がジャングルや山中にこもって戦いを続けようとしたが、戦闘より飢えと病気で死ぬ兵士がはるかに多かったとされるのは、現地の人々の支持がなかったことを物語る。また、戦後のアジアに出現した独裁政権は、しばしば日本式の強圧的な支配の方法を応用した。日本軍の士官だった韓国の朴正熙大統領、日本が作った現地軍出身のインドネシアのスハルト大統領などがその例である。

　日本軍が残した負の遺産の多くについては、敗戦直後の戦争犯罪の裁判や、国家間の賠償交渉で決着済みなのだが、1980年代以降に、中国や韓国を含むアジア各地で、日本による徴兵、労働力の徴発や「従軍慰安婦」の問題など、国家間の賠償で

未解決の問題について、賠償を請求する裁判が起こされるようになった。

日本の敗戦（終戦）はいつか　現在の日本では通常、8 月 15 日を終戦の日とするが、これは国内向けに戦争の終結を命じた日であり、国際的には 8 月 14 日と、日本政府が降伏文書に調印した 9 月 2 日が意味を持つ。また、近代戦争は戦闘行為が終わっただけではなく、賠償や平和条約締結がすんではじめて、完全に終わったと見なされる。連合国による占領を経て、日本がサンフランシスコ平和条約による独立を回復した 1952 年も、戦争の結結の重大な節目の一つである。

日本は「だれとだれ」「なにとなに」の戦いに負けたのか　第二次世界大戦およびアジア太平洋戦争は、上述のように複数の性格がからみあった戦争だった。もともと日独伊の論理は、「持てる国」すなわち先発帝国主義国と、自分たち「持たざる国」の権益の差を是正することにあった、すなわち日本は、後発帝国主義国として先発帝国主義国に挑んで跳ね返されたことになる。ただし、それだけなら第一次世界大戦と同じ帝国主義国同士の争いして、どちらが正義ともいいがたいと見ることが可能なのだが、第二次世界大戦は、枢軸側の全体主義と、大西洋憲章で示されたような連合国側の民主主義の争いという性質ももっていた。そのうえ、「大東亜共栄圏」を掲げる日本の目的がアジアの解放であったように、アジア太平洋戦争は、帝国主義とアジアのナショナリズムとの戦いであった。ただしその中で、日本は解放のリーダーを自認しながら、実際には欧米諸国にかわって、アジアを支配しようとする帝国主義の側にいることを露呈した。民主主義やアジアの解放に敵対したというこの部分が、日本の弁明を困難にしている。

　このほか、「神国」と信じる日本の精神主義が、アメリカなど連合国の経済力・科学技術に敗れたという点も、強い記憶を残し、戦後の経済成長、科学技術の発展（「核の平和利用」も含む）の前提条件になったとされる。それは、日本の体制の問題やアジアに負けた事実を見たくない人々を含めて、広く受け入れられる考え方だった（桃木至朗）。

第12章

冷戦と脱植民地化の時代

章のあらすじ

　この章は第二次世界大戦終結後、1990年代初頭までの世界を扱う。大戦後の世界の構図を決めたのは、冷戦と植民地の独立（脱植民地化）の二つの動きだった。大戦中に協力していたアメリカなどの資本主義諸国とソ連の間では、戦後に対立が表面化し、両者は世界に軍事同盟の網を張りめぐらしてにらみ合った。東アジアでは戦争によって、社会主義陣営が勢力を拡大した。一方で、アジア・アフリカの植民地は1960年代までに大半が独立をかちとり、新興国の協力によって世界を動かそうとしたが、経済的には先進国との差が縮まらない「南北問題」に悩んだ。1960年代には、西側の一員として国際社会に復帰した日本の高度経済成長、ベトナム戦争によるアメリカの威信の低下、社会主義陣営の内部対立など、世界の多極化が進行した。70年代の二度の石油危機は世界経済を大きく揺さぶり、80年代の新自由主義とマイクロエレクトロニクス革命などを経て、90年代初頭にはソ連東欧圏が解体して、冷戦が終結した。

Key Question

日本の高度経済成長の実現には、国内の経済・市場の動きと、国際環境のどちらがより大きな意味をもったとあなたは考えるか。中学校・高校の既習事項も思い出しながら、クラスで討論してみよう。

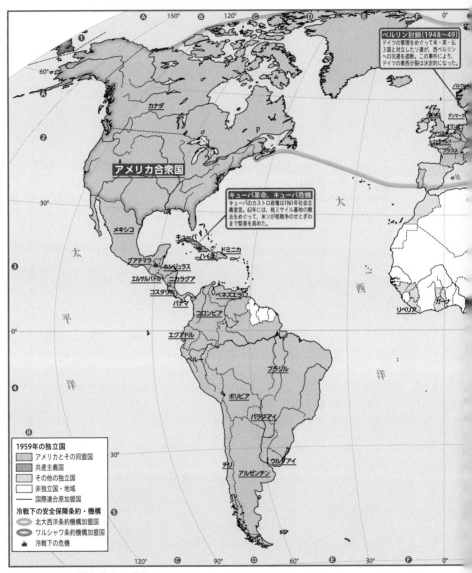

図 12-1　20 世紀後半の世界（『最新世界史図説　タペストリー』（帝国書院）48-49 頁より転載）

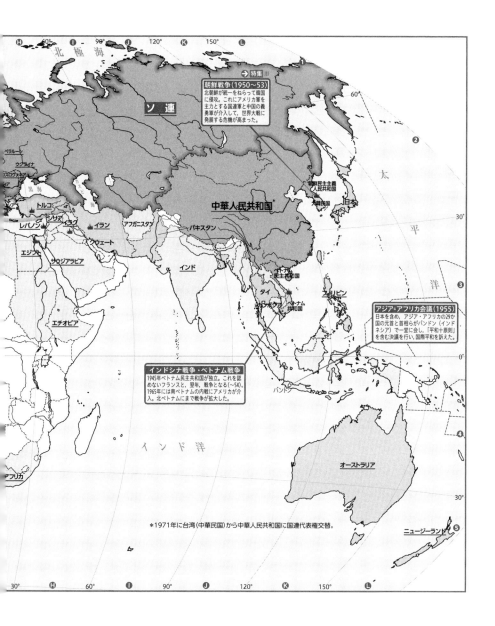

1．戦後の国際秩序と「冷戦」「熱戦」

(1)「冷戦」の始まり

　米ソ両国を中心とする東西両陣営の対立は、大戦終結直後のヨーロッパで、1947 年から鮮明になった。アメリカは、経済危機がヨーロッパ各地での共産主義勢力拡大の一因だと考え、1947 年 3 月、東地中海のギリシア・トルコ両国の共産主義化を阻止するため、対ソ・対共産主義「封じ込め政策」を開始した。6 月には、ヨーロッパの経済復興をはかるマーシャル＝プランを発表し、4 年間で 50 億ドルを超える巨額の経済・財政援助を西欧諸国に提供して、資本主義経済体制の復興をうながした。

　アメリカの世界戦略にとって最も重要であったのが、敗戦国ドイツと日本の早期の経済復興であった。ドイツが東西に分割された 1949 年に、西側の軍事機構として、西欧諸国とアメリカ・カナダが北大西洋条約機構（NATO）を結成した。1955 年に西ドイツが NATO に加盟したため、ソ連と東欧諸国はワルシャワ条約機構を組織して対抗した。

　アメリカとソ連は、核爆弾と大陸間弾道ミサイル（ICBM）の開発でも競った[1]。このアメリカを中心とする西側諸国と、ソ連を中心とする東側諸国との対立は、核兵器による「恐怖の均衡」を前提に固定化し、ヨーロッパでは軍事衝突にいたらなかったので、「冷戦」と呼ばれるようになった。以後 1990 年代初頭まで、ドイツ問題の解決が冷戦の行方を左右することになる。

(2) 中華人民共和国の成立と朝鮮戦争

　東西両陣営がにらみ合うヨーロッパと対照的に、戦後のアジアでは、アメリカが支援する資本主義陣営とソ連が支援する社会主義陣営の間で、激しい「代

---

(1)ソ連が 1949 年に原爆を保有してアメリカの核独占が崩れると、52 年にアメリカは、破壊力のさらに高い水爆を開発し、ソ連も翌 53 年に水爆を保有するようになった。57 年にソ連が ICBM を開発してアメリカ本土を直接核攻撃できる戦力を持つと、翌年アメリカも対抗した。

理戦争」（熱戦）が行われた。

　まず中国では、第二次世界大戦末期から国民党と共産党との対立が深まり、1946 年に内戦がはじまった。はじめはアメリカが援助する国民党が優勢であったが、共産党は土地改革により農民の支持を得て力を強め、内戦に勝利をおさめた。1949 年 10 月に、毛沢東を主席とする中華人民共和国の成立が宣言された。翌 50 年、中国はソ連と条約を結び東側陣営に加わった。一方、内戦に敗れた蔣介石が率いる国民政府は台湾に逃れた。アメリカや日本は、これを唯一の中国政府とみなし、国民政府は 70 年代初めまで国連の常任理事国の地位を占め続けた。

　日本の敗北により植民地支配から解放された朝鮮半島も 1948 年に、南北二つの分裂国家として独立した。1950 年 6 月、北朝鮮は武力での統一をめざして韓国を攻め、朝鮮戦争が勃発した。国連安全保障理事会は、ソ連代表が欠席のまま北朝鮮の行動を侵略行為とみなし、アメリカ軍を中心とする国連軍の派遣を認めた。北朝鮮は中華人民共和国の義勇軍の支援を得て、38 度線を境にアメリカ軍と中国軍との間で激戦が展開された。結局 1953 年に、北緯 38 度線を境とする休戦協定が結ばれ、朝鮮半島は南北に分断されたままになった。停戦ラインはそのまま維持され、朝鮮半島では現在でも軍事的な緊張状態が続いている。

（3）日本の主権回復

　戦後の日本では、アメリカ軍を主力とする連合国軍の占領下で、非軍国主義化と財閥解体や農地改革などの民主化、女性の権利拡大がすすめられた。また東京に極東国際軍事裁判所が設けられ、日本の戦争指導者の戦争犯罪と「平和に対する罪」が裁かれた[2]。そして 1946 年には、国民主権・平和主義・基本的人権の尊重を原則とする日本国憲法が公布され、翌年から施行された。

　朝鮮戦争が勃発すると、日本は国連軍に軍需物資を供給する「朝鮮特需」の

---

(2)アメリカや中国（国交を結んだ蔣介石政権）から賠償請求をされなかった日本も、東南アジアなど数か国への少額の賠償だけで済んだことが、戦後の復興を助けた。他方、高度経済成長後におこなったアジア諸国への経済援助は、戦後賠償の代わりの意味を持っていたとされる。

なかで急速に経済力を回復した。アメリカは、日本との平和条約の締結を急ぎ、1951年にサンフランシスコ講和会議を開いた。日本は、ソ連・中華人民共和国や南北朝鮮などを除く48カ国と平和条約を結び、翌年主権を回復した。平和条約と同時に、日米安全保障条約を締結して、引き続きアメリカ軍の駐留を認め、西側陣営に加わった。

また日本は1952年に、台湾の中華民国政府と国交を回復した。ソ連とは、北方領土問題で意見が対立したまま、56年の日ソ共同宣言で国交を回復したが、韓国[3]や中華人民共和国との外交関係の正常化は、さらに遅れることになる。ソ連の反対がなくなったため、56年に日本は国連への加盟が認められて、国際社会に復帰した。

2. 脱植民地化と新興国の国民国家建設

(1) アジアの植民地の独立

アジア各地では、第二次世界大戦後に、民族自決と政治的な独立を求める「脱植民地化」の動きが急速に進んだ。日本の東南アジア地域での軍事占領は、欧米諸国による植民地支配に打撃をあたえた。日本敗戦による権力の真空状態のなかで、1945年8月にはスカルノがインドネシア共和国を、9月にはホー・チ・ミンがベトナム民主共和国の独立を宣言した。

敗戦国はもちろん戦勝国である連合国側にとっても、植民地支配の維持は困難になっていた。1946年には真っ先にアメリカが、日本による占領以前に決めていたフィリピンの独立を認めた。大戦で経済的に疲弊したイギリスではとくに、植民地の維持が困難になった。南アジアでは、国民会議派とムスリム連盟の対立が激しくなり、1947年8月、ヒンドゥー教徒を主体とするインド連邦（49年から共和国）と、ムスリムを主体とするパキスタンに分離・独立した。

---

(3)1965年の日韓基本条約で、韓国とはようやく国交が樹立されたが、北朝鮮とはいまだに国交がないままである。

翌 48 年には、セイロン（72 年からスリランカ）とビルマ（89 年からミャンマー）がそれぞれ独立し、インドの初代首相ネルーは、非同盟運動の国際的な指導者となった。その一方で、インド・パキスタンの両国は、カシミール地方の帰属をめぐって対立し、独立以来三度の戦争をおこなった。1971 年の第三次印パ戦争では、東パキスタンがバングラデシュ人民共和国として分離・独立した。

（2）東南アジアの独立戦争

　オランダやフランスは、大戦後の本国の経済的復興のために植民地を活用するため、独立宣言を無視して戦前の支配の復活をめざしたため、独立戦争が起こった。

　オランダは、アメリカの圧力もあって、1949 年にインドネシア共和国の独立を認めた。他方、ベトナム・ラオス・カンボジアとフランスとのインドシナ戦争は長期化した。フランスは、49 年にかいらい国家ベトナム国をつくり、中国とソ連の支援を受けたベトナム民主共和国に対抗させた。しかし 1954 年のディエンビエンフーの戦いで大敗し、ジュネーヴ協定を結んでインドシナから撤退した。

　冷戦と脱植民地化の交錯は、英領であったマレー半島でもみられた。インドの独立を認めたイギリスにとって、戦後のマラヤは、天然ゴムとスズの対米輸出を通じて米ドルを稼ぐことのできる植民地で、本国の国際収支の赤字を埋め合わせて戦後復興をはかる上で、不可欠の存在となった。終戦直後にマレー共産党が植民地支配からの解放をもとめて武装蜂起すると、イギリスは非常事態を宣言して大軍を派遣し、徹底的な弾圧を図った。その一方で、親英的で穏健なナショナリストと協力して、1957 年にマラヤ連邦の独立を認めた。63 年には、シンガポールとボルネオ北部を加えてマレーシアが成立した。しかし、中国系住民（華人）が多数を占めるシンガポールは、マレー人優遇政策に反発し、1965 年にリー・クアンユーを指導者として分離独立した。また、マレーシア結成に反対し中国に接近していたインドネシアでは、1965 年の左派のクーデタ（9.30 事件）を鎮圧したスハルトが権力を握り、スカルノ政権は倒れた。

(3) 中東戦争・石油資源・スエズ戦争

　第二次世界大戦後の西アジア（中東）では、アラブの独立国7か国はアラブ連盟を結成し、アラブ諸国の団結と経済協力をめざした。しかし、パレスチナでは、ヨーロッパで迫害されたユダヤ人がシオニズム（ユダヤ民族主義）を唱えて移住し、先住のアラブ人と対立していた。1947年に、国連はパレスチナ分割案を決議したが、アラブ側が分割を不当として拒絶し、委任統治国イギリスは、紛争を解決せずに一方的に撤退した。政治的混乱のなかで、1948年、ユダヤ人国家としてイスラエルの建国が宣言され、これを認めない近隣のアラブ諸国との間で第一次中東戦争が起こった。アラブ側は敗北して多くのパレスチナ人が祖国を失い、難民となった。

　ペルシア湾岸の産油国では、石油資源をめぐる利権争奪と回収が激化した。イランは1951年に石油国有化を決め、イギリス資本の石油会社を接収した。しかし、53年には親英米派のクーデタが起こり、以後、アメリカの影響力のもとで、石油収入によって近代化・工業化政策が推進された。アメリカの石油資本はサウジアラビアでも影響力を強め、1960年代までに、英米系の国際石油資本（メジャー）が、石油の採掘から流通までを支配する国際的寡占体制を築き上げた。産油国の意向を無視した安価な石油の供給が、世界経済の拡張と繁栄を支える基盤となった。

　アラブ諸国では、イスラエルの建国に衝撃を受けて、アラブ民族主義が高まった。エジプトでは、1952年にナセルら軍人がクーデタにより王政を倒した。ナセルは1956年に、スエズ運河の国有化を宣言した[4]。一方的な運河国有化に反発した英仏両国は、イスラエルと共謀してエジプトを攻撃し、スエズ戦争（第二次中東戦争）が勃発した。

---

(4)ナセルは、イスラエルに対抗するため近代化政策に着手し、アスワン・ハイダムの建設を進めたが、英米諸国からの資金援助（融資）が得られず、建設資金確保のため1956年に、スエズ運河の国有化を宣言した。1869年に完成したスエズ運河は、イギリス帝国の連絡路として、軍事的・経済的に重要であった。第一次大戦後にエジプトが独立して以降も、イギリスは運河両岸の地帯に軍事基地を置き、運河地帯はイギリスの世界戦略の要に位置づけられていた。

　アラブ民族主義と脱植民地化の潮流に警戒感を抱くイギリスは、アメリカの支持を期待したが、ソ連の介入による中東地域への冷戦の拡大を危惧したアメリカは、英仏両国の植民地主義・軍事行動を強く批判し、イギリスへの金融・石油支援を拒否した。国連でも英仏は孤立し、国際世論の非難の前に、侵攻軍は撤退を余儀なくされた。スエズ戦争での事実上の敗北は、イギリスの国際的権威を失墜させ、これ以降イギリスは、アメリカの従属的な同盟国として、脱植民地化を推し進めるとともに、ヨーロッパ経済統合への参加を目指すようになる。スエズ危機も、冷戦と脱植民地化の論理が交錯した典型的事例である。

　冷戦下で、中東でのアラブ諸国とイスラエルとの紛争は続き、イスラエルの先制攻撃で始まった 1967 年の第三次中東戦争では、イスラエルが占領地を大きく広げた。敗北したアラブ側は反撃の機会をうかがい、それは 1973 年の第四次中東戦争の勃発と、先進工業国をゆるがし世界経済を大きく変える石油危機（オイル・ショック）につながることになる。

（4）バンドン会議と南北問題

　1950 年代には、アジア・アフリカの新興独立諸国は結束を強め、核兵器をはじめ軍備拡張競争を続ける東西両陣営とは一線を画する姿勢を明確にして、「第三世界」とよばれた。

　1954 年、インドを訪問した中国の周恩来とネルーが、「領土と主権の尊重・相互不可侵・内政不干渉・平等互恵・平和共存」からなる平和五原則を発表した。翌 55 年にはインドネシアのバンドンで、日本を含めた 29 カ国が参加してアジア・アフリカ会議（バンドン会議）が開かれ、反植民地主義や人種差別の撤廃、国際平和などを訴える平和十原則を採択した。この会議は、欧米諸国のいない史上初めての国際会議といわれた。

　当時、アフリカの大半はまだ、欧米諸国の植民地であった。しかしサハラ砂漠以南（サブ・サハラ地域）のアフリカでも、1957 年のガーナを先頭に、つぎつぎと独立国が生まれ、1960 年にはナイジェリアなど 17 カ国が一挙に独立して「アフリカの年」と呼ばれた。翌 61 年には、ユーゴスラヴィアのベオグラードで第一回非同盟諸国首脳会議が開かれ、新植民地主義への反対や、平和共存、

テーマ解説 独立インドの国造り

　インドとパキスタンの独立は、第二次世界大戦終結のわずか2年後の1947年8月、非常に早期の脱植民地化である。その背景に、戦間期から一貫して民族運動をリードしてきた、ガンディー、ネルーを中心とする国民会議派の政治指導力と、旧宗主国イギリスの思惑があった。イギリスは印パ両国の分離独立を「権力移譲」（transfer of powers）と呼んだ。独立後のインドの国制の基本的な部分は、植民地時代のイギリス帝国の諸制度をそのまま引き継いだ。国家官僚制（IAS）はインド高等文官制度（ICS）そのもの、インド軍もパキスタンとの間で分割されたものの、指揮系統・装備と徹底した「文民統制」の原理を引き継いだ。そのためインドでは、独立後一度も軍事クーデタは起こっていない。英領時代からの最大の「遺産」は、議会制民主制度（二院制）の継承である。現在のインドは、世界最大の民主主義国であり、10億人に近い有権者が、5年に一度の総選挙で直接投票して首相が選ばれる。初代首相ネルーの個人的魅力とカリスマ性も、内政面で重要であった。

　対外的にインドは、国連創設時（1945年）からの加盟国であったが、国連以上に外交面で有益であったのが、英連邦（British Commonwealth of Nations）であった。独立後に共和政原理を採用したにもかからず、インドは、英国王を元首とする上下関係から、英本国と加盟諸国が共通の社会文化的価値観を共有して対等・平等に助け合う組織への再編、そして名称そのものの変更（Britishを取ったCommonwealth of Nationsへ）を1949年に認めさせることで、コモンウェルスの有力メンバーとなった。コモンウェルス加盟国の経済開発をめぐる相互援助組織であるコロンボ・プランが、1950年に立ち上がった際にも、ネルーは主導的な役割を果たした。1940年代末からの「冷戦」構造のなかで、インドは脱植民地化の先駆的な指導国として、非同盟・中立外交を展開し、そのハイライトが、1955年4月のバンドン（アジア・アフリカ）会議であった。

　国制面では、主要言語別に形成された州をニューデリーの強力な中央政府が統括する連邦制を採用し、植民地時代に英語教育を受けたエリート層、テクノクラートを活用し、宗教・言語の多様性を尊重する国民国家建設が推進された。ネルーの死（1964年）に至るまで、独立期のインドは「第三世界」（後のグローバルサウス）をリードする役割を演じたのである（秋田茂）。

民族解放闘争の支持などが宣言された。63年には、アフリカの連帯と統一をめざすアフリカ統一機構（OAU）が創設された。これらアジア・アフリカ・ラテンアメリカの諸国は、経済面での国際分業体制（世界経済）では不利な立場にあったが、平和・自主外交を貫き、国連総会などの場で積極的に行動し、団結を通じて国際社会での発言力を強めたのである。

　こうして植民地支配体制が崩壊し第三世界が台頭しつつあった1950年代末に、南北間の経済格差が注目を浴びるようになった。政治的な独立（脱植民地化）を達成した第三世界の国々の多くは、植民地時代からの従属的な経済構造（モノカルチャー経済）から抜け出すことができず、先進国との経済格差が拡大した。この問題は、豊かな先進国が主として北半球に、貧しい開発途上国が南半球に多いことから南北問題とよばれた。貧困が解消されなければ、南側の開発途上国が東側の社会主義陣営に走りかねないという危機感が、冷戦体制のもとで北側かつ西側である先進工業国に、南北問題を意識させることになった。

　問題の解決策は、南側の主要輸出品である第一次産品（農産物・鉱物資源）の増産と、先進国からの輸入を制限したうえでの工業化（輸入代替工業化）に求められた。だが、資本・市場・技術の不足で輸入代替工業化戦略は成功せず、第一次産品価格も工業製品価格より低くなりがちであったため、南北の経済格差は縮まらずむしろ拡大した。さらに、第一次産品の輸出を増やすために世界銀行や北側から借りた借款は、累積債務化して南側諸国を苦しめることになった。1964年には、南側の主導で、国連貿易開発会議（UNCTAD）が設立されて、不平等な分業体制の是正をめざしたが、十分な成果を挙げられなかった。

3．「平和共存」と高度経済成長

（1）米ソの「平和共存」とヨーロッパ統合への道

　1953年にスターリンが死去すると、冷戦は転機を迎えて緊張緩和の動きが出てきた。アジアでの朝鮮戦争の休戦（1953年）、インドシナ戦争の停戦（1954年）に続いて、55年には米・ソ・英・仏首脳によるジュネーヴ四巨頭会談が開

かれた。翌56年には、ソ連のフルシチョフ共産党第一書記がスターリンの独裁への批判をおこない（スターリン批判）、同時に資本主義国との平和共存を唱えた。同年の日ソ国交回復と、59年のフルシチョフによるアメリカ訪問で、「雪どけ」の機運は高まった。

　東欧ではスターリン批判をきっかけに、ソ連からの自立と自由化を求める動きが現れた[5]。東ドイツでも、西ドイツの経済復興にあこがれて西ベルリンに脱出・亡命する人々が急増したため、1961年、東ドイツ政府が東西ベルリンの境界線上に「ベルリンの壁」を築き、自由な往来を遮断して緊張が高まった。翌62年には、ソ連が西半球のキューバにミサイル基地を建設したことから、米ソ間で全面核戦争の危機が生じた。アメリカのケネディ大統領はソ連にミサイルの撤去を迫り海上封鎖を断行した。結局ソ連が譲歩したために、核戦争による人類破滅の危機はかろうじて回避された。

　このキューバ危機は、米ソ両国の首脳をはじめ多くの人々に、核戦争勃発が現実となる危機感を認識させた。原水爆禁止運動が世界に広がるなかで、1963年にはイギリスを含めた三カ国間で、地下以外の核実験を禁止する部分的核実験禁止条約が結ばれた。その後条約には約110カ国が調印したが、核開発の技術面で遅れていた仏・中の両国は調印せず、核武装を進めた。

　冷戦体制下でのアメリカのマーシャル・プランにより経済復興が軌道に乗った西欧では、1950年代後半から始まる経済成長の過程で、米ソの超大国に対抗して、経済協力を通じて世界経済での中核的地位を維持するため、独自の試みが始まった。仏・西独・伊・ベネルクス三国[6]の計六か国により、1952年にヨーロッパ石炭鉄鋼共同体が、58年にはヨーロッパ経済共同体（EEC）とヨーロッパ原子力共同体が設立され、資源・市場の共同管理と、共同体内の自由貿易が進められた。三つの共同体は1967年に一本化され、ヨーロッパ共同体（EC）

---

(5)1956年にポーランドとハンガリーで反政府・反ソ暴動が起こったが、ソ連は、スエズ戦争の最中にハンガリーに軍事介入して新政権を倒した。このハンガリー事件とスエズ戦争の同時的発生も、冷戦と脱植民地化の連動性を示す事例である。

(6)オランダ、ベルギー、ルクセンブルクの三カ国の略称。EUの原加盟国であり、EU本部はベルギーの首都ブリュッセルに置かれている。

と呼ばれるようになった。EEC から EC への発展は、西ドイツとフランス両国の歴史的な「和解」の努力と緊密な経済協力に支えられ、西ドイツは 50 年代から、フランスは 60 年代に高度経済成長を実現した。EC の経済的成功と発展は、冷戦体制のもとでの西側陣営の優位を強化すると共に、アメリカの国際的地位を相対的に低下させて、次節で述べる東アジアにおける日本の復興・高度経済成長と合わせて、国際政治経済の多極化を導き出すことになった。

（2）日本の高度経済成長と「アジア太平洋経済圏」の形成

　日本は、1950 年代なかばまでに朝鮮戦争の特需に始まる戦後復興を終え、60 年代には高度経済成長期をむかえた。1960 年の日米安全保障条約の改定をめぐる世論を二分した大論争とその決着、池田勇人内閣による所得倍増政策の着手は、米軍の駐留とアメリカの「核の傘」を前提にしたうえで、自衛隊による軽武装のもとで、工業化・経済成長をひたすら追求する高度経済成長路線が、国民的なコンセンサスを得て定着したことを意味する。

　日本の高度経済成長は、冷戦とは「同じコインの表と裏」の関係にあった。すなわち日本経済の発展・高度化は、ヘゲモニー国家のアメリカ経済と、戦前から緊密な関係にあったアジア経済との国際分業関係・「住み分け」を前提として可能になった。

　まず、高度経済成長の柱となった資本財産業と耐久消費財生産では、アメリカ向けの家電製品や自動車などの工業製品を中心に輸出を伸ばした。この過程で、日本は、造船・自動車・家電などの民生品分野の機械工業で「資源節約的・労働集約的産業」に特化する一方で、アメリカは、軍事部門や航空機・石油化学など「資源・エネルギー集約的産業」に特化する「産業の住み分け」関係が見られた。大量の安価な石油消費を前提とした資本財産業の分野で、冷戦下の軍備拡大による軍産複合体の形成を背景に、日本は民需に、アメリカは宇宙開発を含めた軍需に力を注ぎ、それぞれの分野で輸出を伸ばしたのである。

　同時に日本は、おもに消費財産業において、東アジア諸国との間で相互依存的な分業関係を発展させた。台湾・香港・韓国など、後にアジア NIEs（新興工業経済地域）とよばれる東アジア諸国は、1960 年代から輸出志向型工業化の経

済戦略[7]を採用した。その過程で日本は、繊維製品や安価な家電製品（白黒テレビ）の生産を NIEs 諸国に移管する（技術移転）とともに、日本国内の生産はグレードを上げた高付加価値で上級の工業製品（カラーテレビや後の液晶テレビ）に特化し、アジア市場での国際競争力を維持する経済的分業関係を導入した。日本と東アジア諸国の間では、同時並行的な「雁行的発展」[8]が見られたのである。

　こうした二つの国際分業関係は、その大前提として、社会主義体制を採用した中華人民共和国を含む東側陣営との対立と、「アジアの工場」としての日本の発展を望むアメリカ主導の世界経済戦略、そしてブレトン＝ウッズ体制に支えられていた。結果的に冷戦体制のもとで、日本を先頭に、アジア NIEs 諸国がそれに続く輸出志向型工業化が進展し、アメリカの太平洋岸諸州やオーストラリアを含む、環太平洋地域の諸経済が緊密なつながりを持つ「アジア太平洋経済圏」の形成が始まった。1967 年に、インドネシア・マレーシア・シンガポール・フィリピン・タイの五カ国で発足した東南アジア諸国連合（ASEAN）も、ベトナム戦争や日本の経済進出を利用して、経済発展・開発に力を注ぐようになった。東アジアの経済成長と冷戦体制は、相互補完的な関係にあったのである。

---

(7)労賃が安いことを利用して、先進国の下請け生産や、輸入した部品を組み立てて輸出するなどのかたちで工業化を開始し、しだいに付加価値の高い製品の生産に移行する。完成品は、先進資本主義国であるアメリカ・日本・ＥＵ諸国に輸出して、外貨（基軸通貨としての米ドル）獲得をめざす工業化戦略。第三世界の大半が、UNCTAD に代表されるような輸入代替工業化戦略を追求する中で、東アジア諸国が独自に採用した経済開発戦略。

(8)雁が列をなして飛ぶように、日本を先頭にして、アジア NIEs 諸国、ASEAN 諸国、中国等が、次々に経済成長（経済成長理論でいう「離陸」）を始めて、東アジア全体の経済が発展する事態を指す。一橋大学の経済学者赤松要が提唱した。

4．ベトナム戦争とアメリカの覇権の動揺

(1) ベトナム戦争の激化

　1954 年に結ばれたジュネーヴ協定による、南北統一総選挙は実施されず、1950年代後半のベトナムでは、社会主義を目ざす北部のベトナム民主共和国（北ベトナム）と、アメリカの支援を受けて南部に成立したベトナム共和国（南ベトナム）[9]のあいだで、分断が固定化していった。平和統一をあきらめた北ベトナムの指導下で、1960 年にベトナム南部解放民族戦線が結成され、ゲリラ活動を開始したので、南部は内戦状態となった。

　内戦の激化にたまりかねたアメリカは、直接介入を決意した。ソ連とは一定の話し合いが可能だが、中国とは激しい対決状態にあり、東南アジアなど中国周辺で共産主義の勢力拡大を許すと大変なことになるという考え方が、その決断の背景にあった。1964 年秋にアメリカは、米軍艦が北ベトナムの攻撃を受けたと発表し（トンキン湾事件）、65 年に入ると北ベトナムへの大規模な爆撃（北爆）を開始すると同時に、地上軍を南ベトナムに派兵して、解放民族戦線やそれを支援する北ベトナム人民軍と直接戦った。

　アメリカは最大 50 万をこえる兵力を南ベトナムに駐屯させ、多くの新兵器も使いながら、北爆を含む物量戦をおこなった。他方でソ連・中国など社会主義圏からの援助も受けた北ベトナム・解放民族戦線側も、膨大な犠牲を出しながらしぶとく抵抗し、東西対立に巻き込まれる以前の戦争の原点であった、民族独立と国家統一を訴えつづけた[10]。

---

(9)フランスが建てたベトナム国にかわって、アメリカが支持するゴー・ディン・ジエムが 1955 年に建てた国家であった。

(10)これに対して米軍の士気は低下し、いらだつ米兵のあいだに、住民を虐殺したり部隊を脱走する者もあらわれた。ちょうど世界にテレビが広まる時期で、ベトナムの戦況が毎日放映され、世界の視聴者が、アメリカが勝っていないことや、正義の戦いをしているかどうかも疑わしいことを認識した。

（2）アメリカの覇権の動揺

　ベトナム戦争の長期化は、アメリカの覇権（パクス・アメリカーナ）を揺るがすことになった。1960年代後半、西側諸国に広がった学生運動と結びついて、アメリカを批判する「ベトナム反戦運動」が、アメリカ国内を含めて爆発的に広がった。西側諸国からも批判され、アメリカは外交的に孤立した。膨大な戦費による財政赤字も、無視できなくなった。国内では軍需産業は発展したが、民需産業は日本などとの競争に敗れ、衰退する分野が増加した。アメリカでは、ベトナムからの「名誉ある撤退」をかかげて68年の大統領選挙に当選したニクソンが、71〜72年に中国との電撃的な和解を実現したうえで、73年1月にパリで和平協定を結び、アメリカ軍はベトナムから撤退した[11]。しかしそのとき、戦火はカンボジアやラオスにも広がっており、1975年には、カンボジア、南ベトナム、ラオスの3国の親米政権があいついで崩壊してしまった。ベトナム・インドシナでの失敗に加え、財政赤字や工業の衰退で、アメリカの威信は大きく傷ついた。

　文化面では、黒人差別撤廃を訴える公民権運動などとともに1960年代から広がってきた、アメリカ的な価値観や生活スタイルへの疑いが、ベトナム戦争後にピークに達した[12]。経済面では、ニクソンは71年に金とドルの交換停止やドルの切り下げに追い込まれ、73年には主要通貨の交換レートが変動相場制に移行したため、戦後のブレトン・ウッズ体制が揺らいだ。1973年と78〜79年には、中東問題を背景に産油国が石油を大幅に値上げしたため（石油危機、オイル・ショック）、アメリカなど西側先進国は、インフレと不況の同時進行に苦しむ事態となり、ケインズ的な福祉国家路線が維持できなくなった。事態打開の道を話し合うため、75年から先進国サミットが開かれるようになった。石油の

---

(11)米中の和解やベトナムからの米軍撤兵の動きを背景に、沖縄の施政権の日本への返還（1972年）や、日本と中国の国交正常化（同年）なども実現した。国連では、台湾（中華民国）にかわって、中華人民共和国が加盟した。
(12)フェミニズム（女性解放運動）や性的少数者の解放運動、ヒッピーのような生き方、ロックンロールやフォークソングなどの新しい文化（カウンター・カルチャー）といった、さまざまな新しい動きが生まれ、ヨーロッパなど他地域の動きともまじわりながら、世界に広がった。

＋α　ホー・チ・ミンの言葉

図 12-2　ホー・チ・ミン

- 戦争は 5 年、10 年、20 年、あるいはそれ以上
長引くかもしれない……だが、ベトナム人民
は決して恐れはしない。**独立と自由より尊い
ものはないのだ**……ジョンソン大統領、あな
たは今、アメリカと世界の人民の前に、つぎ
のことに対する回答を公開すべきである……
ベトナムの軍隊が海を越えてアメリカを侵略
し、アメリカ人を殺害しているのか、それと
もアメリカ政府がアメリカの軍隊を送ってベ
トナムを侵略しベトナム人を殺害しているの
かということをである。

- ベトナムの国は一つ、ベトナム民族は一つである。（長い時間がたてば）
川の水は枯れることもあろう。山は平らになることもあろう。しかしこ
の真理は永遠に変わらない。

- 山もある、川もある、人もいる。アメリカに勝ったら築き上げよう、10
倍も美しく［遺言の一節］。

（『ホー・チ・ミン全集』から　桃木至朗訳）

練習問題

「ベトナム戦争の再現」は、20 世紀末以降にアメリカと戦った諸勢力が
しばしば叫んだことである。ゲリラ戦のような戦術以外に、ホー・チ・
ミンの思想や言葉もそこに影響していると思われる。かれの思想や言
語表現のどんな面が、冷戦終結後の世界でもアピールしつづけるのか、
上の言葉を手がかりに話し合ってみよう。

テーマ解説 周辺諸国にとってのベトナム戦争

　ベトナム戦争では、アメリカの要請に応えて韓国、フィリピン、タイ、オーストラリア、ニュージーランドも南ベトナムに派兵した。とくに共産主義への敵愾心の強い韓国軍は、大規模な戦闘行動をおこなった（韓国では最近、それをめぐる反省と歴史和解の取り組みもおこなわれている）。またアメリカ軍は、フィリピン、タイ、沖縄を含む日本列島などの軍事基地もフルに利用した。もしその能力があれば、北ベトナムには、爆撃機が出撃する沖縄の米軍基地を攻撃する国際法上の権利があったと考えられないだろうか。また、日本は憲法上の制約によって、自衛隊の派兵や武器の輸出はできなかったが、当時のベトナム周辺では飛び抜けた工業力をもっていた日本には、米軍関係者が使用する生活用品など、大量の注文が殺到した。アメリカは、東南アジア諸国に共産主義が浸透し革命がおこるのを防ぐため、開発援助をおこない、そこに高度経済成長期の日本企業が進出したので、東南アジアの資本主義諸国の開発政治に拍車がかかった。いっぽう、日本やタイのベトナム反戦運動は、同盟国の内政にも多くの困難をもたらした。このように、ベトナム戦争はアメリカとベトナムだけの戦争でなく、周辺地域に大きな影響をあたえたのである（桃木至朗）。

高騰は、アジア・アフリカの開発途上国の経済にも打撃を与え、「第三世界」の経済的停滞をもたらした。次に述べる社会主義陣営の内部対立・後退もあって、冷戦体制は終焉に向った。

5. 社会主義の変容と冷戦の終結

(1) 中ソ対立とインドシナの悲劇

　1950年代後半、アメリカとソ連の間では一定の「緊張緩和」（デタント）がなされたが、アメリカはかえって「中国封じ込め」を強めた。中国の毛沢東は、急速な共産主義建設を目ざして「大躍進」政策を始め、その基盤として農村に、政治・経済・社会すべての単位である人民公社を建設したが、経済法則を無視した情熱だけでは生産は伸びず、運動は失敗した。毛沢東はさらに1966年に文化大革命を開始し、再び農民を主役とする急速な共産主義建設をねらった。対

外的にはソ連をきびしく批判し、社会主義陣営の主導権を握ろうとした。かれが唱えた「毛沢東思想」は、ソ連に失望しつつあった西側先進国の学生運動などにも強い影響をあたえたが、中国国内の政治経済体制はひどく混乱した。

　一方、東欧の社会主義国では、「人間の顔をした社会主義」の模索が行われ、1956 年にハンガリーとポーランド、68 年にチェコなどで、社会主義体制下での政治的自由化が図られたが、ことごとくソ連が弾圧した。ソ連と対立して自主路線をあゆんでいたユーゴスラヴィアでは、「労働者の自主管理」にもとづく社会主義を唱えたが、これもやがて行き詰まった[13]。

　アメリカ撤退後のインドシナの悲劇も、社会主義陣営の衰退に拍車をかけた。ベトナムは 1976 年に正式に南北統一されて社会主義共和国となったが、ベトナム戦争中の柔軟な政策を捨てて、南部で急速な社会主義化を強行した結果、5000 万人近い総人口のうち、100 万をこえる人々がボートピープルとなって、海外に逃げ出した（ベトナム難民）。中国との関係も悪化したので、ベトナムはソ連に頼った。いっぽうカンボジアでは、中国の支援するポル・ポト派が、都市や貨幣の廃止などの空想的な共産主義化を強行し、反ベトナム主義をあおりながら、反対派など 100 万をはるかにこえる人々を虐殺した。たまりかねたベトナムは、78 年末にカンボジアに侵攻し、ポル・ポト政権を倒して、親ベトナム政権を立てた。ところがこれは、中国との関係を優先したアメリカや日本などによって、同年のソ連のアフガニスタン侵攻とならぶ侵略行為としてきびしく非難され[14]、国際的孤立のなかでベトナム経済は破綻状態におちいった。アメリカや中国が、ポル・ポト派を含む反ベトナム諸勢力にゲリラ戦を続けさせたため、カンボジアの紛争は 1990 年代初頭まで続き、国土の荒廃が進んだ。

---

(13) さらに 1960〜70 年代には、フランス、イタリアや日本などで、議会制と多党制を認める共産党が力を伸ばしたが、政権はとれず、80 年代に新自由主義がひろがると衰退した。

(14) 翌年、中国がベトナム北部に侵攻して中越戦争となった。中国軍は短期間で撤兵したが、ベトナムのカンボジア侵攻と中越戦争は、ソ連によるアフガニスタン侵攻とならんで、社会主義＝平和勢力というイメージを決定的に打ち砕いた。

（2）新自由主義の出現とマイクロエレクトロニクス革命

　石油危機ののちの先進資本主義国では、どの政府も不況と財政赤字に苦しんだ。イギリスのサッチャー保守党政権（首相在任 1979～90 年）、アメリカのレーガン共和党政権（大統領在任 1981～89 年）などは、経済衰退や国際的な威信低下に苦しむ自国を救うため、政治面では強力な指導をかかげたが、経済的・社会的には「小さな政府」路線をとり、緊縮財政のいっぽうで、国家がおこなっていた経済・社会活動の民営化や、民間の経済活動の規制緩和などを推進した[15]。その時期におこった電子産業・情報産業や金融の発展などの恩恵も受けて、英米では経済活性化が実現した。他方、「大きな政府」による福祉国家路線は後退し、それを支えていた社会民主主義政党の多くも、勢力を弱めた。先進国の工業では、繊維などの消費財産業だけでなく、鉄鋼・造船・金属など「重厚長大産業」も衰退が目立つようになった。また日本では、石油危機後に省資源型のコンピューターと半導体を組み込んだ機械工業での技術革新（マイクロエレクトロニクス革命）が進展し、新たな経済成長を促した。

（3）ソ連東欧圏の停滞と中国の改革開放政策

　同じころ、社会主義圏の行き詰まりもはっきりしてきた。親ソ連派のクーデタを支援するための、ソ連によるアフガニスタン侵攻（1979～89 年）などで、西側との緊張緩和は後退した（新冷戦）。中央集権的な計画経済の非能率さにくわえて、軍拡で経済停滞に拍車がかかり、マイクロエレクトロニクス革命にも乗り遅れて、ソ連・東欧諸国の経済は長期の停滞を余儀なくされた。

　ベトナム戦争後、ベトナムの孤立と中越戦争・カンボジア紛争をきっかけに、アジア・アフリカでも社会主義の威信は地に落ちた。1970 年代末からの新冷戦はアフリカ大陸にも波及し、第三世界を舞台にした「グローバル冷戦」と呼ばれる状況も生まれた。1975 年に帝政を廃止したエチオピア、同じ年にポルトガ

---

(15)経済学においてはこのころから、経済活動の自由や自由貿易、「市場原理」の効率性などを強調して国家の役割の縮小を主張する理論が優勢となった。その理論やそれにもとづく経済政策が、90 年代には、第 8 章で見た 19 世紀の古典的自由主義と区別して、「新自由主義」と呼ばれるようになった。

ルから独立したアンゴラやモザンビークは、いずれも親ソ派政権が親西側勢力
との内戦に苦しみ、90 年代初頭には社会主義路線を放棄した[16]。

　これに対し中国では、毛沢東の晩年に実権を握った「4 人組」が、1976 年の
毛沢東没後に倒され、文化大革命が終了して、共産党は「現代化」路線に舵を
切った。80 年代には、実権を握った鄧小平の指導下で「改革開放政策」を掲げ
て、「社会主義市場経済」への転換を進めた。農村では人民公社を廃止し、農業
経営を個々の農家に請け負わせ、生産意欲を高めた。また、香港に隣接する地
区を皮切りに、各地に「経済特区」などを設けて外国資本と先端技術を導入し、
アジア太平洋経済圏への参入を進めた。89 年には民主化運動（天安門事件）が
おこったがこれを力で押さえ込み、一党支配を維持したまま経済成長を続ける
路線を堅持した。ベトナムでも 86 年から、ドイモイ（刷新）政策により、一党
制下の対外開放と市場経済化を進めた。東西どちらの陣営にも属さず、純中立
で「ビルマ式社会主義」を唱えていたビルマ（ミャンマー）では、88 年の民主
化運動[17]を押さえて政権を握った軍が、市場経済化を進めたが、民主化を要求
する欧米諸国の経済制裁などを受けて低迷した。

（4）ソ連の消滅と冷戦の終焉

　ソ連では、共産党書記長となったゴルバチョフ（在任 1985〜91）が、情報公
開や言論の自由化、市場経済の導入などを含む「ペレストロイカ」（改革）を進
め、アメリカとの核兵器削減交渉やアフガニスタンからの撤兵なども断行した。
しかし 1989 年になると、東欧諸国の民衆の変革を求める動きが燃え上がり、
ポーランドの議会選挙での自主管理労組「連帯」の勝利などの政変により、共

---

(16)独自路線で欧米諸国やイスラエルとの対決を掲げたリビアのカダフィ政権（1969
　〜2011 年）も、2000 年代にはアメリカの締め付けなどにより過激路線を放棄した。
　2011 年には「アラブの春」（→ p.307）の中で政権が打倒された。
(17)独立運動の指導者だったアウンサンの娘の、アウンサンスーチーが指導者となり、
　91 年にはノーベル平和賞を受賞したが、軍は 1989 年から 2010 年まで彼女を自宅に
　軟禁するなど、民主化運動を抑えつづけた。2011 年からの民政移管も、2021 年の軍
　事クーデタによって無に帰し、抵抗運動が続いている（→ p.307）。

産党独裁体制はつぎつぎ崩壊した[18]。ドイツでは「ベルリンの壁」が開放され、翌年の議会選挙でドイツ統一を求める党派が勝って、東ドイツは西ドイツに吸収された。

この「東欧革命」に対しゴルバチョフは介入せず、1989年12月にアメリカ大統領ブッシュ（父）とマルタ会談をおこなって、冷戦終結を宣言、国内でも翌年に、共産党一党独裁を放棄した。しかし政治的自由化による連邦諸国の独立の動きや、市場経済化による市民生活の混乱などのため、政権は安定せず、91年8月に保守派がクーデタを起こしたが失敗、逆に急進改革派が勢いを強めるなかで、12月には全共和国が連邦離脱を宣言して、ソ連共産党も解党した。こうしてソ連は消滅し、旧ソ連諸国の大半は「独立国家共同体（CIS）」を結成したものの、そのまとまりは強いものではなかった。91年にはコメコンとワルシャワ条約機構も解散、92年にはユーゴスラヴィアとモンゴルも社会主義を放棄した。ところが北朝鮮では、「首領制」により金日成（94年没）から金正日に、さらに2012年には金正恩へと世襲制を固め、経済困難[19]のなかでも、現在まで体制を維持している。

---

(18) ほとんどの国々で平和な政権交代がおこったが、ルーマニアでは対ソ独自路線をとっていた独裁者チャウシェスク夫妻が処刑された。
(19) 1990年代から経済困難が深刻化し、中国などに逃れる「脱北者」が増加した。韓国との対話や「拉致問題」をめぐる日本との交渉、米中露を含む「6か国協議」など関係各国との話し合いは十分な成果をあげず、軍を中心とする強固な支配のもとで、北朝鮮は核兵器の開発などを進めながら、体制を維持している。

まとめの課題

冷戦時代に東西両陣営の中心だったアメリカとソ連（元はロシア帝国）に、共通点はなかっただろうか。それぞれがいだいた「夢」にも注意しながら、第一次世界大戦までのヨーロッパ列強と比較してみよう。以下の着眼点にしたがってまとめるとよい。

（着眼点） ①米露の国の成り立ち、領土の大きさと拡大のプロセス、ヨーロッパ列強やヨーロッパ文明との関係

②冷戦時代の自国を中心とする陣営の拡大方法（特にアジアやアフリカ、ラテンアメリカなどの新興国での）

③相手陣営と競争し、力を誇示するために選んだ領域

ステップアップ　社会主義とはなんだったか

　近代ヨーロッパに登場した社会主義思想は、貧富の格差の是正、共同体の回復などさまざまな願いを含んだものだった。マルクス、エンゲルスらは、経済構造を土台とした人類社会の法則的・段階的発展という、壮大な理論をつくりあげ、（1）政治や文化は各階の経済構造に対応するが、各段階の初めには経済発展を助けるのに対し、各段階の終わりには発展を邪魔するようになる。そのとき、働く人民による「階級闘争」で革命が起こり、社会を次の発展段階に進める、（2）資本家の私的な利益のために生産をおこなう資本主義は周期的恐慌などの問題点を克服できず、限界まで発展すると労働者階級による革命がおこって社会主義が実現する、（3）社会主義のもとでは、高い生産力がよりうまくコントロールされ、その土台のうえに本当に自由で平等な社会がつくられる（そこでは国家も不要になる）、などと唱えた。

　ところが、資本主義が最高度に発達した西ヨーロッパ諸国での、マルクスらが予想したような工場労働者を中心とした革命はおこらず、資本主義を改造しようという運動も、先進資本主義国では、議会政治を通じた改革を目ざす社会民主主義が主流になってゆく。これに対して、実際に革命が成功したのは、農民が多数を占めるロシア、中国などの国々だった。そこでは、どの国も早い遅いの差はあっても同じ諸段階を経て社会主義に進みうるので、先進資本主義国でなくても急速な社会主義建設＝資本主義を上回る発展は可能なのだ（レーニン、スターリン）とか、資本主義以前の社会が資本主義を飛び越して社会主義に進むことができる（毛沢東）といった理論が、つぎつぎ案出された。

実際に建設された「社会主義」社会は、革命がおこったのが議会政治が発達していない国々だったこともあって、共産党による一党支配のもとにあった。経済面では、私有財産制（正確には生産財の私有）を否定して農地や工場を国有または集団所有にうつし、国家が生産などの細かい目標を立てる「計画経済」を実施し、福祉・医療や教育の充実を目ざした。しかし、資本主義国との対立や「急速な社会主義化」のために、労働者や農民の自主的な活動は抑圧され、軍事に偏った重工業化が強行されたため、農業や消費財の生産は停滞した。

　冷戦期の東西対立は、資本主義が永遠に発展するか、それとも別の社会が来るかという未来をめぐる対立だったが、レーニン以後の社会主義は、資本主義やその「最高の発展段階」としての帝国主義が引き起こす戦争や植民地支配と闘うことを重要な課題として、平和運動や植民地独立運動を熱心に支援した。「開発独裁」（→p.298）が効果をあげる 1970 年代より前には、ソ連型や中国型の計画経済による「急速な社会主義化」のモデルは、発展途上国には魅力的だった。

　しかし、世界経済との結びつきを軽視し、各国が同じコースを通って一国単位でそれぞれ発展することを基本とした理論は、ソ連や中国のような大国にはよくても、それ以外の小国にはそもそも不自然だった。そのうえ、私的な欲望や自由を全否定し、生産ばかり重視して流通や消費を軽視し、人々の結びつき（共同性）の問題も独自に考えようとはしないかたちでの「計画経済」は、巨大な官僚組織による管理社会を生んだだけで、「資本主義を追い抜く発展」など無理だった。

　文化大革命の中国は大混乱におちいり、ソ連も経済や科学技術において西側諸国に対抗できたのは、1960 年代までであった。IT 化ができずに西側先進国に決定的な経済力の差を付けられただけでなく、開発独裁の諸国にも追い抜かれて、自慢の福祉や医療も水準が保てなくなった。さらに、ソ連や中国が少数民族を抑圧し、ベトナム戦争後のインドシナが社会主義国同士のナショナリズムが衝突する場になってしまったように、民族や平和の問題も、社会主義ならうまく行くわけではなかった。こうして、社会主義国はモデルの意味を完全に失った。

　先進国の学生運動・市民運動では、1968 年前後におこった、大学運営の権威主義を批判する大学紛争に見られたように、ソ連などの強固な国家組織が必ずおちいる権力の問題を克服しようと、より自主的で流動的な運動を目ざす「新左翼」運動が活発化したが、その後は「社会主義離れ」が進んだ。ただし、冷戦終結やソ連解体ののちも、資本主義はすべての問題を解決するどころか、グローバル化のもとで多くの問題を噴出させているから、資本主義批判としての社会主義理論は、今日なお意味を失っていない。アメリカの若者など、資本主義のオルターナティブとしての新しい社会主義を模索する動きも現れている（桃木至朗）。

第13章

激変する現代世界

章のあらすじ

　この章では 1990 年代以降の世界を扱う。冷戦の終結後、アメリカ発の新自由主義とグローバリズムが世界に広がった。それと並行して、「東アジアの奇跡」などの新しい経済成長と民主化の流れ、イスラームの新しい社会を目ざす模索と欧米中心の世界秩序への挑戦などが、世界の構図を大きく変えた。21 世紀の人類社会は、中国やグローバル・サウスの勃興に代表される地域・世界秩序の変化だけでなく、ヒト（移民・難民）・モノ・カネ・情報の奔流と環境負荷の増大やパンデミック、その一方での少子高齢化、民族・宗教・地域紛争と歴史和解・地域統合などさまざまな課題に直面している。個性や個々の選択を認めつつ社会がバラバラにならないような、新しい発想や社会のしくみ、学術研究や教育が模索されている。

Key Question

「アジアで唯一の、近代化に成功した先進国」という 20 世紀日本人の歴史認識と自己アイデンティティは、21 世紀の現在でも適切か？　適切でないとすればどんな方向にアイデンティティを切り替えていくべきか？「近代化」や「先進国」とは何かも考えながら、話し合ってみよう。

5 20世紀後半以降のおもな地域紛争

北アイルランド紛争
ジョージア
ウクライナ戦争
ボスニア・
ヘルツェゴヴィナ紛争
エルサルバドル
内戦
コソヴォ紛争
キプロス紛争
ダルフール紛争
ビアフラ戦争
ニカラグア内戦
ルワンダ内戦
コンゴ動乱
アンゴラ内戦

0　　　　　5000km

図 13-1　20 世紀後半以降のおもな地域紛争（『歴史総合』（第一学習社）203 頁より転載）

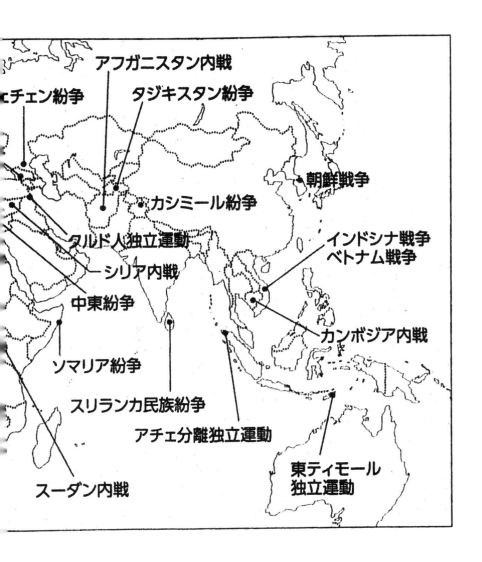

1. 「東アジアの奇跡」とイスラームの挑戦

(1) 開発主義と東アジアの経済成長

　第二次世界大戦後に独立した旧植民地諸国の多くが、国造りのために最初に
おこなったのは、工業化と議会制民主主義によって国民国家を建設する路線だっ
た（第12章2節）。しかし、この路線はなかなか成功せず、軍事政権などが強
権的支配をしく例が増加した。1970年代には、開発途上国間で石油輸出国と輸
入国の間での格差など「南南問題」が深刻化し、第三世界論は影響力を失った。

　1980年代になると、アメリカの財政・貿易赤字の急増や、経済が復調した日
本の輸出増加などによって、アメリカが世界最大の債務国、日本が世界最大の
債権国となった。日本製品の輸入で失業が拡大するというアメリカ労働者の抗
議などを背景に、日本の貿易黒字の拡大を押さえるための交渉が行われ、1985
年の先進国蔵相会議での「プラザ合意」による、急速な円高・ドル安政策が実
施された。円高で製品輸出より外国への投資が有利になった日本企業は、欧米
や東・東南アジア諸国への直接投資と、それによる海外生産を急増させた。輸
出に頼らない「内需拡大」を約束させられた日本政府は、円高で容易になった
輸入を増加させるいっぽうで、海外生産の拡大による国内産業の空洞化に対処
しながら、情報通信やサービス業など国内であらたな経済活動を活発化させる
ために、各分野の自由化や低金利政策による資金供給の拡大を進めた。同時期
に、経済成長を果たした東アジアのNIEs諸国・地域も対外投資を活発化させ、
その刺激でマレーシア、タイ、インドネシアなどASEAN諸国、さらには開発
主義を採用して世界経済への復帰に踏み切った中国・ベトナムなどの成長が、
連鎖的に加速した。日本を先頭に、各国が次々に経済成長を実現し、広域の地
域経済全体が持続的な発展を遂げる現状を、世界銀行は90年代初頭に「東アジ
ア[(1)]の奇跡」（The East Asian Miracle）と名づけた。

---

(1)現代政治・経済の世界では、漢字文化圏諸国ないし中国周辺地域だけを東アジア
と呼ぶのでなく、東南アジアや、場合によっては南アジア・オセアニアも含めて「東

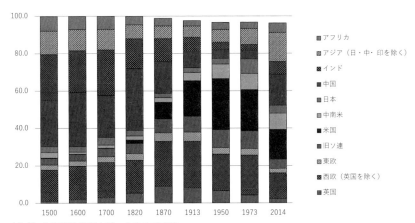

（作成）防衛省防衛研究所　小野圭司室長

（注）購買力平価基準で算出。1973年以前はマディソン・プロジェクトのデータ、2014年はIMF
　　　のデータを用いて作成。マディソン・プロジェクトのデータは下記URLを参照。http://www.
　　　ggdc.net/maddison/maddison-project/home.htm, 2013 version.

図13-2　世界のGDPの変遷

　ただし日本では、不動産や株式投資などに過剰な資金が流入して経済が過熱
し（バブル景気）、反動で1991年に不動産が暴落して、銀行が多量の不良債権
を抱えたことから、その後20年にわたる、長期の不況におちいった。同様の投
機的資金の急増による経済の混乱は、1997年には韓国、タイやインドネシアなど
アジア全域を襲った（アジア通貨・金融危機）。この危機を、地域間の通貨協力
により乗り切った東・東南アジア諸国は、「開放的地域主義」（open regionalism）
の下で経済成長を続け、中国は「世界の工場」となった。1991年に経済自由化
政策に転じたインドが加わり、21世紀のアジア太平洋経済圏は、世界経済（世
界システム）の牽引車として重要性を増している。

　東・東南アジアで経済成長を実現した国、地域の多くは、強権政治下で外資
導入を通じた輸出主導型工業化、「緑の革命」による食料増産などのかたちでの

───────────

　アジア」と呼ぶ（その中で日本や韓国、モンゴル、中国東北地区や極東ロシアなど
　を、「東北アジア」と呼ぶこともある）。

経済開発に全力を注ぐ、開発主義（開発独裁）政権のもとにあったが、1980年代後半以後、韓国、台湾、フィリピン、タイ、インドネシアなどで、経済成長と教育水準の向上などを背景として、民主化が進展した。しかし中国では、2000年代にチベット、ウイグルなどの少数民族抑圧が国際問題となり、農村と都市の格差、「一人っ子政策」の矛盾なども顕在化した。タイの政情不安などもあって、「経済成長と中産層の増加が民主化をもたらす」という楽観的なモデルの信頼性は低下している。

（2）イスラームの模索と挑戦

　1970年代に2度の石油危機を引き起こしたOPEC（石油輸出国機構）などの石油戦略を通じて、石油を産出するアラブ諸国には、巨額のオイルマネーが流れ込む構造ができあがった。アラブ産油国では、この資金をもとに先進国並みの国民生活や大規模な建設事業を実現するだけでなく、工業化・近代化政策にも乗り出した。利子を禁じるイスラームに教えに従いながら資金需要を満たそうとするイスラーム銀行の拡大など、イスラームと近代化の両立や、平和的な方法でのイスラーム復興をふくめて、多様な政策が模索されている。

　ただ、イスラーム諸国間でも非産油国との格差拡大は深刻化しており、またサウジアラビアやUAE（アラブ首長国連邦）など王政をしく諸国は、親西側路線を取ってはいるが、立憲制と議会開設、女性の参政権承認など多くの面で、民主化は緒についたばかりである。他方、産油国でないトルコでは、軍部がイスラーム政党を押さえながら世俗主義的な近代化路線を推進する構図のもとで、経済成長や西側との接近を進め、EU（ヨーロッパ連合）にも加盟交渉をおこなったものの、それが成功しないと見ると、イスラームの価値観を強調するような揺れが見られる。

　1979年のイラン革命後、アメリカはイランを敵視する政策を続けたが、豊かな石油資源や独自の文化への誇りなどをもつイランは、反欧米路線を崩さなかった。アメリカは、対抗策の一環として隣国イラクを支援した。イランと同じシーア派が多数であるため、イスラーム革命の波及をおそれたイラクの独裁者サダム・フセイン（政権1979〜2003年）はイランを攻撃したが（イラン・イラク戦

争。1980〜88 年）、戦争は決着がつかずに終わった。その後、フセインは反米
路線に転換し、90 年に親米国家クウェートに攻め込んだ。アメリカはこれに対
して、多国籍軍を組織してクウェートを解放した（第一次湾岸戦争）[2]。

　イスラエルとパレスチナをめぐっては、パレスチナ側の PLO（パレスチナ解
放機構）やエジプトとイスラエル・アメリカの間で、1980 年代にも話し合いが
続けられたが、87 年にはパレスチナ民衆の大規模な蜂起（インティファーダ）
が起きた。93 年のパレスチナ暫定自治協定にもとづき翌年自治政府が発足した
のちも、イスラエルは占領地への入植などの強硬方針を変えず[3]、反発するパレ
スチナ側のテロなどとの悪循環が続いている。混乱は、周辺のレバノンなどに
もしばしば波及した。2023 年 10 月には、ガザの武装勢力ハマスとイスラエル
の間で 2023 年パレスチナ・イスラエル戦争が勃発し、双方で多数の死傷者が生
じている。

　1979 年にソ連が侵攻したアフガニスタンでは、アメリカが支援したイスラー
ム・ゲリラの抵抗により、ソ連は撤退に追い込まれた。ところが、その後の内
戦で、厳格なイスラーム主義のタリバーンが政権を握り、反米やイスラエルの
抹殺を唱えるような「原理主義」勢力が拡大した。2001 年にアメリカで、イス
ラーム過激派組織アルカイーダの犯行とされる 9.11 同時多発テロ事件が起こる
と、アメリカはテロの黒幕として同盟国とともにアフガニスタンを攻撃し、タ
リバーン政権を倒した。さらに 2003 年には、イラクのフセイン政権が大量破壊
兵器を隠し持っていると主張して、アメリカなどの多国籍軍がイラクに出兵し、
フセインを倒した（イラク戦争）。両国とも戦後に総選挙が行われて新政権が成
立したが、情勢は安定しなかった。

（2）日本政府は、アメリカの要求をうけてペルシア湾での機雷除去のための掃海艇を
　　派遣した。その後も、イラク戦争の際の自衛隊派遣（戦闘行為には参加せず）など、
　　アメリカに協力する形で日本の軍事力を海外に派遣しようとする動きが強まり、近
　　隣諸国の攻撃からアメリカの力を借りて日本を守るという話とごっちゃになったか
　　たちで、「集団的自衛権」の議論が日本国内でも強まった。
（3）イスラエルのパレスチナ占領についてアメリカは支持を続けたため、湾岸戦争の
　　際に、ダブル・スタンダード（二重基準）だという批判も高まった。

2. グローバル化と情報化がもたらした世界の激変

(1) ヒト・モノ・カネ・情報の奔流

　冷戦がソ連陣営の崩壊で幕をおろした1990年代以降、アメリカ主導の経済的グローバル化が世界をおおった。「小さな政府」「民間の活力」「競争原理」を強調する「新自由主義」の理念にもとづき、「規制緩和」「金融自由化」「関税撤廃」などを各国に求める動きが強まった。21世紀にその動きはさらに強まり、アメリカが直接各国に働きかけるだけでなく、IMF（国際通貨基金）や世界銀行などの国際機関も、開発途上国の「構造改革」を通じて自由化を後押しする動きを強めた。日本でも小泉純一郎政権（首相在任2001〜06年）などが規制緩和を推進した[4]。もっとも、グローバル化はさまざまなビジネスチャンスを創り出すだけではない。1997年のアジア通貨・金融危機、2008年の世界経済危機（リーマン・ショック）など、実体経済の拡大をはるかに上回るスピードでの投機的資金の流動をはじめとするマイナス面もある。次節で見る環境問題への悪影響だけでなく、世界的な非正規労働者の増加と失業問題や貧富の格差の拡大、地場産業の破壊なども見過ごせない規模に達している。このため、「反グローバリズム」の運動も世界に広がっている。

　経済のグローバル化と平行して、IT革命やAI（人工知能）の発達、格安航空券の普及に代表される通信・交通の大きな変化がおこった。パソコンやインターネット・携帯電話をはじめとするIT化は、便利さの一方で、サイバーテロや、無責任で過激な言論の横行などをまねいた。外国旅行、移民・出稼ぎ（国際労働力移動）や難民としての外国への移動、それに留学や国際結婚など人の動きも急速に拡大した。それは、人々の交流や世界をまたにかけた活躍のチャンスを用意する反面で、「多文化主義」でも追いつかないような民族間・宗教間

（4）歴代自民党政権下で行われてきた農村への補助金ばらまきや、官僚・公務員の優遇、企業の終身雇用制など、高度経済成長期に成立ないし拡大したしくみを攻撃し、郵政民営化や労働市場の柔軟化などを進めたが、非正規労働者の急増による社会的格差の拡大などが顕在化した。

の「文化摩擦」や、人身売買、感染症の脅威（AIDS、新型インフルエンザ、そして 2019 年からの新型コロナウイルスなど）を広げている。

　IT 化と工業技術のモジュール化が進んだ現代世界では、先進国の大規模工場がなくてもかなりの製品が造れるようになっていることをはじめ、経済活動の多くの部分が、地球上のどこでもできるようになっている。それは、アジアの経済成長、最近のアフリカの「離陸」などによる貧困の減少に貢献している。ただ、通信や交通の発達を背景に、少しでも労賃や税金の安い場所、高い利潤が見込める場所を求めて、企業や資本が短期間に移動をくりかえす傾向が助長されていることも事実である。それは、地域の経済を不安定にさせる危険がある。

　またグローバル化は、「主権国家ないし国民国家の集合体」という世界のしくみの限界や変化を、だれの目にも見えるかたちで明らかにした。多国籍企業や、地球環境問題や地雷除去などさまざまな課題に取り組む NPO・NGO（非政府組織）が、国家とならんでグローバルな動きの主役となる時代がきた。そうした中で、国連など[5]の場でも、「持続可能な開発 Sustainable Development（SDGs）」に代表される、あたらしい人類共通の諸課題への取り組みが始まっている。国際労働力移動や発展途上国の人口増と平行して進む、先進国・中進国（特に東アジア）の少子高齢化[6]なども、世界的に関心を集めるようになった。

（2）　民族・宗教・地域紛争と歴史和解・地域統合

　冷戦終結後、強権で対立を押さえ込む社会主義政権が消滅した旧ユーゴスラヴィアや旧ソ連の周辺部（ボスニア、チェチェンなど）をはじめ、南アジア（ス

（5）主要先進国間では、1970・80 年代から首脳会議（サミット）や蔵相会議が行われてきたが、その後はロシアを加えた G8 サミットや、中国・韓国・インドなどの諸国と EU も加えた 20 か国首脳会議（G20 サミット）も重要な役割を果たしてきた。
（6）日本は 2010 年から人口が完全な減少に転じた。韓国や台湾も結婚しない若者の増加、出生率の急速な低下など同様の状況をかかえているし、中国は多すぎる人口への対策として「一人っ子政策」を続けてきた結果、やはり高齢社会を迎えつつある。人口や若年労働力の減少ともに、外国人労働力の導入や外国人との結婚の増加などが、国だけでなく地方レベルでも大きな課題になっている。

リランカなど)、中東（イラク・シリア）やアフリカ（ソマリア、スーダン、ル
ワンダ、イエメンほか）[7]といった多くの地域で、激しい民族紛争・宗教紛争や
地域紛争が発生し、国家が破綻した状況が長期間続くソマリアのような例もあ
らわれた。圧迫された少数派の分離独立は、どこで線を引くかをめぐる争いを
助長するなど、解決策になっていない例もよく見られる。NATO が旧ユーゴス
ラヴィア情勢に介入したように、近代ヨーロッパで確立された「民族自決」や
「内政不干渉」の原則は、無条件には維持できなくなった。

　グローバル化のマイナス面によって苦しむ人々や、それまでもっていた権利
を奪われた人々のあいだには、極端なナショナリズムと、それをあおり立てる
ポピュリズム[8]がひろがることが多い。ヨーロッパや中南米[9]などでは、社会
民主主義勢力の前進も見られるが、日本の「自由主義史観」と中国や北朝鮮・
韓国を非難する動き、ヨーロッパ諸国の極右勢力伸張と移民排斥、インドのヒ
ンドゥー・ナショナリズムと宗派対立など、過激なナショナリズムと排外主義、
それにポピュリズムの勢いは衰えない。東アジアでは、中国・韓国で経済成長
による自信の回復と、その一方での社会矛盾の拡大の両方がナショナリズムを

---

(7)多くの地域で、列強の都合により民族分布など地域の実情を無視した直線の国境
　が引かれたこと、部族対立が温存・強化されたことなど、植民地時代の負の遺産に
　くわえて、独立後も東西両陣営が各国内部で別々の勢力を支援したこと、北方から
　手を伸ばすイスラーム過激派とその他の宗教信者との紛争など、さまざまな原因が
　重なって、アフリカ諸国の多くが、独立後に内戦を経験し、シリア、イエメンなど
　中東諸国でも 2010 年代に内戦が激化した。
(8)過度に単純な政策を掲げたり、明確な敵をつくってそれを攻撃することにより大
　衆の熱狂的支持をえて強権を振るおうとする政治手法を指す。議会政治が機能不全
　におちいった場合にしばしば現れる。
(9)第二次世界大戦後の中米・南米では、米国の圧倒的な影響力と大地主の支配に反
　抗する、各種の左翼勢力やポピュリズムないし権威主義の政権もしばしば現れたが、
　1970～80 年代には、親米軍事政権が反対派を弾圧しつつ新自由主義政策をおこなう
　国が多かった。90 年代以降には全体に民主化とアメリカからの自立の動きが高まり、
　社会民主主義的な路線をとる政権も増える、その一方で日本の自民党と似た「包括
　政党」として、あらゆる階層を取り込み長期政権を維持してきたメキシコの制度的
　革命党が 2000 年と 2018 年に与党の座を失うなど、政治面での揺れと模索が続いて
　いる。

強めており、日中韓の間での歴史認識と教科書問題をめぐる対立など、ナショナリズムの衝突がしばしば発生している。民間での文化交流（韓流ブームやポップ・カルチャー）はさかんであるが、信頼感醸成をめざす対話と協議は日韓両国間でも試行錯誤を繰り返している。

図13-3　ASEANのハブとして発展するシンガポールのシンボル、マーライオン

　しかしその一方で、経済面を中心に、地域統合の動きも進展してきた点を軽視はできない。西ヨーロッパでは、1967年のEC（ヨーロッパ共同体）などをへて、92年のマーストリヒト条約にもとづいてEU（ヨーロッパ連合）が結成され、東欧・南欧にも加盟国を広げていった。EU憲法の制定が頓挫するなど、国民国家を解消する方向性をもつ政治・外交面の統合には反発もあるが、共通市民権の理念にもとづいて加盟諸国の国民のEU内での移動は完全に自由化された。2002年に域内共通通貨ユーロを導入し、人口や総生産でアメリカとならぶ巨大な経済圏を成立させた。

　東南アジアでは、ASEAN（東南アジア諸国連合）の地域統合がゆるやかに前進してきた。1967年、反共産主義の5か国によって結成されたASEANは、「カンボジア和平」[(10)]を主導して地域協力の実をあげ、1998年には当時の東南アジア10か国[(11)]すべてが加盟する「ASEAN10」を実現した。「ARF（ASEAN

---

(10) 1991年に和平協定が成立、ポル・ポト派は武装解除され、シハヌーク国王が復位して王国が復活した。

(11) 1974年〜75年に、ポルトガルとスペインで30年代から続いていた強権政治体制が崩れた。その結果独立に向かった旧植民地のうち、ポルトガル領だった東ティモールには、75年にインドネシアが侵攻して、併合を強行した。インドネシアの戦略的位置や資源を重くみた米日などは強く非難しなかったが、しだいに国際社会の批判が強まり、99年の国民投票をへて2002年に東ティモールは独立した。ASEAN加盟はまだ実現していない。

地域フォーラム）」、日中韓との「ASEAN＋3協力」など域外との対話・協力を積極的に推進し、「東南アジア友好協力条約（TAC）」に露中日米など主要国がつぎつぎ加入することとなった。2009年にASEAN憲章を採択するなど、域内の政治・経済統合もゆるやかに進めようとしている。1989年に設立されたAPEC（アジア太平洋経済協力会議）にも積極的に対応した。

このほか、北米のNAFTA（北米自由貿易協定）、南米のMERCOSUR（南米南部共同市場）のような地域経済圏の創設、アフリカのAU（アフリカ連合）や南アジアのSAARC（南アジア地域協力連合）のような地域協力の動きが展開されている。さらに、アジア太平洋経済圏の一層緊密な一体化をめざす関係諸国間の経済連携協定（CPTPP）の話し合いも進められた。

 ## 現代国際社会の諸目標

　平和や人権・発展に関する現代世界の考え方は、第二次世界大戦後の国連憲章や日本国憲法の段階とは、大きく変わっている。たとえば、資源・環境問題などを意識した「持続可能な発展（開発）」が、20世紀末から広く語られるようになり、国連は2015年に、2030年までの17のゴールとその下の169のターゲットを決定した。これが日本でもよく聞かれる「SDGs」である。地理や現代社会・政治経済とくらべて、日本の歴史教育ではこうした新しい目標や基準への関心が薄いように見えるが、次章でも取り上げる歴史を学ぶことの現代的意義を主張するのであれば、軽視は許されないだろう。

　SDGsには、貧困や・不平等・不公正をなくすこと、平和や環境保全などあらゆる目標が網羅されているが、そこで掲げられている「だれ一人取り残さない」は、もっぱら国家のことを扱ってきた「安全保障」の世界で、1993～94年に提起され、2012年の国連総会議にも盛り込まれた「人間の安全保障」という考え方にもとづいている。「すべての人々が、自由に、かつ尊厳を持って、貧困と絶望から解き放たれて生きる権利」を意味する人間の安全保障の取り組みにおいては、狭い意味の国家間の戦争だけでなく、冷戦終結後に多発した内戦その他の紛争・集団的暴力の被害者（たとえば

戦時性暴力の）、さらに日本を含む先進国でよくみられる低賃金の外国人労働者の酷使（「現代奴隷制」と批判されることがある）なども、問題にされる。戦争などの紛争・暴力に関しては、和平条約と賠償で終わりにしてきた従来の「戦後処理」の不十分さが問題にされ、「移行期正義」と「和解」などに向けた研究と実践が進められている。

　現代日本で認識が不十分に見える問題としては、ジェンダーもあげざるをえない[12]。1993 年ウイーン世界人権会議、1995 年北京世界女性会議から「ジェンダー主流化」つまり社会のあらゆる面でジェンダーに配慮することが決定され、性的少数者の権利の承認は、2006 年「ジョクジャカルタ原則」などで一般化した。性教育にきわめて消極的な日本で普及が邪魔されているが、WHO などの「性と生殖に関する健康と権利」（1994 年国際人口開発会議、1995 北京会議から）は、性行為や生殖に関する自己決定権（特に女性の）をうたっており、ユネスコの「包括的性教育」（2009 年『国際セクシュアリティ教育ガイダンス』→ 2018 年第 2 版）などとあわせて、広く知られるべきだろう。

　なお、こうした新しい取り組みや目標は、過去の理解にも影響を及ぼす。地球温暖化防止の取り組みと並行して、過去の温暖化や寒冷化の研究が大きく進んだ（p.97、p.138）のもその一例だが、アジア太平洋戦争期の日本軍の展開に付随した「慰安婦問題」が 21 世紀に再燃したのも、冷戦終結後の諸紛争における戦時性暴力の役割（たとえば、人をおおぜい殺されなくても、「女性を守れなかったこと」は男性中心社会のプライドに大きな傷を付ける）があらためて注目されたせいであって、「いつまでも過去の問題を蒸し返して責め続ける」近隣諸国の態度が主因ではない。もちろんそれに対して、「現在の基準で過去を裁くことは許されない」という反論は可能であろう。しかし、ナチスの戦争犯罪に時効が適用されないという決定を引かずとも、アスベストや肝炎、ハンセン病患者の扱いなど、当時は裁判が起こせなかったことを認めて、司法や行政が時効を棚上げする決定をした例は少なくない点を無視すれば、議論は泥沼化するだけだろう（桃木至朗）。

---

(12)性差に由来する社会的・文化的な諸問題をさす。雇用や教育の場での男女差別などはもっともわかりやすい問題だが、最近では同性愛者、性同一性障害（体と心の性が一致しない人）など、さまざまな性的マイノリティ（LGBTQ）の立場と権利への配慮も進んでいる。

現在の日本や周辺諸国の一人当たり GDP（購買力平価も）、PISA（国際学力テスト）の成績、教育予算の対 GDP 比、博士号保持者の人口比、ジェンダー格差指数、合計特殊出生率（TFR）と高齢化率、報道の自由度指数などを、グループ内でそれぞれ分担して調べてみよう、それらを見ながら、以下の問いについて考えを出しあって、討論してみよう。①現在の東アジアでは、自国の悪い面を指摘したり政府を批判したりすると「愛国的でない」と攻撃されることが多いが、なぜそういう理屈が成り立つのか考えてみよう。②韓国・台湾や中国が、経済・社会や科学技術（韓国・台湾は政治も）に関する多くの指標で日本を追い抜いたのは、単なる「後発の利益」を活かしたため（日本側では成功体験に縛られて停滞したせい）か、それとも政治・社会や文化の構造の違いが反映しているのだろうか。

3．新しい世界を考え、創る

（1）民主主義の危機と「グローバルサウス」の勃興

　2008 年にアメリカで証券会社が倒産した「リーマン・ショック」をきっかけに広がった世界的な不景気から、先進諸国は 2010 年代以降もなかなか抜け出せずにいる。2016 年の国民投票の結果、イギリスが 2020 年末に EU から離脱する（Brexit）など、ヨーロッパ統合も不安をかかえている。

　対照的に、BRICS 諸国（ブラジル、ロシア、インド、中国、南アフリカの頭文字を合わせたもの）の好調な経済が注目を浴びた。グローバル化が加速するなかで、特に人口 14 億人を越えたインドは、植民地経験に基づく欧米への不信を持ちつつ、「グローバルサウス」（新興国）の代表として、開発途上国主体の新たな国際秩序の構築を主導している。環大西洋経済圏に代わって世界経済の中核地域に躍り出た「アジア太平洋経済圏」では、日本主導の経済連携協定（CPTTP）や、世界最大の経済連携をめざす地域的包括的経済連携（RCEP）

など、重層的で入れ子構造の、複数の経済協力の枠組みが出現している。

　だが、経済不安や国家・民族・宗教・歴史などをめぐる紛争は、民主主義を危うくする場合が多い。ロシアでは、プーチン（大統領在任 2000〜08 年、2012 年〜）が強権的支配を続けるなど、旧ソ連諸国や東欧諸国の権威主義・民族主義への回帰も顕著である。アメリカ初の黒人大統領になったオバマ（2009〜17 年）の次に登場したトランプ政権（2017〜21 年）に限らず、成功した実業家に起死回生の夢を託する例もあちこちに出現しているが、政治にビジネスを持ち込んだ結果、強権政治と私利私欲の組み合わせがはびこるケースが少なくない。アメリカや EU/NATO 諸国が政権を支援するウクライナに対して、安全保障の危機を感じたロシアが攻め込んで 2022 年に勃発したウクライナ戦争は、非ヨーロッパ諸地域における開発途上国の危機を人ごとと見過ごしがちな先進国の世論[13]にも、民主主義の危機を印象づけた。

　北アフリカ・中東諸国では、2010 年に「アラブの春」と呼ばれる民主化運動が広がって、チュニジア、エジプトなどの政権を倒し、リビアのカダフィ政権も内戦に NATO が介入して倒された。しかしシリアやリビアでは内戦が泥沼化し、エジプトその他でも軍とイスラーム勢力の激しい対立など、不安定な状況が続いている。「イスラーム国」など過激派の活動はやまず、2021 年にはアフガニスタンにタリバーンの支配が復活した。冷戦時代には東側陣営に対抗するため、独裁政権を支援した西側諸国は、冷戦終了後は民主主義・人権などを普遍的価値として、開発途上国にもより強く民主化や内政改革を要求するようになったが、その実現は簡単ではなく、現在のヨーロッパ諸国はむしろ、中東・北アフリカから押し寄せる難民問題への対処に追われている。

　日本でも民主党政権（2009〜12 年）の失敗をはさんで、二大政党制への失

---

(13)たとえば軍事政権が続いていたビルマ（ミャンマー）では、2011 年に民政移管が実現し 2015 年にはアウンサン・スーチーらの政権が樹立されたが、2021 年に軍部がクーデタで再度権力を握り、中国との領土・領海紛争などをかかえる ASEAN の統合に、新たな難題をつくりだしている。しかし、隣国である北朝鮮の強権政治と核ミサイル開発について大騒ぎする日本のマスコミも、ミャンマーやスリランカの事情は散発的にしか報道しない。

望、多数決万能思想の広がりを背景に、ポピュリスト的・強権的な政治手法が一般化し、集団的自衛権の行使や、国の交戦権を否定した憲法9条の改定を目ざす動きも強まっているが、停滞から抜け出す展望が見えているわけではない[14]。習近平政権（2012年〜）の中国[15]は、国内で強権的な支配をおこなういっぽう、陸海でユーラシア経済を連結する「一帯一路構想」などを唱え、台湾統一やハイテク技術をめぐり、アメリカの覇権に公然と挑戦する姿勢を強めている。

（2）人類・地球環境の危機

　危機的状況にあるのは、政治や経済だけではない。2011年3月11日、日本で東日本大震災が発生し、1986年にソ連で起きたチェルノブイリ事故を上回る、原子力発電所の大規模な損傷が発生した（福島原発事故）。現在でも、事故の完全な収束の見込みは立っていない。1995年には阪神淡路大震災、2004年にはインド洋の大地震・大津波など世界各地で地震による巨大な被害が出ており、地球の各プレートの活動が活発化していることがうかがわれる。こうした大規模災害、それに地球温暖化のような気候変動、マイクロプラスティックによる海洋汚染などを考えない「経済成長」の追求が、許されない時代が来ていることは明らかである。

　かつての社会主義のような体系的なオルターナティブは存在しない。そのなかで世界は、2019年末に始まる新型コロナウイルス禍（COVID-19）を経験した。過剰な開発による動物・人間とウイルスの接触、それによるウイルスの変

---

(14)安倍晋三政権（2006〜7、2012〜20年）が特にこの姿勢を強めたが、経済停滞が続いたうえ、売りにした外交でも、中国や韓国・北朝鮮、ロシアなどとの関係改善にはほとんど成果がなかった。また2022年に起こったかれの暗殺事件は、それによって明るみに出た自民党政権と韓国で生まれた宗教組織との癒着とともに、世論に大きなショックを与えた。

(15)1997年にイギリスから返還された香港に対して、中国は「一国二制度」という原則のもとで、50年間は資本主義制度を続けることを認めていたが（99年にはマカオも返還）、2010年代には強権統治を進めた。台湾との間でも交流は拡大し、同様の原則による統合も呼びかけられたが、台湾側では独立を主張する勢力もあり、国家統合の話し合いは進んでいない。

＋α　COVID-19 が明らかにした問題と格差

　2022 年末までに、判明しているだけで世界で 6 億人以上が感染し、600 万人以上が死亡した COVID-19 の拡大は、交通の発達と人の移動の増加がもたらしたものだが、当初にはあちこちで、医師・看護師などの不足による「医療崩壊」が悲劇を拡大した。その背景には、英米などに始まり今は全世界に広がっている、やみくもな行政の効率化の追求と医療関係を含む公務員削減があった。

　対人接触の制限は結果として、仕事や教育のかなりの部分がオンライン化できることを証明した。ただそれは、オンラインで「安全な」場にいられる人々と、オンライン化ができず、危険に身をさらしつづける「エッセンシャルワーカー」などの格差を明るみに出した。後者には女性や有色人種が多いという不平等な社会構造とともに。

　こうした世界共通の問題のかたわらで、国・地域ごとの違いも、時間とともに見えてくる。パンデミックへの対策には、特定の地区を完全封鎖できるような強権政治のほうが、民主体制より適しているという意見が、よく出された。しかし、台湾が完全な情報公開でコロナ封じ込めに成功するいっぽう、強権体制下では情報隠しがおこるなど、個々の条件や政策実行能力の違いも考える必要がある。最初の 1 年は台湾以上の成功を収め、その後一時破綻したが現在は「ウィズコロナ」にうまく転換しているベトナムの例も、単純な一般化の愚かしさを証明している。いずれにしても、欧米ではマスクとワクチンを拒否し陰謀論に走る人々が多いとされる。省庁や自治体などの横の連携もタテの統制も十分できず、国民の「横並びの自粛」とそれを守らない者へのバッシングに頼る日本など、文化・社会構造の差も、重視せねばならない（桃木至朗）。

異、グローバル化のもとでの広域の人の移動によるパンデミックの発生・拡大などは、気候変動で世界秩序が変動した 14 世紀や 17 世紀、さらに第一次世界大戦直後（スペイン風邪・インフルエンザが大流行）にも見られたことだが、今回はその規模と広がりの速さが桁違いであった。その過程で、新自由主義経済やグローバル化のさまざまな矛盾も露呈したが、WHO（世界保健機構）主導の国際協力や多国籍の民間製薬会社の技術力を通じて、打開策が模索された。

（3）新しい知をどう構想するのか

インターネットの発達は、「専門家」による知識・情報の独占を不可能にしたと、よく言われる。だれでも知識・情報を集め、また自分の考えや個性を発信できる、究極の「知の大衆化」が起こりつつある。また、2022 年には AI 技術を駆使した Chat GPT も出現し、疑問に対する回答、文章作成や翻訳が AI により瞬時になされる状況が生まれた。ただしその状況は、フェイクニュースの拡散や、客観的真実の存在や価値を否定する「反知性主義」、「ポスト・トゥルース」の状況にも、簡単につながる。インテリ・エリートが独占する古い啓蒙主義的な「客観的真実」が通用しないとすれば、個人や集団の主観が無限にぶつかりあうホッブズ的状況をどう乗り越えるか。「他人の目を気にしてみんなに合わせる」努力・苦労と「違いを認め合いゆるやかにつながる」理想との相克もあわせて、われわれ全員が問われている課題だろう。

そうした中で、「専門家」「市民」「国（政府）」の三者関係を組み立て直す必要が広く叫ばれており、最近の教育改革（終章でも述べる）も、単なる学力向上でなく、社会の組み立て直しを意識している。単純化して言えば、「製造者責任」を考えない研究成果を出し、おまけにみんなにわかる説明ができない専門家、専門家の意見を十分踏まえた政策が作れない政治家・官僚、それらを理解しコントロールする意思やリテラシーをもたない市民などの、相互責任転嫁と無責任体制を変えるための教育改革ということである。それは、BLM 運動に見られるような、近代世界を丸ごと見直す動きすら、無視はできない。しかも日本を含む東アジア世界での改革は、非西洋世界に共通する「圧縮された近代

+α ソーシャル・ネットワーキング・サービス（SNS）の登場と Black Lives Matter

　1990年代の南アフリカにおけるアパルトヘイト撤廃とマンデラの大統領就任など人種差別を解消する動きとは裏腹に、21世紀の世界では人種差別がやまない。Black Lives Matter（以下BLM）は、2012年に運動が始まって以降、インターネット空間を通じ、ローカライズされながら世界中に広がった。大西洋を隔てたイギリスでは、奴隷貿易の象徴であった銅像の引き倒しが起きた。ドイツでは、北西アフリカのムスリムに対する人種主義への告発と結びついた。日本でも、BLMに関連した多くのデモを呼び水として、日本でのヘイトクライムやレイシャルプロファイリングを取り上げた企画が複数行われた。それまで、こうした広がりは、必ずしも常態ではなかった。1990年代にインターネットが一般に普及すると、新たな技術と公共圏の登場を素朴に称賛する言説も見られたが、その後の研究は、世界中をつなげるはずだったインターネットが、むしろナショナルな枠組みを強化する側面を持っていることを明らかにしている。例えば、ワールド・ワイド・ウェブ（www.）は世界をつなげているように見えるが、日本ではURLの最後に.jpがつくように、実質的にはナショナルな枠組みによってドメインが区別されている。営利企業が管理するSNSプラットフォームは、このナショナルなインターネット空間に適応し、アルゴリズム主導で人々に選択的に情報を提供し利益を上げている。SNSがもたらした「参加のしやすさ」はメディアの生産者と消費者との関係を一方向から双方向的なものにすると同時に、参与した人々の情動と感情を刺激するコミュニケーションが資本化して流通するようになった。同時に右派ポピュリズムやナショナリズムのレトリックはその構造に適応し、グローバル化に伴う人口動態の変化や経済的不透明性と結びついて、人々の不安といった感情に訴える力を高めたとも言われる。それでもなお、BLMのようないくつかの運動が、SNSを通じてナショナルな枠組みを超え、広域に拡散した点は注目に値する。こうした運動は、上に述べたデジタル空間の構造と特性をずらし、換骨奪胎しながら、抵抗の萌芽を産んでいる（徳原拓哉）。

（化）」、東アジアの「個人主義なき個人化」[16] などの背景を無視して、西洋発の新しいモデルに飛びつきその機械的な適用を主張する風潮を、どう乗り越えるかも問われている。本書の読者たちは、それらの課題にどう応え、どんな学習や研究をするだろうか。

まとめの課題

> 新型コロナウイルス禍によって「強制終了」させられるべきなのは、日本や世界のどんなしくみや習慣、考え方だろうか？　ポストコロナはどんな時代にすべきだろうか？　いくつか候補をあげて話し合ってみよう。

---

(16) 現代東アジアにおける家族・人口・ジェンダーなどの変容を研究する社会学者たちの用語で、「圧縮された近代（化）」は、西洋社会が狭義の近代化として経験したことがら（例：女性の主婦化）と、20世紀後半以降の新たな変化（例：女性の社会進出）が、韓国・台湾などの東アジア社会には同時に押し寄せている事態を表現する。両者の中間に位置した日本を「半近代」と呼ぶこともある。「個人主義なき個人化」は、家族に育児やケア労働などを背負わせる価値観が変わらないままで、核家族や一人暮らしが一般化した結果、将来の負担が目に見えている結婚や出産を若者が回避する傾向が広がり、欧米をはるかに上回るスピードで少子化が進んだことを説明する概念である。

ステップアップ　現代の科学技術・文化と思想

　ソサエティ 4. 0. などの語もある情報化の時代は、人間の生活を便利にする一方で、多くの職業を無用にして失業を発生させること、AI が将棋や囲碁はともかく科学学術の世界で人間より賢い知を自分で生み出し、人間はそれを制御できない日が来ることなどへの心配を広げつつある。それらはまた、サイバー攻撃やドローンなどの軍事技術、生体認証など人間を管理する技術の発展を支えているだけでなく、遺伝子に関する科学・工学と結びついた人間の生殖や家畜・作物の生産技術の大変化、さらにヒトの DNA 研究の急進展にもつながっている。

　1960 年代あたりから始まっていた文化や思想の変化が、情報化や冷戦終結を背景に全面的にひろがったことも、よく知られている。第一は、それまでのインテリや教養人を主役とした「ハイカルチャー」にかわって、ポピュラーカルチャーが爆発的に広がった。それはもはや、「低俗な」文化ではなく、高い創造性や芸術性をもつものも多く、政治・経済的にも、各国の「ソフトパワー」の一部として重視されるような、大きな力をもっている。アメリカのハリウッド映画やディズニーランド、日本のマンガ・アニメ、韓流ドラマと K-pop などはそのよい例である。学問の世界でも、文学や芸術学、メディア研究などの一環として、これらの研究がさかんになっている。

　より複雑なのは、一人一人の個人や、人種・民族・宗教やジェンダーなどについて弱者・少数派に属する人々がもつ、個性、価値観やアイデンティティが、ひろく認められるようになったことである。家族に関するプライベートなことがらを公的な場で問題にすることを拒否した男性たちに対して、「個人的なことは政治的なことだ」と批判したフェミニストなど、多くの動きによって、無視され閉じ込められてきたことがらが、認められたのである。それはたしかに、人々を生きやすくした。同時にしかし、新自由主義の競争社会とインターネットは、人と人との対面でのつながりでしか得られない社会性・公共性や、そこに生まれる「親密圏」を軽視し、なおかつ「他人と違った生き方」を強制する。個人はばらばらになり、生きづらさが増幅する。そこでのストレスや「コミュニケーション不全」が、グローバルな競争下での際限ない多忙化や格差拡大と相まって、「心の病」や「発達障害」を激増させた。しかも、女性参政権が女性の社会進出をはばむ「ガラスの天井」をなくせなかったように、多数派による「悪意のない無神経」は、時間さえたてば自然になくなるものではない。いずれにしても学問の世界では、個人や小さな社会の主観や表現とイメージ、それらがもつ政治性とコミュニケーションの可能性などを研究するのに適した分野として、文化人類学や心理学が人気をえた。

　こうした動きの全体が、「産業革命や市民革命以来の近代社会が、今後も無限に進歩を続ける」という単純な理念への信頼を強く傷つけ、20 世紀末以降の世界を、それ以前の狭義の近代とは違った、「第二の近代」「後期近代」「ポスト近代」など、

別の新しい時代と見なす意識を広げている。環境問題や原子力・核兵器などの科学技術にかかわる問題や、相対性理論と量子力学による宇宙観の変化だけでなく、理性によって人間は客観的に真理を認識し、それにつれて社会が進歩するという、啓蒙主義以来の理念にも不信の念が向けられた。自由、人権、民主主義などの価値にすら、ある人々がそれを実現するには必然的に他者の権利を踏みにじらねばならないような矛盾が、強く意識されるようになった。自由や権利を実現する単位として作られたはずの国民国家についても、国民を縛り差別し、国境を越えた自由な交流をはばむ負の側面が、つぎつぎと指摘された。資本主義的近代を賛美する立場で社会科学の方法を確立したと見られてきたウエーバーの読まれ方も変わってきた。こうして、近代的な社会や国家、人の生き方を疑いながら、といって「古き良き伝統に戻れ」と安易に叫ぶのでもない、思想面での模索が活発化した。その基礎となった言語・哲学の理論は「言語論的転回」と呼ばれ、言語は存在する事物を単に客観的に映し出すものではなく、同じものを別の社会では別の記号で指し示せるように、必然性をもたない記号の体系にすぎないとして、言語によってすべてが客観的に認識・説明できる可能性を否定し、むしろ世界の色々な言語がそれぞれ特定の、客観的ではない認識を作り出す面に着目したものである。この考えは、普遍的真理の客観的認識という近代科学の前提をゆるがしたため、現在まで諸分野の学者や思想家の間で論争が続いている（桃木至朗）。

どのように世界史を学ぶか

章のあらすじ

　終章にあたるこの章では、ここまでの叙述の土台となっている歴史学という学問について、あらためて説明する。前半では歴史学者の基本的なしごととそのための方法、歴史学の発達の歴史や現在の活況について述べ、後半では歴史学の専門的な教育・研究はどこでどのように行われているか、基本的な学習にはなにを読むべきかを紹介する。これから歴史学そのものを専攻しようという学生だけでなく、歴史に関連の深い諸分野で学ぼうとする学生、地歴科教員や学芸員の免許を取ろうとする学生なども、こうした概略を頭に入れることが、有益なはずである。

Key Question

歴史学者は、本ばかり読んでいる「浮き世離れした」人々だ、歴史学など学んでも就職の役に立たないなどの意見に、ここまで本書を読んだあなたはどのように、どの程度反論できるか、考えをまとめてみよう。

1. 歴史学とはどんな学問か、どのように発展してきたか

(1) 歴史学とは、なにをどうやって解明する学問か

　歴史を研究するというしごと（作業）は、大きく2つに分かれる。第一は、原史料（資料）に対する厳密な「史料批判」にもとづいて、歴史上の事実を確定する、一般に「実証」と呼ばれる作業である。文字史料[1]の例をあげれば、できごとや事象を記録した史料には、現場の生（なま）の記録（一次史料）から、後の時代に他人の記録を引き写したり、そこに自分の考察や判断によって書き換えたもの（二次史料）まで、いろいろありうる[2]。中には、古い時代に書かれたかのように偽装した、新しい時代の文献や文書もある。直接の記録が思い違いや書き間違いをしているのを、後の記録者や考証家が正しく訂正するケースもあるが、一般には生の記録に近いほど、情報の価値（信頼度）が高いと見なされる。ある史料の由来や性格を調べたり、同じ事象を記録した複数の史料を比較したりすることなどを通じて、それぞれの史料や記述の信頼度を確かめる作業を史料批判といい、それなしに「史料に書いてあるから事実だ」とするようなやり方では、事実は突き止められない。そのために、研究者が、自分の研究テーマについて記録している史料を読む際には、どんな優れた学者によるものであっても「先行研究」が引用したもの（正確でないかもしれない）をうのみにすることなく、可能な限り自分で原文をチェックしなければならない。それには、

---

(1)文字史料を中心に研究する歴史学を「文献史学」と総称することがあるが、文字史料はその形態によって、（イ）書物（文献）など、だれかが目的をもってたくさんの情報をまとめ、執筆・編纂（編集）したもの、（ロ）公文書や契約書・手紙などの、日々に個別的に作成される文書、（ハ）金属や石に情報を刻んだ金石文といった分類が可能で、それぞれ情報の性格や価値、それを読み取る際の方法や注意点が異なる。

(2)印刷技術が普及する前は、書物はすべて人が手書きで作成していた（写本と呼ぶ）。古い時代の書物の大半は、現在では原著者が書いたものは失われ、他人が書き写した写本だけが残されているので、そこに誤写や故意の改変がないか、複数の写本の比較や他の史料との照合などの方法を用いて慎重に調べる必要がある。

出版されている書物や史料集だけでなく、ときには写本や文書、碑文などの現物を見て検討しなければならないことがある。内容を判断するには、日本史なら各時代の古文や日本式の漢文、外国史ではその国・地域の言語など、文字や言語の読解能力が要求されることは言うまでもない[3]。

　歴史上の事実（史実）の確定とは、単純化して言えば、「いつ、どこで、だれが、なにを、なぜ、どのように」したかを突き止めることだが、このうち、人の心情にかかわる「なぜ」を客観的に解明することは、実は容易ではない。裁判での犯罪動機の認定、心の病に対するカウンセリングでの原因の推定などが、どれも便宜的なものにならざるをえないのと同じことであり、次に述べる「研究者の主観をまじえた諸要因の選択と組み合わせ」という作業が、すでに始まっている。

　「いつ」「どこで」「だれが」などは、より客観性が高い。しかし、解明されうる事実は無数にある。それを羅列しただけでは、歴史を理解したことにはならない。歴史研究における第二の作業は、多数の事実の中から、一定の関心や考え方にもとづいて一部の事実を選び出し、それを論理的に組み合わせて、できごとの因果関係や意味・影響、社会の大きな構造や時代の大きな流れなどを論じること、すなわち歴史の「説明」「解釈」や「叙述」「批評」である。事実を選び出したり組み合わせたりするやり方には、時代ごとの関心の違いや個人の考え方が反映するので、完全に客観的な歴史叙述はありえない。

　しかしそれは、歴史学が自由に自分の主観や空想を述べる手段であることを意味しない。歴史学の専門論文や専門書は、自分がどの史料のどの箇所を用いたか（史料的根拠）を明記するだけでなく、どういう理由や考え方によってどの事実を選びどう組み合わせたかというプロセスやロジックも、他人の検証が可能なように明示しておく義務がある。そうした「反証可能性」をもつ研究を、他の研究者が批判的に検討し、お互いに討論を繰り返す中で、「事実にもとづき

（3）ただし、世界経済の研究とか、多国間の交流の研究などは、史料の言語の種類が多くなるため、一人で全部原文を読むことは不可能である。そのような場合は、翻訳された史料を利用したり、複数の研究者が分担して研究することになる。

論理的に語る」という条件を満たさない著作は排除されることになる。その条件を満たしたものの間でも、どうしても見解が分かれることがらもあるが、「妥当な線」で共通の理解が成り立つことも多い。新しい史料の発見によって新事実が解明されたり、時代の流れで解釈の角度が変わったりするまでは、そうした「妥当な理解」が「定説」とされ、教科書にも書かれることになる。個々の論文や著書に戻れば、使う史料とそれによって示す史実や解釈の両方ではなくとも、最低どちらか一方で「先行研究」にない新しさ（オリジナリティ）をもたねば、意味のある研究とは認められない。「新しい史料をもとに、新しい史実た歴史解釈（歴史像）を提示する」のが理想だが、どこにどんな史料があるか、研究がどのように展開してきたかによって、「新しい史料で従来の定説を再確認する」「既知の史料から、定説よりもっと論理的で社会的意義の大きい新解釈を導く」などもあってよいのである。

　このように、歴史学者によって専門的に研究され、叙述された歴史は、単なる「事実の記録」ではないし、個々人や社会がもつ「記憶」の集積とも一致はしない。またそれは、自由な想像や創作が許される歴史趣味や歴史文学（ドラマ、アニメ、ゲーム……）、それに実証の部分は他人の成果を利用しながら、いろいろな分野の研究者や知識人が、歴史を題材にして自分の思想や世の中のありかたを論じる「史論」などを、「非学問的」として一方的に排除する力や資格をもつわけではない。それは、学問としての哲学が人々の生き方をすべて指し示せるわけではない（いわば後から解説をしているだけ、とも見られなくはない）のと同じことである。しかし逆に、放っておいたら人の生き方は「何でもあり」の無秩序状態に陥りかねない。歴史をとらえるやり方も同じである。また思想や歴史は、悪用すれば戦争など間違った方向に人を導くことができる。そうならぬよう、哲学は言葉や議論の整理をする。歴史学も、過去をとらえるやり方や議論を整理する。そこでは、事実の確定と歴史叙述の両方で、論理性と社会性が要求される。だからそれらには、小さくない存在意義があり、高校生や大学生に必須の「教養」の一環として、必修やそれに近いかたちで学ぶよう定めている国も少なくないのである。

➕α 歴史認識をめぐる対立と「歴史戦」

　第二次世界大戦後の日本では、アメリカの考えを受け入れるかたちで、第二次世界大戦は軍国主義日本が不正な侵略戦争をおこなって、結果としてアメリカなどの民主主義陣営に敗れ、大きな被害を受けたものだという歴史が教えられてきた。また1980年代には、それまでの歴史教育全体で軽視されていたアジアとの関係・交流が重視されるようになるなかで、アジアに対する日本の加害の事実なども強調されるようになった。ところがその後、アジア諸国のナショナリズムや北朝鮮の危険な態度の強まりに加えて、アジアでは圧倒的な先進国であるという日本の地位が維持できなくなったことなどのフランスレーションが重なり、侵略や加害の事実「ばかり教える」これまでの歴史教育を、「自虐史観」と非難する動きが強まった。「新しい歴史教科書を作る会」などを結成した自虐史観批判派（自由主義史観を名乗る）は、歴史とは見方によって違って見える物語であり、客観的に正しい歴史は存在しないという哲学理論なども利用しながら、近隣諸国が反日的な歴史教育を続け、日本に「歴史戦」をしかけるなら、こちらはこちらで正しく強い日本の歴史を日本国民のために教えるまでだ、という立場から教科書編纂などをおこない、一部政治家による教育への圧力も利用しながら、教育現場での影響を広げてきた。

　しかしこの動きは、国が教科書を発行する中国や韓国（最近、複数の出版社が教科書を出版し検定を受ける日本と似たしくみに移行）で、日本政府が作った教科書で生徒全員に教えているものと誤解されたこともあり、共産党の正当性のために日本軍の侵略を強調する中国、経済・社会の発展で自信をつけた韓国などの反発を助長することになった。2011年以降も、韓国との竹島（独島）問題、中国との尖閣列島問題などの領土紛争にからんで、歴史をめぐる対立の悪循環がひろがり憂慮されている。なお中韓・中越など、日本以外の諸国間や世界各地でも、歴史と文化をめぐる多くの対立がある。これに対し、日中韓三国の間で共通教科書の作成が試みられたり、韓国のベトナム戦争派兵をめぐってベトナムとの和解を目ざす取り組みが実現するなど、「歴史和解」を目ざす動きも広がっており、韓国では

高校の選択科目として2007年から「東アジア史」も開設されている。ただ、ドイツ・フランスやドイツ・ポーランドなどの間で共通の歴史教科書を作成するなど、EU諸国が過去の克服に積極的に取り組んでいるのと比べると、正史（国が作って教える歴史で、作った政権の正当化の道具になることが多い）の伝統をもつ東アジア諸国での、体制や考え方の違いはまだ大きい（桃木至朗）。

（2）現代の歴史学はどう変わりつつあるか？

　古代から世界のあちこちで、歴史が書き残されてきた。ギリシアのヘロドトスの『歴史』、中国の司馬遷（しばせん）の『史記』などは、その初期の例としてよく知られている。近代以前に書かれた歴史の多くは、神の栄光の歴史、王国や王者の歴史などの枠組みをもっていた。啓蒙主義時代に出現した、理性と自由の歴史なども、ある価値観にもとづいた歴史（史料はそれに合わせて解釈された）という点では同じことだった。19世紀になるとこれにかわり、ドイツのランケ（1795〜1886年）らによって、厳密な史料批判をおこなって、過去の事実や実態そのものを確定することを目的とした「近代歴史学」が成立し、大学などの研究機関を通じて、現在まで世界に大きな影響をあたえることになった。他のヨーロッパ諸国でも、「祖国」や「民族」の歴史、文化・文明やその背後にある精神の歴史などがさかんに研究・叙述された。しかし、それらは新しい偏りをもたらした。国家・民族は絶対的な単位とされ、研究分野では支配者やエリート中心の政治史・外交史、それに「ハイカルチャー[4]」に偏った文化や芸術の歴史が一般化した。ランケがまさにドイツという近代国民国家の建設過程で研究をおこなったように、それらは、国民国家形成のための、成人男性エリートの教養という性格をもった歴史だった。一般庶民や女性の歴史は軽視されていた[5]。また、発

---

[4]文学なら純文学、音楽ならクラシック音楽など、エリートの「高級な」文化のこと。反対語がポピュラーカルチャー（ポップカルチャー、サブカルチャー）である。
[5]最近まで、衣食住など日常的な歴史を研究しようとすると、「女子供のやること」と批判されることがあった。成人男子にかかわることだけが大事だという発想のあ

展する歴史があるのは西洋だけで、東洋（アジア）が古代文明のままで長期間
停滞している、アフリカにはそもそも文明（＝歴史）段階に達していない、な
どの見方が公然と語られ、歴史学は西洋社会だけを対象とするものとされた。
近代以前のアジア社会は、文学・芸術や宗教、歴史などの研究を総合的におこ
なう「東洋学」、アフリカやオセアニアの社会は「民族学」ないし「人類学」が
扱う地域とされた。アジア・アフリカやオセアニアの近代は、西洋文明や各帝
国の拡大の歴史でなければ、「植民地研究」の対象とされるだけだった。

　20世紀に入ると、マルクス主義（→ p.200、p.291）による経済構造や階級闘
争の歴史、アジアその他のナショナリズムの立場から見た西洋以外の歴史など、
新しい研究領域が広がるが、世界史はほとんどの場合。国・民族単位の歴史の
寄せ集めのままだった。また「ヨーロッパ型の発展」が歴史のモデルとされる
状況も、大きくは変わらなかった。しかし、1970〜80年代から、グローバル化
とIT化・情報化の進展やジェンダー・環境など新しい問題関心の出現、個人
の個性や価値観を重んじる思想の広がりなどを背景に、経済学、文化人類学や
言語学・哲学などの新しい理論を取り入れながら、

（a）個々の国よりもっと広い範囲で、歴史の大きな構図や超長期の変動を丸
　　ごと理解しようとする動き（アメリカの学界を中心としたグローバルヒス
　　トリー[6]が代表格）
（b）衣食住・暮らしやローカルなコミュニティなど、無名の人々の日常の小
　　さく局地的な歴史に沈潜する動き（フランスの「アナール派」など、ヨー

らわれである。
（6）経済史を中心に、人・物・カネ・情報・技術などのグローバルな移動・流れに注
　　目した研究が盛んである（阪大はそうした研究の日本での中心である）。また宇宙や
　　地球、生命や人類の歴史まで視野に入れて歴史を研究する「ビッグヒストリー」も
　　盛んになりつつあり、そこでは当然、理系的な方法の役割が大きい。グローバルヒ
　　ストリー以外にも、今までの歴史が陸上の（近代以前では農民の）視点に偏ってお
　　り、結果として国境によって区切られたばらばらな歴史を放置してきた点を反省し
　　て、国境のない海の世界（近代にはそこにも線引きが強行されるが）から歴史を見
　　る「海域史」の研究が急速に活発化している。

ロッパ諸国の「社会史」が有名）

（c）近代的なものや国民国家の普遍性・客観性・進歩性を疑い、それらが押しつけてきた思考やイメージのありかたの特殊な面、マイナス面がどのように出来上がったかを論じる動き（「歴史＝物語」論[7]を含む、「ポストモダン」の諸思想→ p.313）

　など、歴史学の対象と方法が爆発的に広がった。（a）（b）（c）のどの動きにおいても、中心の側、強者の側だけから見た歴史は強く批判され、周辺地域やマイノリティ集団の動きとその独自性、そして女性とジェンダー、環境や病気など、これまでの偏見によって歴史の主流から外されてきた領域が、積極的に追求されている。また（1）を中心に、自国史と外国史・世界史の絶対的な区別や「ヨーロッパ（西洋）中心史観」を乗り越える動きが強まっているし、（2）（3）では個人や集団の意識や記憶、それらを「象徴」したり「操作」したりするためのさまざまなシンボルやイベントなどへの関心が強まっている。IT化・情報化で専門家以外でも原史料にアクセスし自分の見解を発信できるようになった時代に、市民が意識的にせよ無意識的にせよ歴史のなかで生き、行動するdoing history（歴史実践）のありかたがどう変化するか、専門家はそこでどんな役割を果たすのかなどを考える、「パブリックヒストリー」の研究・実践もさかんである。

　以上のどこを見ても、これまで「史料がないから研究できない」とされてきた地域や領域の歴史を解明しうる、自然科学的な資料、図像資料や聞き取り調

（7）「言語論的転回」（→ p.314）を応用した議論で、「完全に客観的な記録」や「その完全な読解」、それにもとづく「完全に客観的な歴史叙述」をありえないとして、記録者や研究者、ときには読者が、それぞれの立場で無意識のうちに、歴史（という自分に都合のよい物語）を「創りだして」いる点に着目する考え。この考えにしたがえば、歴史学の目的は、客観的なできごとや事実の解明でなく、史料の記録者や研究・叙述をおこなう人々の認識の構造や語り方の解明におかれることになる。またここから、歴史はそれぞれの国民などの集団が、自分に都合のいいように（意識して）語り教えるものだという「自由主義史観」（→ p.302）のような考えも生まれている。

査など、あらたな史料とその利用法の開発が成果をあげつつある。こうして、歴史学は「文系の人間が」「書斎で本だけ読んで」「客観的事実の解明だけを目ざす」「ヨーロッパ中心の」学問ではなくなったのである。

テーマ解説　新しい歴史教育と試験問題

　序章でふれた「歴史総合」などの新しい学校教育は、OECD その他の国際的なモデルに従って設計されているのだが、どの教科・科目でも、小中高校などのどの段階でも、決まった知識・技能を身につけさせるために大人が教える教育から、生徒・学生が今後の社会で生き、新しい社会を作れるような、汎用性のある力や考え方を自分たちで身につけるための学習（教員はそのコーディネーターないしファシリテーター）への転換を目ざしている。たとえば歴史なら、いわば「小さな歴史家として」調べ考え討論し発表する訓練を通じて、現代社会が直面する課題を主権者ないし市民として歴史的に考察・判断する力を養うなど、どの教科・科目でも、「自分と社会に必要な最小限の専門性」をふまえた学習が目標になっているのである。また、生きるための課題には、科目ごとに別々にぶつかるわけではないから、科目間の相互乗り入れによる総合的探求学習が奨励される。

　そうなると、入試などの試験問題が変わらざるを得ない。たとえば大学入試は、「高校で学んだ知識・技能の確認」から、「未知の史料や問いを、高校で学んだ知識・技能と出題された史料や問題文中に含まれるヒントから解き明かす」能力を測るものに変わることが要求されている。そこでは、単に論述式問題や資料問題を出せばいいというものではない。論述式は用語の暗記が長文暗記に変わるだけかもしれないし、絵画などの資料問題はその資料を知っているかどうかで決まることになりがちである。それよりも、かりにマークシートや語句記入型の出題であっても、社会に出てから、正解がない問い、正解が複数ある問い（それなりの根拠をもってどれかを選ばなければならないケースも含む）などに取り組むことを想定した、問いの工夫が求められる。もう一つは専門研究でも同じだが、ある史実を解明したり解釈を提出するには、仮説を立ててそれを検証する方法がとられることが多い。そうすると、事実に関する唯一の正解を問う従来型の出題以外に、（1）複数の正解のそれぞれの根拠、またはその中で自分が選んだ正解の根拠を問う出題、（2）ある解釈を証明する方法を問う出題、（3）ある史料や史実の解釈やそれに関する仮説などの妥当性、その史料や史実がある仮説・解釈を証明する根拠になるかどうかを問う出題、などが可能になる。それは、事実に関する知識がなくても答えられる出題を含むから、「差の付く試験をするのは大量の暗記知識が必要とされる」という矛盾から逃れることが可能になる（桃木至朗）。

問1　ベトナムの阮朝の評価についての以下の仮説のうち、明らかに事
　　実誤認を含むものを一つ選べ（2020年・大阪大学二次試験世界史よ
　　り）
　　ア　首都だったフエで阮朝王室の子孫にインタビューすると，南北
　　　　ベトナムを初めて統一した阮朝について，肯定的な意見が聞け
　　　　るだろう。
　　イ　南部のホーチミン市でベトナム共和国時代の教科書を調べたら，
　　　　阮氏が南部に領土を広げたことなどについて，肯定的な評価が
　　　　聞けるだろう。
　　ウ　北部のハノイで出版されている学者の論文を読んだら，タイソ
　　　　ン反乱と戦う過程でシャム（タイ）やフランスの宣教師の支援
　　　　を受けるなど，「売国的」なやりかたで王朝を立てた阮朝の行動
　　　　が非難されるだろう。
　　エ　山岳地帯の少数民族社会を調べたら，ラオスやカンボジアなど
　　　　の強国の圧迫から守ってくれなかった阮朝に対する否定的な評
　　　　価が出てくるだろう。
問2　X君は16世紀中国の経済成長について卒業論文を書こうとして、
　　証拠となる数量データを探している。見つかっても直接使えそうも
　　ないデータは次のどれか。
　　ア．北京の軍人の給与　イ．日本銀の流入量　ウ．全国の綿織物の
　　生産量　エ．長江（揚子江）下流域の平均的農家の収入
問3　鎌倉幕府の成立年を、以前の中学・高校では1192年と教えたが、
　　現在は1185年とするのが普通である。その変化の理由について調べ
　　たうえで、それぞれの説の根拠を問う1題の論述問題と、複数のマー
　　クシート問題をそれぞれ作れ。

２．世界史をさらに学びたい人のために

（1）どこでどのように学べるか。

　では、大学の新入生諸君が世界史（日本史を含む）に強い関心をもち、専門の授業を受けたり自分でこれを専攻したいと考えた場合、それはどこで学べるだろうか。それは一般的には、人文系学部の「史学科」ないし「史学系」ということになる。日本の場合それは、明治時代の終わりごろにできたしくみによって、「日本史」「東洋史」「西洋史」の３つの専攻ないし専修（プラス考古学や、大学によっては人文地理学など）になっており、学生はそのどれかに所属しながら、他の専攻の科目も必要に応じて学ぶという方法で研究をおこなうのが普通だった[8]。これは、歴史学の対象をほぼ西洋に限っていた欧米諸国のしくみとくらべると、自国史としての日本史、さらに東洋史という専攻を独立させた点に大きな意味があった。日本史はもちろん、近代以前からつちかった漢文の素養が生かせる東アジアの歴史など多くの分野で、日本の歴史学は第二次世界大戦前から世界トップレベルの業績をあげ、最近では西洋史や、東アジア以外のアジア諸地域の研究についても、世界で活躍する研究者が少なくない。日本の歴史学は、グローバルな理論の発信などはあまり得意ではないが、史料の細かく精密な読み取りと、世界史の主要地域・時代や領域のほとんどについてハイレベルな専門家を擁している点は、おそらく世界一の水準にあると思われる。高校世界史の教科書が、まだひどくヨーロッパに偏っているとはいえ、全世界の歴史を網羅できるのも、そうした学界の水準が背景にある。

　ただし、３つの専攻の関係は対等ではなく、自国史（しかもつねに内部の力で動く特別な存在）としての日本史、人類の普遍であり日本が目ざすお手本としての西洋史の２専攻はつねに人気があるが、「それ以外の遅れた地域ないし日

---

[8]第二次世界大戦までは、現在の中学・高校にあたる中等学校（旧制中学）の歴史もこの３科目に分かれていたが、第二次世界大戦後の学制改革で、中学校は社会科のなかの歴史分野、高校は日本史と世界史の２科目に変更された。

**外国史系の学生はなにを学び、
どんな力をつけるか**

　「東洋史」「西洋史」など世界史にかかわる専攻に所属する学生は、教養課程や専門課程（通常はその初期）に、いくつかの「概論」や「入門講義」を学ぶほか、専門課程ではいろいろな個別テーマを深く学ぶ「特殊講義」と、史料読解や研究発表のトレーニングをする「ゼミ」（演習ないし実習）を受講するのが普通である。その間に、歴史好きなら高校時代から読んでいたような文庫・新書や概説書だけでなく、専門論文や専門書を読むことに慣れておく必要がある。そして、講義や演習で学んだことをもとに、「指導教員」による個別指導も受けながら、「卒業論文」を書いて卒業する。大学院に進学すれば、同様の手順を踏んで修士論文（博士前期課程ないし修士課程）や博士論文（博士後期課程）を書くことになるが、大学院、とくに博士後期課程では、授業より個別指導と自分で計画を立てておこなう研究の比重が大きくなる。現在では、学問の複雑化の結果、理工系や医歯薬系と同じように、学部4年間では十分な実力が身につかないので、一般社会人や高校などの教員として就職する場合でも、大学院で修士号までは取っておくことが一般化しつつある。採用する企業などの側も、終身雇用制が過去のものになった今では、浪人・留年なしの学部卒しか採用しないようなやり方は後退し、大学院などで余分な年数をかけても、十分な学力や関連する語学力、海外経験などを身につけた人材を優先するケースが増えている。「優秀な製品を作って決まった方法で売ればよかった時代」とちがい、相手の文化や歴史を深く理解したマーケット戦略などが求められる現在では、社会科学系や国際系とくらべて人文系の卒業者がとくに不利ということもなくなっている。なお、観光から留学・労働まで、来日する外国人が激増した現在、世界史を含む国際的な見識は、外国に行って使うだけでなく、「地域振興」など国内で活かすべき場が急速に広がっていることも、今や知らない者は取り残される常識である。

　さて、「世界経済の変遷」のような大きなテーマは経験の浅い学生にはまず無理なので、外国史の研究は、初めのうちは特定の事件や制度に焦点を当てるか、「フランス近代の農民の暮らし」のような、国（地域）と時代、

領域を限定した研究をおこなうのが普通である。経験を積むと、しだいに大きな問題や広域の歴史が研究できるようになる。研究のためには、単なる趣味や教員のまねではなく、自分の能力や置かれた状況で研究できる適当なテーマを見つける能力、必要な史料を図書館・文書館やインターネットを利用して自分で探す能力、その史料を解読する能力（外国史の史料は普通は外国語、それも近現代史でなければ古語で書かれている。それを読む訓練には時間がかかる）、他人の見解（先行研究）とその背後にある学問の流れや学界のあり方を的確に理解・批判したうえで自分のオリジナルな見解を対置する能力のトレーニングが、おもに演習（ゼミ）を通じて行われる。外国語では、英語はいまやどの学問領域でも当然である。また、卒業論文は日本で手に入る英語の史料だけ（東アジア史なら漢文史料だけ）で書くこともまだ可能だが、大学院ではそれは基本的に許されない。そのテーマにかかわる史料は何語でも読むべきだし、対象とする国の研究者や、元植民地の場合は旧宗主国で研究がさかんな場合が多いので、現地で現在使われている言葉（中国なら現代中国語、インドネシアならインドネシア語）や、英語以外のヨーロッパ言語（ベトナムや西アフリカの歴史ならフランス語、中南米の歴史ならスペイン語）などの能力も必要になる。史料も日本では（またはインターネット上では）手に入らないものも多いので、大学院になると、現地や旧宗主国に史料を探しに行ったり、長期留学したりすることも当たり前になる（→外国語の会話能力や現地経験、そのための行動力や生活能力の向上にもつながる）。学部のうちに、こうした力の伸びや、自分の好きな分野（たとえば中国の三国時代）だけでなく、歴史学の広い範囲が理解できる視野の広がりを見せる学生もいる。そうなれば、研究者や教員だけでなく、国際人としてさまざまな分野での活躍が可能なはずである（桃木至朗）。

本が指導すべき地域」を押し込んだ東洋史は、「少数の変わり者」だけが進学する専攻であるという構図は、主要大学のほとんどで一貫して続いていた。しかも、現在ではこの三分体制の弊害が顕在化している。たとえばアフリカ史は3専攻のどこにも居場所がないなど、歴史学の多様化や対象の変化についていけ

ていないし、歴史学全体の動きが理解できるような3専攻共通の教育もしにくくなっているのである。そのままでは専門研究がうまくいかないだけでなく、新しい内容をきちんと教えられる中学・高校教員や、新しい内容を踏まえて入試問題を作成し教科書を書ける大学教員が養成できない。とりわけ現在では、日本史とアジア史をつなげた理解、西洋中心でないトータルな世界史などが、歴史学の内側からも外側からも強く求められている。そこで、専攻の壁を越えて、そのような課題に取り組む若手研究者も増加している。

このほか、人文系学部の哲学史、文学史や美術史、法学部の法制史や外交史、経済学部の経済史、理系学部の科学史・技術史など、どの学問分野でもその歴史が研究されている。外国語系・国際系の大学・学部にも外国史の専門家は数多い。したがって、歴史の研究者には、史学系以外のそうした大学・学部や専攻を卒業した者も少なくない。他方、日本の特徴として、「歴史学部」（や「哲学部」）が大学にほとんど存在しないこと、大学付属、その他の省庁の管轄下などを含めて、歴史学の研究所がほぼ皆無であることなどもあげられる。国によっては、こうした機関が重要な役割を果たしている場合がある。

（2）なにを読んだら（調べたら）よいか。

「まとめの課題」に進む前に、日本語で読めるおもな参考文献を紹介しておこう。ここまでに紹介したように、現在の歴史学は映像や聞き取り資料、パソコンやインターネットから離れられず、有用なウェブサイトなどの情報も着々と増加している。しかしインターネットは変化が激しく、随時アップデートする必要性が大きいので、その主要な情報はQRコードからウェブサイトをご覧いただくとして、ここには書籍だけを掲げる。いかにインターネットが発達しようとも、本や新聞を日常的に読むことなしに人文系の研究能力が向上し、研究成果があがることはほとんど考えられない。もちろん読んだ中身が必要に応じて活かせるためには、訓練や工夫が必要である。

A. 新しい世界史
＋教科書、事典、資料集
- 秋田茂ほか『高等学校世界史探究』第一学習社、2023 年.
- 桃木至朗ほか『新詳世界史探究』帝国書院、2023 年.
- 『最新世界史図説タペストリー　22 訂版』、帝国書院、2024 年.
- 『歴史学事典』全 15 巻（＋総索引）、弘文堂、1994〜2008 年.
- 歴史学研究会編『世界史史料』全 12 巻、岩波書店、2006〜2013 年.

＋概説書、シリーズもの
- 山川出版社「世界各国史」シリーズ.
- 山川出版社「世界史リブレット」「日本史リブレット」「日本史リブレット人」シリーズ.
- 講談社「興亡の世界史」全 21 巻、2006〜2010 年（講談社文庫、2016〜2019 年）.
- 岩波書店「岩波講座世界歴史」（第二期 1997〜2000 年、第三期 2021〜2024 年）.
- 岩波書店「シリーズ　中国の歴史①〜⑤」全 5 巻、2019〜2020 年.
- 岩波書店「シリーズ　アメリカ合衆国史①〜④」全 4 巻、2019〜2020 年.
- 姜尚中総監修『アジア人物史』全 12 巻（＋索引）、集英社、2023 年〜.
- 木村靖二・岸本美緒・小松久男監修『歴史の転換期』全 11 巻、山川出版社、2018〜2023 年.
- 染谷智幸ほか編『東アジア文化講座』全 4 巻、文学通信、2021 年.
- ミネルヴァ書房「MINERVA 世界史叢書」全 15 巻予定、2016 年〜.
- 渡辺信一郎・井上浩一・桃木至朗・井野瀬久美恵・久保亨・小路田泰直『私たちの歴史総合』全 6 巻、かもがわ出版、2023 年.

＋世界システム論、グローバルヒストリー、海域世界史など
- 秋田茂『イギリス帝国の歴史―アジアから考える』（中公新書）中央公論新社、2012 年.
- 秋田茂・桃木至朗編『歴史学のフロンティア　地域から問い直す国民国家史観』大阪大学出版会、2008 年.
- 秋田茂・桃木至朗編『グローバルヒストリーと帝国』大阪大学出版会、2013 年.
- 秋田茂・桃木至朗編『グローバルヒストリーと戦争』大阪大学出版会、2016 年.
- ウォーラーステイン、イマニュエル（川北稔訳）『近代世界システム I・II・III・

Ⅳ』名古屋大学出版会、2013 年.

- 川北稔『砂糖の世界史』(岩波ジュニア新書) 岩波書店、1996 年.
- 北村厚『教養のグローバル・ヒストリー：大人のための世界史入門』ミネルヴァ書房、2018 年.
- 北村厚『20 世紀のグローバル・ヒストリー：大人のための現代史入門』ミネルヴァ書房、2021 年.
- 木畑洋一『20 世紀の歴史』(岩波新書)、岩波書店、2014 年.
- 杉原薫『アジア間貿易の形成と構造』ミネルヴァ書房、1996 年.
- 杉原薫『世界史のなかの東アジアの奇跡』名古屋大学出版会、2020 年.
- 杉山正明『遊牧民から見た世界史 (増補版)』(日経ビジネス人文庫) 日本経済新聞出版社、2011 年.
- 妹尾達彦『グローバル・ヒストリー』中央大学出版部、2018 年.
- ダーウィン、ジョン (山口育人ほか訳)『ティムール以後 世界帝国の興亡 1400～2000 年』(上・下) 国書刊行会、2020 年.
- 角山榮『茶の世界史―緑茶の文化と紅茶の文化 改版』(中公新書) 中央公論新社、2017 年.
- 羽田正 編、小島毅監修『東アジア海域に漕ぎだす 1 海から見た歴史』東京大学出版会、2013 年.
- ブローデル、フェルナン (浜名優美訳)『地中海世界』全 10 巻、藤原書店、1999 年.
- ポメランツ、ケネス (川北稔監訳)『大分岐―中国、ヨーロッパ、そして近代世界経済の形成―』名古屋大学出版会、2015 年.
- 松井透『世界市場の形成』(ちくま学芸文庫) 筑摩書房、2021 年.
- 水島司『グローバル・ヒストリー入門』(世界史リブレット 127) 山川出版社、2010 年.
- 南塚信吾『「世界史」の誕生：ヨーロッパ中心史観の淵源』ミネルヴァ書房、2023 年.
- 桃木至朗、山内晋次、藤田加代子、蓮田隆志編『海域アジア史研究入門』岩波書店、2008 年.

＋世界史の中の日本列島史
- 『日本の対外関係』全 7 巻、吉川弘文館、2010～13 年.
- 秋田茂・細川道久『駒形丸事件―インド太平洋世界とイギリス帝国』(ちくま新書) 筑摩書房、2021 年.

- 沖縄歴史教育研究会・新城俊昭『歴史総合と沖縄』編集工房東洋企画、2022年.
- 加藤博文・若園雄志郎編『いま学ぶ　アイヌ民族の歴史』山川出版社、2018年.
- 河上麻由子『古代日中関係史：倭の五王から遣唐使以降まで』（中公新書）中央公論新社、2019年.
- 金水敏『コレモ日本語アルカ？　異人のことばが生まれるとき』岩波書店、2014年（岩波現代文庫、2023年）.
- 高良倉吉『アジアのなかの琉球王国』吉川弘文館、1998年.
- 成田龍一『戦後日本史の考え方・学び方　歴史ってなんだろう？』河出書房新社、2013年.
- 深尾京司・中村尚志・中林真幸編『岩波講座　日本経済の歴史』全6巻、2017〜18年.
- 方法論懇話会編『日本史の脱領域』森話社.
- 保立道久『日本史学』（ブックガイドシリーズ　基本の30冊）人文書院、2015年.
- 三谷博『日本史のなかの普遍　比較から考える「明治維新」』東京大学出版会、2020年.
- 三谷博・並木頼寿・月脚達彦編『大人のための近現代史―19世紀編』東京大学出版会、2009年.
- 宮城弘樹・秋山道宏・野添文彬・深澤秋人編『大学で学ぶ 沖縄の歴史』吉川弘文館、2023年.
- 與那覇潤『「中国化」する日本』文藝春秋、2011年（文春文庫、2014年）.
- 渡辺浩『東アジア政治思想史　増補新装版』東京大学出版会、2016年.
- 和田春樹ほか編『東アジア近現代通史』全11巻、岩波書店、2010〜2011年.

＋気候変動、伝染病、科学技術などの歴史

- 公益財団法人史学会編『災害・環境から戦争を読む』（史学会125周年リレーシンポジウム3）山川出版社、2015年.
- ジョーンズ、ルーシー（大槻敦子訳）『歴史を変えた自然災害：ポンペイから東日本大震災まで』原書房、2021年.
- 田家康『気候文明史』日本経済新聞出版社、2010年（日経ビジネス人文庫、2019年）.
- ダイアモンド、ジャレド（倉骨彰訳）『銃・病原菌・鉄―1万3000年にわたる

人類史の謎』（上・下）草思社、2000 年（草思社文庫、2012 年）.
- 中塚武監修『気候変動から読みなおす日本史』全 6 巻、臨川書店、2020 年.
- 中塚武『気候適応の日本史：人新世をのりこえる視点』吉川弘文館、2022 年.
- マクニール、ウイリアム・H（佐々木昭夫訳）『疫病と世界史』新潮社、1985 年.
- ユヴァル・ノア・ハラリ（柴田裕之訳）『サピエンス全史　文明の構造と人類の幸福（上下）』河出文庫、2023 年.

＋ポストモダンの諸思想、文化・情報・ジェンダーなど

- アンダーソン、ベネディクト（白石隆・白石さや訳）『定本想像の共同体－ナショナリズムの起源と流行』出版工房早山、2007 年.
- 落合恵美子編『親密圏と公共圏の再編成　アジア近代からの問い』京都大学学術出版会、2013 年.
- 落合恵美子『21 世紀家族へ　第 4 版』有斐閣、2019 年.
- サイード、エドワード・W（今沢紀子訳）『オリエンタリズム』平凡社ライブラリー、1993 年.
- 佐藤卓己『ヒューマニティーズ　歴史学』岩波書店、2009 年.
- スコット、ジョーン・W（荻野美穂訳）『ジェンダーと歴史学（増補新版）』（平凡社ライブラリー）平凡社、2004 年.
- 橋本順光・鈴木禎宏編著『欧州航路の文化史　寄港地を読み解く』青弓社、2017 年.
- ハント、リン（長谷川貴彦訳）『なぜ歴史を学ぶのか』岩波書店、2019 年.
- 『〈ひと〉から問うジェンダーの世界史』（全 3 巻）大阪大学出版会、2023〜2024 年.
- 姫岡とし子・三成美保編『歴史を読み替える　ジェンダーから見た世界史』大月書店、2014 年.
- ホワイト、ヘイドン（岩崎稔監訳）『メタヒストリー——一九世紀ヨーロッパにおける歴史的想像力』作品社、2017 年.
- 三谷研爾編『ドイツ文化史への招待—芸術と社会のあいだ』大阪大学出版会、2007 年.

B.　新しい歴史学と歴史教育の見直し

- 「論点・西洋史学／東洋史学／日本史学／ジェンダー史学」ミネルヴァ書房、2020〜2023 年.
- 秋田茂・桃木至朗編『グローバルヒストリーから考える新しい大学歴史教育

―日本史と世界史のあいだで』大阪大学出版会、2020 年.
- 小川幸司『世界史とは何か：「歴史実践」のために』（岩波新書）岩波書店、2023 年.
- 小田中直樹『歴史学ってなんだ？』（PHP 新書）PHP 研究所、2004 年.
- 小田中直樹『歴史学のトリセツ―歴史の見方が変わるとき』（ちくまプリマー新書）筑摩書房、2022 年.
- カー、E. H.（近藤和彦訳）『歴史とは何か　新版』岩波書店、2022 年.
- 神奈川県高等学校教科研究会・社会科部会歴史分科会編『世界史をどう教えるか　歴史学の進展と教科書』山川出版社、2008 年.
- 樺山紘一編『新・現代歴史学の名著―普遍から多様へ』（中公新書）中央公論新社、2010 年.
- 菅豊、北條勝貴編著『パブリック・ヒストリー入門―開かれた歴史学への挑戦』勉誠出版、2019 年.
- 遅塚忠躬『史学概論』東京大学出版会、2010 年.
- 長谷川修一・小澤実編著『歴史学者と読む高校世界史：教科書記述の舞台裏』勁草書房、2018 年.
- 福井憲彦『歴史学入門　新版』岩波書店、2019 年.
- 皆川雅樹・梨子田喬・前川修一編著『歴史教育「再」入門　歴史総合・日本史探究・世界史探究への“挑戦”』清水書院、2019 年.
- 南塚信吾・小谷汪之編『歴史的に考えるとはどういうことか』ミネルヴァ書房、2019 年.
- 桃木至朗『わかる歴史・面白い歴史・役に立つ歴史―歴史学と歴史教育の再生を目ざして』大阪大学出版会、2009 年.
- 桃木至朗『市民のための歴史学―テーマ・考え方・歴史像』大阪大学出版会、2022 年.
- レヴィスティック、リンダ・S、キース・C・バートン（松澤、武内、吉田訳）『歴史をする　生徒をいかす教え方・学び方とその評価』新評論、2021 年.

まとめの課題

本書で学んだことのうち、隣接する他の学問でも学べることはなんだったろうか。それを踏まえたうえで、歴史学でなければ学べないことがらは何かを論ぜよ。

大阪大学の史学系の特色

　大阪大学の史学系（文学部では日本史、東洋史、西洋史、考古学の4専修に分かれる）は、もともと（1）世界システム論とグローバル・ヒストリー、中央ユーラシア史や海域アジア史、アジア史と日本史の接続など広域の歴史、（2）関西の視点を活かした日本史や考古学、農村でのフィールドワークを重んじる中国史や東南アジア史など、地域に根を下ろした歴史の両方で、独自の研究を重ね、世界的に評価されてきた。違った地域や時代を研究する教員間の討論も、もともと活発である。教育面では、「日本古代史」「中国近世史」など個々人が専門として卒業論文や修士・博士論文を書く領域だけでなく、日本史なら日本史、東洋史なら東洋史の全体を見るような教育をおこなってきた。自然科学系や社会科学系とくらべて、人文系の教育・研究はもともと、個々の教員の独立性が強いのだが、それは悪くすると組織性の欠如、バラバラで断片的な教育を放置することにつながる。その点を配慮した教育・研究が以前から進められてきたのである。

　これらの土台の上で、最近では、2005年に全国の高校教員の協力を受けて設立した「大阪大学歴史教育研究会」を中心に、大学院生や博士号取得後の「ポスドク」も巻き込みながら、高校・大学双方の歴史教育・研究の総合的な刷新（高校教員の養成も含む）を進めて、全国の注目を集めている。高校向けには、これまで大阪大学史学系の得意分野を中心に、新しい研究成果をコンパクトにまとめるとともに、それは古い教科書記述とどう違っていて、古い記述のどこを直さねばならないかの説明を含む、多数の解説とQ&Aを提供してきた。最近の教科書は改訂ごとにずいぶん新しくなってきたのだが、教科書と指導書だけではなにがどう変わったのか、なぜ変える必要があるのか、細かいところが理解できない場合が多いので、これらの解説は、高校や予備校の教育現場で歓迎され、従来の「教育方法」を中心としたものと違った、高校・大学の協力（高大連携）の新しいモデルとして注目されている。東京外語大などいくつかの大学では、この刺激を受けて、内容解説を中心とした高大連携の新しいこころみが始まっている。

　他方、高校では全体のカリキュラムや時間数の制約が大きいし、入試や教員養成教育の問題もあるので、大学側が期待するような世界史教育がどの高校・コースでもおこなわれるということは、少なくとも当面は期待しにくい。そこでわれわれは、大学の教養教育や専門教育、教員養成課程などの刷新にも乗り出した。この教科書が使われる「市民のための世界史」は、教養課程における新しい授業の目玉として、2007年度から開始され、コマ数を少しずつ増やしてきたものである。また専門課程では、歴史学の全体像を概観する概論科目「歴史学方法論講義」や、プレゼンテーションのための「世界史演習」などをつぎつぎ開設している。われわれは、日本史・東洋史・西洋史の3専修を解体することには、それぞれの専修で教える資料解読法の深さなどが失われ、学生がかえって断片的な研究しかできなくなる心配があるた

め、賛成していない。しかし、世界史と歴史学の全体を理解することは今や必須であるため、それぞれの専修内部の必修科目のほかに、「市民のための世界史」「歴史学方法論講義」「世界史演習」もすべて履修するよう、強く勧めている。史学系以外の学生が、自分の研究テーマの関係や、教員免許取得などの目的で、世界史と歴史学の概要を把握したい場合には、この3種の科目だけを履修すれば、目的はかなりの程度達成されるはずである（桃木至朗）。

第2版のあとがき

　この教科書の初版は、「阪大史学の挑戦」を掲げる大阪大学史学系で展開されてきた、10年あまりにわたる歴史教育刷新の取り組みの一環をなすものだった（取り組みの初期の経過は、大阪大学歴史教育研究会・公益財団法人史学会共編『史学会125周年リレーシンポジウム2014　1 教育が開く新しい歴史学』山川出版社、2015年、などあちこちで紹介してきた）。教科書の執筆編集主体となった大阪大学歴史教育研究会が2005年11月に設立されてからでも、8年あまりが経過していた。この会では、教科書の作成を含め、いろいろな領域・テーマの「全体を鳥瞰したうえで先端研究をふまえた解説をおこなう」ことを重視してきた。会の主張と高大双方にまたがる取り組みの実績は、昨年度から開始された新必修科目「歴史総合」に代表される高校の新学習指導要領策定と入試改革、2015年に設立された全国組織「高大連携歴史教育」の活動などでも、しばしば注目されてきた。

　高校教育への働きかけを中心にスタートした阪大史学系の取り組みは、高大連携の枠組みを維持しながら、大学教育の刷新を重視してきた。他教科・科目を含むカリキュラム全体の制約を考えると、高校など中等教育の枠内だけでは、あるべき歴史教育を全面的に実現することは困難である。高校が歴史を学ぶ最後の機会になる若者が多数存在することは間違いないが、不足する部分を、大学（とくに大学院なども含めた新しい教養教育）や「生涯教育」で補う方策が絶対に必要である。加えて、現在の歴史教育をめぐる困難のおおきな要因になっている大学入試の出題や教科書執筆、教員の養成などは、大半が大学側でおこなわれており、大学を変えなければ歴史教育の再生はありえない。ここを強く意識した活動の経験は、現在に至るまで、現役の研究者・教員だけでなく活動に参画したポスドクを含む事務局員や大学院生にとっても、各自の研究や、大学・高校・中学校教員などへの就職に役立ってきたと自負している。

直接には上の教養教育の課題にこたえるために、2007年度からわれわれは、教養課程（全学共通教育）に、高校世界史（特に従来の世界史B）の履修を前提とせずに「世界史」をまるごと教える科目を開設した（「市民のための世界史」という命名は翌年度から）。序章でも書いたように、それは単なる高校の補習ではなく、大学レベルの大づかみな、しかも理工系や医歯薬系を含めた各分野の学生に必要な、日本史を十分に組み込んだ世界史理解を追求する科目である。歴史を通じて現在と未来を考えるための内容を重視するが、それは近代以前の歴史が無用だという意味では決してない。

　この科目は当初、高校教科書（共通）とプリント（担当者が各自で作成）を用いて授業をしてきたのだが、開講クラス数と担当教員や受講生の増加（最大6クラス開講して、約400人の学生が受講した）にしたがい、大学用の教科書が必要だという意見が出てきた。そこであらためて見回すと、日本には大学レベルで世界史全体を記述した教科書が存在しない。それならばわれわれが教科書を作ろうという話になり、科学研究費「最新の研究成果にもとづく大学教養課程用世界史教科書の作成」（2011〜13年度）を獲得して、「阪大史学」の特徴である、先端研究における広域史と地域密着型の歴史の切り結び、個々の研究の歴史学全体への位置づけなども踏まえつつ、2014年にこの教科書の初版を刊行したしだいである。

　この教科書の執筆は、「市民のための世界史」講義を当時担当していた5人の教員が分担して、高校教員・ポスドクの事務局員等の協力を得ながらおこなった。蛇足だが、この教科書は記述内容にせよ表記・表現法（著者間での微妙なズレもある）にせよ、高校教科書を見慣れた読者に違和感をあたえるかもしれない。しかし、この教科書が直接に想定している読者は、「今までの教科書を覚え込んでいる」ために「こんなに違っていると戸惑う」読者ではなく、白紙の頭で、しかし大学レベルの理解力や思考力、そして文章読解力——新聞を読みこなせる力にたとえられる部分が多い——をもって世界史を学ぼうとする若者たちであることを、あらためて強調しておきたい。

　さいわいこの教科書は他の大学や一部の高校でも利用され、現在までに8刷に達している。しかし、刊行後10年で現代の状況が大きく変わり、また新学習

指導要領で学んだ学生が 1 年後に入学してくる。近年の新しい研究成果も目白押しであるし、大阪大学では文学研究科と言語文化研究科が統合した「人文学研究科」もスタートした。今回、改訂版の刊行に踏み切ったのはそのためである。

　現代史を中心とした本文の書き換え以外に、今回の新しいこころみとして、高校の新課程も意識した問いかけとコラムの組み替え・充実をおこなった。初版のコラムは、本文の執筆者が分担して作成したが、今回は、大阪大学に最近着任した教員、高校教員などにも執筆を依頼した（各コラムの末尾に担当者名を表示した）。また、旧版の弱点だった図版と資料については、本文中の地図などを入れ替えたほか、QR コードでウェブ上の図版・資料を見られるようにした。これは今後も、逐次追加することを予定している。初版以上に多くの教員・学生・生徒その他多くの読者に読んで（使って）いただき、忌憚のないご意見をお寄せいただければ幸いである。

　氏名と章ごとの分担を、改訂版のコラム新規執筆者、編集協力者リストとあわせて、以下に掲げる（それぞれ五十音順）。

〈本文執筆者〉

秋田　茂　大阪大学人文学研究科教授　担当：第 5、7〜13 章
荒川　正晴　大阪大学名誉教授　担当：第 1〜3 章
栗原　麻子　大阪大学人文学研究科教授　担当：第 1・2・4・8 章
坂尻　彰宏　大阪大学全学教育推進機構准教授　担当：第 1〜4 章
桃木　至朗　大阪大学名誉教授　担当：序章、第 2〜6、9〜13 章、終章

〈上記以外のコラム執筆者〉

河上麻由子　大阪大学人文学研究科准教授
徳原　拓哉　神奈川県立横浜国際高校教諭
伴瀬　明美　大阪大学人文学研究科教授
古谷　大輔　大阪大学人文学研究科教授
見瀬　悠　大阪大学人文学研究科准教授

〈編集協力者〉

伊藤　一馬　大阪大学招へい研究員

猪原　達生　大阪大学特任研究員

徳原　拓哉　神奈川県立横浜国際高校教諭

西村　嘉髙　青山学院高等部教諭

向　正樹　同志社大学グローバル地域文化学部准教授

矢景　裕子　神戸大学附属中等教育学校教諭

　以上のほかにも、計画段階を含めて多くの研究者や教員の皆さんから有益な
コメントや提案を頂戴した。また改訂索引の作成を手伝ってくれた花田光輝・
佐藤武・磯部宗志・大畑直也の大学院生諸君、図版の掲載を許可してくださっ
た出版社などの協力も、改訂版の質の向上に資すること大であった。そしてな
により、遅れがちで執筆者ごとの食い違いもしばしば出てきた改訂版原稿を素
早く処理して、読みやすいレイアウトにしていただいた大阪大学出版会の川上
展代さんの熟達の仕事なしには、この教科書が期限までに完成するのは難しかっ
たろう。これら、お世話になったすべての皆さんに、あつく感謝したい。

　最後に、大阪大学のグローバルヒストリー研究を牽引して世界的な研究拠点
を築き、高大連携による歴史教育改革にも積極的に参与してきた秋田茂氏が、
日本史側から阪大歴史教育を支えてこられた飯塚一幸氏とともに、この春定年
退職を迎えられる。「阪大史学」に対する貢献に感謝し、今後の研究・教育活動
のいっそうの発展を祈って、この第2版を秋田茂・飯塚一幸の両氏に捧げるこ
とをお許しいただきたい。

　2024年2月

執筆者・編者を代表して　桃木至朗

図版典拠一覧

序章

図序 – 1　原俊彦「人口考古学におけるシステムダイナミックス手法の応用」『電子情報通信学会誌』85 巻 3 号、2002 年、189 頁

図序 – 2　伊藤一馬　撮影

図序 – 3　鈴木宏節　撮影

図序 – 4　栗原麻子　撮影（エーゲ海）／森本慶太　撮影（アルプス山脈）

図序 – 5　https://www.photo-ac.com/（ID 4806731）

図序 – 6　桃木至朗　撮影

図序 – 7　https://commons.wikimedia.org/wiki/File:Grand_Canyon_view_from_Pima_Point_2010.jpg

図序 – 8　北原糸子（編）『写真集　関東大震災』吉川弘文館、2010 年、79 頁

第 1 章

図 1 – 1　『新詳　世界史 B』帝国書院（平成 25 年度新課程版）、8 頁を参考に作成

図 1 – 2　佐野和美「中国における初現期の銅器・青銅器」『中国考古学』第 4 号、2004 年、66 頁に加筆

図 1 – 3　『最新世界史図説　タペストリー 21 訂版』帝国書院、2023 年、4 頁

図 1 – 4　林俊雄『興亡の世界史 02　スキタイと匈奴：遊牧の文明』講談社、2007 年、巻頭を参考に作成

図 1 – 5　『最新世界史図説　タペストリー 21 訂版』帝国書院、2023 年、10 頁～ 11 頁

図 1 – 6　澤田典子『アレクサンドロス大王：今に生きつづける「偉大なる王」』（世界史リブレット人）山川出版社、2013 年、63 頁

図 1 – 7　『最新世界史図説　タペストリー 21 訂版』帝国書院、2023 年、12 頁～ 13 頁

図 1 – 8　荒川正晴　撮影

第 2 章

図 2 – 1　『最新世界史図説　タペストリー 21 訂版』帝国書院、2023 年、20 頁～ 21 頁

図 2 – 2　『最新世界史図説　タペストリー 21 訂版』帝国書院、2023 年、26 頁～ 27 頁

図 2 – 3　森安孝夫『興亡の世界史 05　シルクロードと唐帝国』講談社、2007 年、353 頁

図 2 – 4　森安孝夫『興亡の世界史 05　シルクロードと唐帝国』講談社、2007 年、308 ～ 309 頁を参考に作成

図 2 – 5　http://ja.wikipedia.org/wiki/%E3%83%95%E3%82%A1%E3%82%A4%E3%83%AB:Borobudur-Nothwest-view.jpg

図 2 - 6　桃木至朗　撮影

第 3 章
図 3 - 1　『最新世界史図説　タペストリー 21 訂版』帝国書院、2023 年、30 頁～ 31 頁
図 3 - 2　Peregrine Horden and Nicholas Purcell, *The corrupting sea: a study of mediterranean history*, Oxford; Malden, Mass.: Blackwell, 2000, p. 371
図 3 - 3　『世界歴史大系　中国史 3　五代～元』山川出版社、1997 年、401 頁を参考に作成
図 3 - 4　『すぐわかる中国の歴史　改訂版』東京美術、2012 年、84 頁
図 3 - 5　田家康『気候文明史——世界を変えた 8 万年の攻防』日本経済新聞出版社、2010 年、177 頁

第 4 章
図 4 - 1　『最新世界史図説　タペストリー 21 訂版』帝国書院、2023 年、34 頁～ 35 頁
図 4 - 2　『すぐわかる中国の歴史　改訂版』東京美術、2012 年、89 頁
図 4 - 3　中村翼　撮影
図 4 - 4　『プッツガー歴史地図　日本語版』帝国書院、2013 年、93 頁を参考に作成
図 4 - 5　Norman Davies, *Europe: a history*, Oxford University Press, 1996, p. viii

第 5 章
図 5 - 1　『最新世界史図説　タペストリー 21 訂版』帝国書院、2023 年、36 頁～ 37 頁
図 5 - 2　アムステルダム国立美術館（Rijksmuseum Amsterdam）発行パンフレット
図 5 - 3　城地孝『長城と北京の聴政——明代内閣政治の展開と変容』京都大学学術出版会、2012 年、2 頁を参考に作成
図 5 - 4　https://publicdomainq.net/palace-of-versailles-0016466/

第 6 章
図 6 - 1　『最新世界史図説　タペストリー 21 訂版』帝国書院、2023 年、38 頁～ 39 頁
図 6 - 2　伊藤一馬　撮影
図 6 - 3　上田信『中国の歴史 09　海と帝国　明清時代』講談社、2005 年、325 頁
図 6 - 4　桃木至朗　撮影
図 6 - 5　James Forbes, *Oriental memoirs: selected from a series of familiar letters written during seventeen years residence in India*, Delhi: Gian Publishing House, 1988（reprint）, 巻末図版

第 7 章

図 7 - 1 　『最新世界史図説　タペストリー 21 訂版』帝国書院、2023 年、40 頁〜 41 頁

図 7 - 2 　J. Guy and D. Swallow（eds.）, *Arts of India*: 1550–1900, Victoria & Albert Museum, 1990, p. 185

第 8 章

図 8 - 1 　『最新世界史図説　タペストリー 21 訂版』帝国書院、2023 年、42 頁〜 43 頁

図 8 - 2 　http://upload.wikimedia.org/wikipedia/commons/a/a7/Eug%C3%A8ne_Delacroix_-_La_libert%C3%A9_guidant_le_peuple.jpg

図 8 - 3 　川越修ほか（編）『近代を生きる女たち──19 世紀ドイツ社会史を読む』未来社、1990 年、85 頁

第 9 章

図 9 - 1 　http://ja.wikipedia.org/wiki/%E3%83%95%E3%82%A1%E3%82%A4%E3%83%AB:Bali-Danse_0712a.jpg

第 10 章

図 10 - 1 　『最新世界史図説　タペストリー 21 訂版』帝国書院、2023 年、46 頁〜 47 頁

図 10 - 2 　S. B. ソウル／久保田英夫（訳）『イギリス海外貿易の研究』文眞堂、1980 年、81 頁を参考に作成

第 11 章

図 11 - 1 　『最新世界史図説　タペストリー 21 訂版』帝国書院、2023 年、254 頁

図 11 - 2 　『最新世界史図説　タペストリー 21 訂版』帝国書院、2023 年、255 頁

第 12 章

図 12 - 1 　『最新世界史図説　タペストリー 21 訂版』帝国書院、2023 年、48 頁〜 49 頁

図 12 - 2 　Ha Noi: Nha Xuat ban Van hoa Thong tin（ハノイ：文化情報出版社）発行の肖像写真

第 13 章

図 13 - 1 　『歴史総合』第一学習社、2023 年、203 頁

図 13 - 2 　秋田茂「グローバルヒストリーから見た覇権国家の行方」『週刊東洋経済』2016 年 12 月 24 日号、35 頁を参考に作成

図 13 - 3 　Peugeot　撮影

索　引

*各章、各節のタイトルや地図、図版キャプション、終章の参考文献リストとあとがきを除き、本文とコラム、注釈、問いかけなどから事項を採録した。ただ、機械的にすべて採録したわけではなく、重要度に応じて必要と思われるページのみ掲載した。またカタカナ表記や「・」「＝」などの記号は、高校歴史教科書の慣習に必ずしも従っていない。

*見出し語の五十音順で配列を行い、王の代数などは番号順に並べてある。語頭が同一語句で始まる事項は一括配列し、完全50音順であればそれらの間に来る無関係な事項は後ろに回した。一括配列した事項の同一部分は「――」のように表示した。ローマ字の語句は、単語そのものが日本語化しているものや和製英語を日本語索引の中に含め、学術用語や国際機関などの略語は日本語とは分けて、索引末尾に一括掲載した。

*同じ事項に複数の呼び名があるような場合、A→BはBの名称で一括してページ数が採録してあることを示し、A（→Bも見よ）はAとBのそれぞれの名称でページ数が採録してあることを示す。見出し語の後ろの（　）内には他に、その事項の説明、箇所によって細かい表現の違いがある語句を一括表示したことがわかるようにするための補記なども含まれる。

352

市民のための世界史　改訂版

2024年3月31日　初版第1刷発行

編　者　大阪大学歴史教育研究会
　　　　代表　秋田茂・飯塚一幸・堤一昭

発行所　大阪大学出版会
　　　　代表者　三成賢次
　　　　〒565-0871　大阪府吹田市山田丘2-7
　　　　　　　　　　大阪大学ウエストフロント
　　　　電話(代表) 06-6877-1614
　　　　FAX　　　06-6877-1617
　　　　URL　　　https://www.osaka-up.or.jp

印刷・製本　(株)遊文舎

ⒸOsaka University Society for History Education, 2024
ISBN978-4-87259-800-1 C1320　　　Printed in Japan